ggplot2：数据分析与图形艺术（第2版）

ggplot2. Elegant Graphics for Data Analysis (Second Edition)

［美］哈德利·威克姆 著
黄俊文　王小宁　于嘉傲　冯璟烁 译
魏太云 审校

Hadley Wickham

Translation from the English language edition:
ggplot2.Elegant Graphics for Data Analysis(Second Edition) by Hadley Wickham
Copyright © Hadley Wickham 2016
This work is published by SPRINGER Nature. The registered company is Springer International Publishing AG.
All Rights Reserved by the Publisher.

本书中文简体字版由施普林格·自然集团授权西安交通大学出版社独家出版发行。未经出版者预先书面许可，不得以任何方式复制或发行本书的任何部分。

陕西省版权局著作权合同登记号 图字 25－2017－0026 号

图书在版编目（CIP）数据

ggplot2:数据分析与图形艺术／（美）哈德利·威克姆（Hadley Wickham）著；黄俊文等译. —2 版 —西安：西安交通大学出版社，2018.7（2024.5重印）
书名原文：ggplot2. Elegant Graphics for Data Analysis
ISBN 978-7-5693-0638-5

Ⅰ．①g⋯ Ⅱ．①哈⋯ ②黄⋯ Ⅲ．①统计分析－应用软件 Ⅳ．①C819

中国版本图书馆 CIP 数据核字(2018)第 111676 号

书　　名	ggplot2：数据分析与图形艺术（第 2 版）	
著　　者	（美）哈德利·威克姆	
译　　者	黄俊文　王小宁　于嘉傲　冯璟烁	
审　　校	魏太云	
责任编辑	李　颖	
出版发行	西安交通大学出版社	
	（西安市兴庆南路 1 号　邮政编码 710048）	
网　　址	http://www.xjtupress.com	
电　　话	(029)82668357　82667874(市场营销中心)	
	(029)82668315 (总编办)	
传　　真	(029)82668280	
印　　刷	西安五星印刷有限公司	
开　　本	720mm× 1000 mm　1/16　　印　张　20.875	
字　　数	399 千字	
版次印次	2018 年 11 月第 1 版　2024 年 5 月第 6 次印刷	
书　　号	ISBN 978-7-5693-0638-5	
定　　价	98.00 元	

如发现印装质量问题，请与本社市场营销中心联系。
订购热线：(029) 82665248　(029) 82667874
投稿热线：(029) 82665397
读者信箱：banquan1809@126.com

版权所有　侵权必究

献给我的父母:
Alison Wickham 和 *Brian Wickham*。
没有他们,
以及他们的无条件的爱与支持,
这部作品不可能出现。

第 2 版中译本序

ggplot2 的发展

近五年来，数据科学变得举足轻重，其中数据可视化的流程不可或缺。数据可视化为人类提供了对数据的直观理解与感受。各类软件中，R 由于它和统计学的渊源、开源、易用性而受到数据科学家的青睐，ggplot2 包更是数据可视化中必不可少的神兵利器。

在软件更新换代极快的时代，ggplot2 用它长久的生命力、庞大的使用量证实了其设计之优良。现在，ggplot2 在 RStudio CRAN 镜像的每月下载量达到了惊人的 45 万[1]！下图展示了下载量的变化；当然，是用 ggplot2 绘制的[2]。

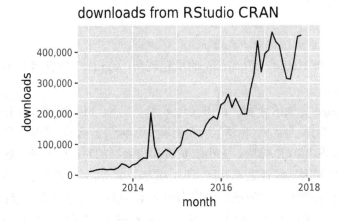

---

[1] 来源于 https://cranlogs.r-pkg.org/。
[2] 彩蛋！2014 年 6 月似乎成了一个离群点，你觉得有什么可能的原因？

本书的变化

本书英文第 1 版出版于 2009 年，第 2 版面世于 2016 年。因为英文第 2 版相对于第 1 版有了重大变化，所以中文版也需要大量的相应修订。

例如，工具箱和标度两章有大幅更新内容，数据分析则拆分成全新的 3 章。读者查阅这些章节的时候，实际上同步享受着这几年内软件工具的变动和数据分析思维的进步。

此外，翻译第 1 版的时候，由于 0.9.* 的版本 API 变动频繁，译者作了大量修正。而现在 ggplot2 已经到了稳定的 2.2.* 版，API 经过"千锤百炼"，已经趋于稳定。因此，读者阅读本书的时候，基本不必担心代码的兼容问题。而且，最新版的 ggplot2 包含了扩展机制，开发者可以按需自行定义自己的主题、风格、内容。无论你想绘制什么二维静态统计图形，ggplot2 都值得一试。

还有，现在的英文版和中文版书籍源码均大量采用了 knitr 包的技术，大量图形都是根据所标记的代码直接绘制出来。这种方式大量减少了图形排版错误、代码不兼容等情况，给作者、译者带来了很大的便利；可以想象，对读者阅读、学习书中代码也大有裨益。

最后，中文版里，为了优化排版效果，对部分代码块的换行和空行作了微调（其余内容不变）；正文的图片也改为黑白，必须用彩色的绘图则放到正文后的彩图附录中。

致谢

首先要感谢 Hadley Wickham 的卓越创新，ggplot2 软件包和本书英文原版均主要出于他手。

我们感谢第 2 版的译者：黄俊文（第 1、7、8、11、12 章）、王小宁（第 4、5、6 章）、于嘉傲（第 2、3 章）、冯璟烁（第 9、10 章）。黄俊文和王小宁负责 R markdown 和 LaTeX 排版，王小宁负责和出版社的对接。此外，魏太云提供了不少意见。我们因为统计之都社区（https://cosx.org）而走到了一起。

感谢西安交通大学出版社，他们为中文 R 社区作出了重要的贡献。

正所谓"站在巨人的肩膀上"，第 2 版的翻译绝对离不开第 1 版所有译者和审校者所打下的基础。我们感谢第 1 版的译者：邱怡轩、主伟呈、肖楠、高涛、潘岚锋、魏太云，他们均来自于统计之都社区；以及担任第 1 版审校的殷腾飞；

还有所有为第 1 版翻译提供了不可或缺的帮助的老师与朋友：孟生旺、张政、肖凯、余光创、陈妍、李晓矛、谢漫锜、李皞、韩帅、陈丽云、李舰、刘思喆、邓一硕、陈堰平、谢益辉等。

黄俊文
2018 年 10 月

第 1 版中译本序

每当我们看到一个新的软件，第一反应会是：为什么又要发明一个新软件？ggplot2 是 R 世界里相对还比较年轻的一个包，在它之前，官方 R 已经有自己的基础图形系统（graphics 包）和网格图形系统（grid 包），并且 Deepayan Sarkar 也开发了 lattice 包，看起来 R 的世界对图形的支持已经足够强大了。那么我们不禁要问，为什么还要发明一套新的系统？

设计理念

打个比方，想想我们小时候怎样学中文的。最开始的时候我们要识字，不认识字就没法阅读和写作，但我们并不是一直按照一个个汉字学习的，而是通过句子和具体的场景故事学习的。为什么不在小学时背六年字典呢？那样可能认识所有的汉字。原因很简单，光有单字，我们不会说话，也无法阅读和写作。我们缺的是什么？答案是对文字的组织能力，或者说语法。

R 的基础图形系统基本上是一个"纸笔模型"，即：一块画布摆在面前，你可以在这里画几个点，在那里画几条线，指哪儿画哪儿。后来 lattice 包的出现稍微改善了这种情况，你可以说，我要画散点图或直方图，并且按照某个分类变量给图中的元素上色，此时数据才在画图中扮演了一定的中心角色，我们不用去想具体这个点要用什么颜色（颜色会根据变量自动生成）。然而，lattice 继承了 R 语言的一个糟糕特征，就是参数设置铺天盖地，足以让人窒息，光是一份 xyplot() 函数的帮助文档，恐怕就够我们消磨一天时间了，更重要的是，lattice 仍然面向特定的统计图形，像基础图形系统一样，有直方图、箱线图、条形图等，它没有一套可以让数据分析者说话的语法。

那么数据分析者是怎样说话的呢？他们从来不会说这条线用 #FE09BE 颜色，

那个点用三角形状，他们只会说，把图中的线用数据中的职业类型变量上色，或图中点的形状对应性别变量。有时候他们画了一幅散点图，但马上他们发现这幅图太拥挤，最好是能具体看一下里面不同收入阶层的特征，所以他们会说，把这幅图拆成七幅小图，每幅图对应一个收入阶层。然后发现散点图的趋势不明显，最好加上回归直线，看看回归模型反映的趋势是什么，或者发现图中离群点太多，最好做一下对数变换，减少大数值对图形的主导性。

从始至终，数据分析者都在数据层面上思考问题，而不是拿着水彩笔和调色板在那里一笔一划作图，而计算机程序员则倾向于画点画线。Leland Wilkinson 的著作在理论上改善了这种状况，他提出了一套图形语法，让我们在考虑如何构建一幅图形的时候不再陷在具体的图形元素里面，而是把图形拆分为一些互相独立并且可以自由组合的成分。这套语法提出来之后他自己也做了一套软件，但显然这套软件没有被广泛采用；幸运的是，Hadley Wickham 在 R 语言中把这套想法巧妙地实现了。

为了说明这种语法的思想，我们考虑图形中的一个成分——坐标系。常见的坐标系有两种：笛卡尔坐标系和极坐标系。在语法中，它们属于一个成分，可自由拆卸替换。笛卡尔坐标系下的条形图实际上可以对应极坐标系下的饼图，因为条形图的高可以对应饼图的角度，本质上没什么区别。因此在 ggplot2 中，从一幅条形图过渡到饼图，只需要加极少量的代码，把坐标系换一下就可以了。如果我们用纸笔模型，则可以想象，这完全是不同的两幅图，一幅图里面要画的是矩形，另一幅图要画扇形。

更多的细节在本书中会介绍，这里我们只是简略说明用语法画图对用纸笔画图来说在思维上的优越性；前者是说话后者是说字。

发展历程

ggplot2 是 Hadley 在爱荷华州立大学博士期间的作品，也是他博士论文的主题之一，实际上 ggplot2 还有个前身 ggplot，但后来废弃了，某种程度上这也是 Hadley 写软件的特征，熟悉他的人就知道这不是他第一个 "2" 版本的包了（还有 reshape2）。带 2 的包和原来的包在语法上会有很大的改动，基本上不兼容。尽管如此，他的 R 代码风格在 R 社区可谓独树一帜，尤其是他的代码结构很好，可读性很高，ggplot2 是 R 代码抽象的一个杰作。读者若感兴趣，可以在 GitHub 网站上浏览他的包：https://github.com/hadley。在用法方面，ggplot2 也开创了一种奇特而绝妙的语法，那就是加号：一幅图形从背后的设计来说，是若干图形语法的叠加，从外在的代码来看，也是若干 R 对象的相加。这一点精妙尽管只是 ggplot2 系统的很小一部分，但我个人认为没有任何程序语言可比拟，它对作为泛型函数的加号的扩展只能用两个字形容：绝了。

至 2013 年 2 月 26 日，ggplot2 的邮件列表（http://groups.google.com/group/ggplot2）订阅成员已达 3394 人，邮件总数为 15185 封，已经成为一个丰富、活跃的用户社区。未来 ggplot2 的发展也将越来越依赖于用户的贡献，这也是很多开源软件最终的走向。

关于版本更新

原书面世之时，ggplot2 的版本号是 0.8.3，译者开始翻译此书时是 0.9.0 版本；该版本较之 0.8.3，内部做了一些大改动。此后，ggplot2 频繁升级，目前版本号是 0.9.3，当然这也给本书的翻译过程带来了相当大的麻烦。因为译者不但要修正原书中大量过时的代码、重新画图，还要修正过时的理念，以及处理数次版本更新的影响。所幸，在翻译过程中，译者得到了本书审校殷腾飞博士、ggplot2 开发者 Hadley Wickham 和 Wistong Chang 的大力帮助。

如果你是老用户，那么可能需要阅读下面的小节。之后 ggplot2 有过多次更新，尤其是 0.9.0 之后，ggplot2 的绘图速度和帮助文档有了质的飞跃。关于 0.9.0 的更新，读者可以从 https://github.com/downloads/hadley/ggplot2/guide-col.pdf 下载一份详细的说明文档，但原文档比较长，而且有些内部更新问题我们也不一定需要了解，因此这里给一段概述。

- ggplot2 的帮助文档大大扩充了，过去头疼的问题之一就是一个函数里面不知道有哪些可能的参数，例如 `theme()` 函数，现在已经有了详细说明。
- 新增图例向导函数 `guide_legend()` 和 `guide_colorbar()`，前者可以用来指导图例的排版，例如可以安排图例中元素排为 n 行 m 列；后者增强了连续变量图例的展示，例如当我们把颜色映射到一个连续变量上时，过去生成的图例是离散的，现在可以用这个函数生成连续颜色的图例（渐变色）。
- 新增几何对象函数 `geom_map()`（让地图语法变得更简单），`geom_raster()`（更高效的 `geom_tile()`），`geom_dotplot()`（一维点图，展示变量密度分布）和 `geom_violin()`（小提琴，实为密度曲线）。

- 新增统计变换函数 `stat_summary2d()`（在二维网格上计算数据密度），`stat_summary_hex()`（在六边形"蜂巢"上计算数据密度），`stat_bindot()`（一维点图密度），`stat_ydensity()`（密度曲线，用于小提琴图）。
- `facet_grid()` 支持 x 轴和 y 轴其中一者可以有自由的刻度（根据数据范围而定），以往要么所有切片使用同样的坐标轴刻度，要么所有都自由。
- `geom_boxplot()` 开始支持画箱线图的凹槽（notch），就像 R 基础图形系统中的 `boxplot()` 函数。
- 新增函数 `ggmissing()` 用来展示缺失值的分布，`ggorder()` 按照数据观察顺序先后画折线图，`ggstructure()` 展示数据热图。

　　另外此次更新涉及到一些函数参数名称的变化，如果旧代码在这个版本中报错说有未使用的参数，那么用户需要再次查看帮助文档，确保输入的参数在函数中存在。在所有这些表面的更新背后，实际上 ggplot2 很大程度上被重写了，例如开始使用 R 自带的 S3 泛型函数设计，以及将过去 ggplot2 的功能继续模块化为一些独立的包，一个典型的例子就是标度部分的功能被抽象到 scales 包中，从数据映射到颜色、大小等外观属性可以由这个包直接完成。这种分拆也使得其他开发者可使用过去 ggplot2 内部的一些功能函数。

　　0.9.1 版本主要解决了 0.9.0 版本中的一些漏洞。ggplot2 在 2012 年 9 月 4 日发布了新的版本 0.9.2，其中一些特性和更新有必要提及：

- 采用了全新的主题（theme）系统，`opts()` 函数已被标记为"不推荐使用"(deprecated)，将在未来版本中被取消，取而代之的是 `theme()` 函数，主题元素（theme element）由属性列表构成，支持继承，主题之间可以直接进行合并等操作。详情参见 wiki 页面：https://github.com/wch/ggplot2/wiki/New-theme-system。
- 依赖于新的 gtable 包。用来更方便地调整修改 ggplot2 图形中的图元，`ggplotGrob()` 会返回一个 gtable 类，这个对象可以利用 gtable 包中提供的函数和接口进行操作。
- 所有"模板"类型的图形函数，比如 `plotmatrix()`, `ggorder()` 等，已被标记为"不推荐使用"(deprecated)，将在未来版本中取消。

　　在本书出版之际，ggplot2 更新到了版本 0.9.3，修复了 0.9.2 的一些漏洞，其主要更新包括：

- 不再支持 `plotmatrix()` 函数。
- `geom_polygon()` 提速，比如世界地图的绘制快了 12 倍左右。
- 新增部分主题，比如 `theme_minimal()`, `theme_classic()`。

本书的所有代码和图片都是针对新版本 0.9.3 的，在内容方面也根据版本更新对原文做了适当的增删填补，以满足读者的需求。

本书把影响正文阅读的彩图集中放在附录后面，读者可以随时翻阅。

致谢

在听说我们翻译完这本书之后，本书原著 Hadley 很高兴，给我们发邮件说：

I am excited and honoured to have my book translated to Chinese. ggplot2 has become far more popular than I ever imagined, and I'm excited that this translation will allow many more people to learn ggplot2. I'm very grateful that Yihui and his team of translators (Nan Xiao, Tao Gao, Yixuan Qiu, Weicheng Zhu, Taiyun Wei and Lanfeng Pan) made this possible.

One of the biggest improvements to ggplot2 since the book was first written is the ggplot2 mailing list. This is a very friendly environment where you can get help with your visualisations, and improve your own knowledge of ggplot2 by helping others solve their problems. I'd strongly encourage you to join the mailing list, even if you think your English is not very good — we are very friendly people.

我们感谢这本书的译者，包括邱怡轩（第 1～2 章）、主伟呈（第 3～4 章）、肖楠（第 5～6 章）、高涛（第 7～8 章）、潘岚锋（第 9 章）、魏太云（第 10 章、附录以及翻译过程的协调安排和全书的 LaTeX 排版工作）。所有译者均来自于统计之都（http://cos.name）。

爱荷华州立大学的殷腾飞博士、中国人民大学统计学院的孟生旺教授、浙江大学的张政同学通读了译稿，提出了很多有用的建议，殷腾飞博士还提供了大多数新版本中的解决方案，并担任本书的审校。肖凯老师和余光创博士分别对第 1～4 章、第 8～10 章以及附录提出了很多修改意见，此外，中国人民大学的陈妍、李晓矛、谢漫锜三位同学、中国再保险公司的李皞先生、百度公司的韩帅先生、eBay 公司的陈丽云女士、Mango Solutions 公司的李舰先生、京东商城的刘思喆先生、首钢总公司的邓一硕先生、新华社的陈堰平先生在此书的翻译过程中也曾提过不少宝贵的建议，在此一并表示感谢。

为了更好地服务社区，我们还建立了翻译主页：https://github.com/cosname/ggplot2-translation，读者可以在这里得到最新的勘误和书中的代码，也可以随时提出任何问题。

谢益辉

2013 年 2 月 26 日

前　言

欢迎来到第 2 版《ggplot2：数据分析与图形艺术》。我很高兴这本书能得以改版，从而展示 ggplot2 包中最新、最棒的特点，以及近 5 年来在 R 社区和 ggplot2 社区发生的巨大变化。ggplot2 社区是一个充满活力的社区，其邮件列表中有着超过 7000 名成员，并且还拥有一个十分活跃的 Stack Overflow 社区，每天被打上 ggplot2 标签的问题就有近万个。鉴于目前我已经基本不再对 ggplot2 进行更改，现在来学习使用这个包是再合适不过了。

ggplot2 是成功的，它是 R 中下载量最大的包之一（仅去年一年就被下载了超过一百万次！），并且影响了其他语言中绘图包的设计。我也由衷感激它的成功，ggplot2 包给了我很多周游世界的机会，让我遇到很多有趣的人。我喜欢听人们谈论他们如何利用 R 和 ggplot2 来理解他们所关心的数据。

十分感谢 Carson Sievert 先生对改版工作的支持，他帮助我修正了大量代码，包括将源码转换为 R Markdown 文档的工作。另外，他还更新了书中的诸多例子并审校了全文。

主要变化

为了保证此次改版是对本书第 1 版的充分升级，我做了许多工作，除随处可见的代码更新（以保证与最新版本的 ggplot2 兼容）之外，还包括：

- 在书中增加了大量代码，使本书更易于作为参考书使用。全书对 knitr 更加友好：减少了独立图表并增加了内联代码。这样的布局可能确实不如原书靓丽，但可以让相关的内容更加紧凑。

- 本书完整的源代码发布在 https://github.com/hadley/ggplot2-book。

- 简介中，把 qplot() 改成 ggplot() 入门。先前有反馈意见指出，qplot 像是根拐杖：它虽然使得作简单的图变得容易了一些，但却不能帮助用户掌握语法。

- 增加了练习的部分，读者可以在学习新的技巧后立刻进行实践。

- 为那些围绕 ggplot2 包建立的大量的包增加了指引，这些包构成了一个丰富的生态系统。你将在书中看到大量的其他包被高亮标出并且有对应的指引。这些包在我看来都十分有用。

- 第 3 章工具箱一章，包含所有新的几何对象。增加了全新的 3.3 文本标签一节，标签十分重要，但在上一版中并没有详细的介绍。3.7 节绘制地图一节中，扩展了地图数据的类型，并给出了获取这些数据的方式。

- 重写了第 6 章标度一章，使之更专注于最重要的任务。这章还讨论了一些新的功能，它们能对图例外观进行更精确的控制，并在 6.6 节展示了 ggplot2 中新增的标度细节。

- 原书中数据分析一章被分为三个部分：数据整理（基于tidyr 包），数据操作（基于dplyr包），和模型可视化（基于 broom 包）。我将介绍我自己开发的最新版的数据操作工具，和 David Robinson 开发的非常棒的 broom 包。

本书是针对 ggplot2 新版本的：2.0.0 版本[3]。新版本中包括了一些小的调整和改进，以及对文档的相当大的改进。在一个较长的停滞期后再回来改进 ggplot2 让我注意到了许多之前忽视的问题。ggplot2 2.0.0（终于！）包含一个正式的扩展机制，其他人也可以在他们自己的包里贡献新的 ggplot2 组件。这些都记录在 vignette("extending-ggplot2") 中。

未来发展

ggplot2 目前已经稳定，并且在未来也不太可能有大的改变，可能会有一些 bug 的修正或是新的几何对象的增加，但这些都不会改变 ggplot2 的工作方式。ggplot2 的下一代将是 ggvis，ggvis 的野心更大，因为它的目标是提供迭代图形

---

[3]代码在 3.0.0 版本均可通过。——译者注

的语法。目前 ggvis 仍十分年轻，缺少许多 ggplot2 中的功能（最重要的是缺少分面以及无法绘制静态图形），但未来几年的目标就是让它比 ggplot2 更好。

ggvis 的句法与 ggplot2 略有不同，你是无法直接将 ggplot2 的图转换为 ggvis 的，但我认为付出些成本仍是值得的：新句法的一致性更好，更易于上手。如果你已经掌握 ggplot2，你的技能将能很好地转移到 ggvis 上：只需要经历在句法上的一段短暂挣扎，你就会发现它事实上是很自然的。你在掌握 ggplot2 的过程中学到的重要技能并不是如何用代码描述一幅图，而是一个更难的挑战：如何将数据转换为有效的可视化图表。

致　谢

许多人为此书做出了贡献，他们提出了对高层结构的见解，更正了拼写和语法错误，给出了错误报告。我在此由衷感谢 William E. J. Doane、Alexander Forrence、Devin Pastoor、David Robinson 和 Guangchuang Yu 以及他们为全书做的详尽的技术检查。

还有许多人为 ggplot2 的（现在已经相当长的）一生做出了贡献。我想感谢 Leland Wilkinson，他的讨论与意见加深了我对图形语法的理解；感谢 Gabor Grothendieck，他在早期提出了诸多有益的意见；感谢 Heike Hofmann 与 Di Cook，他们是我的好顾问，在我博士期间充分支持 ggplot2 的发展；感谢 Charlotte Wickham；感谢 ISU（爱荷华州立大学）stat480 和 stat530 课程的同学们，他们在 ggplot2 还非常年轻的时候帮助了它；感谢 Debby Swayne，她给了我大量有帮助的反馈和意见；感谢 Bob Muenchen、Reinhold Kliegl、Philipp Pagel、Richard Stahlhut、Baptiste Auguie、Jean-Olivier Irisson、Thierry Onkelinx 和许多读过本书草稿并给出反馈意见的人；最后，感谢 R-help 和 ggplot2 邮件列表里的成员，他们给我提出了许多有趣但充满挑战的图形问题，让我更有动力完成此书。

Hadley Wickham
2015 年 9 月

目 录

第 2 版中译本序   3
第 1 版中译本序   7
前 言   13

第一部分 入 门   1

第 1 章 简 介   3
1.1 欢迎来到 ggplot2 的世界   3
1.2 什么是图形的语法？   4
1.3 如何把 ggplot2 嵌入到其余 R 图形系统中？   6
1.4 关于本书   7
1.5 安 装   8
1.6 其他资源   8
1.7 书尾标记   9
1.8 参考文献   11

第 2 章 ggplot2 入门   13
2.1 简 介   13
2.2 耗油量数据   13
    2.2.1 练习题   14
2.3 知识要点   15
    2.3.1 练习题   16
2.4 颜色、大小、形状和其他图形属性   16
    2.4.1 练习题   18
2.5 分 面   19
    2.5.1 练习题   19
2.6 几何对象   20
    2.6.1 在图中添加平滑曲线   20
    2.6.2 箱线图和扰动点图   23
    2.6.3 直方图和频数多边图   24
    2.6.4 条形图   26
    2.6.5 时间序列中的折线图和路径图   27
    2.6.6 练习题   29
2.7 修饰坐标轴   29
2.8 输 出   31
2.9 快速绘图   33

第 3 章 工具箱   35
3.1 简 介   35
3.2 基本图形类型   36

3.2.1 练习题	38
3.3 标 签	39
3.4 注 解	45
3.5 群组几何对象	48
3.5.1 多个分组与单一图形属性	49
3.5.2 不同图层上的不同分组	50
3.5.3 修改默认分组 . .	51
3.5.4 匹配图形属性与图形对象	53
3.5.5 练习题	56
3.6 曲面图	57
3.7 绘制地图	58
3.7.1 矢量边界	58
3.7.2 点状元数据 . . .	61
3.7.3 光栅图	62
3.7.4 区域元数据 . . .	64
3.8 揭示不确定性	65
3.9 含权数据	67
3.10 钻石数据集	70
3.11 展示数据分布	71
3.11.1 练习题	75
3.12 处理遮盖绘制问题 . . .	75
3.13 统计摘要	78
3.14 更多程序包资源	79
3.15 参考文献	80

第二部分 语 法　　81

第 4 章 语法突破　　83

4.1 简 介	83
4.2 绘制散点图	84
4.2.1 图形属性和数据的映射	84
4.2.2 标度变换	87
4.3 更复杂的图形示例 . . .	88
4.4 图层语法的组件	91
4.4.1 图 层	91
4.4.2 标 度	92
4.4.3 坐标系	92
4.4.4 分 面	93
4.5 练习题	93
4.6 参考文献	94

第 5 章 用图层构建图像　　95

5.1 简 介	95
5.2 创建绘图对象	95
5.3 数 据	98
5.3.1 练习题	100
5.4 图层属性映射	101
5.4.1 在图和图层中指定图形属性	102
5.4.2 设定和映射 . . .	103
5.4.3 练习题	105
5.5 几何对象	106
5.5.1 练习题	108
5.6 统计变换	110
5.6.1 生成变量	112
5.6.2 练习题	113
5.7 位置调整	114
5.7.1 练习题	116

第 6 章 标度、坐标轴和图例   **119**

- 6.1 简　介 119
- 6.2 调整标度 119
  - 6.2.1 练习题 121
- 6.3 指南：图例和坐标轴 . . 121
  - 6.3.1 标度标题 122
  - 6.3.2 中断和标签 . . . 124
  - 6.3.3 练习题 128
- 6.4 图　例 128
  - 6.4.1 图层和图例 . . . 129
  - 6.4.2 图例布局 131
  - 6.4.3 指南函数 133
  - 6.4.4 练习题 137
- 6.5 限　度 138
  - 6.5.1 练习题 141
- 6.6 标度工具箱 141
  - 6.6.1 连续位置标度 . . 142
  - 6.6.2 颜色标度 145
  - 6.6.3 手动离散型标度 . 156
  - 6.6.4 同一型标度 . . . 158
  - 6.6.5 练习题 159
- 6.7 参考文献 160

第 7 章 定　位   **161**

- 7.1 简　介 161
- 7.2 分　面 161
  - 7.2.1 封装分面 162
  - 7.2.2 网格分面 163
  - 7.2.3 标度控制 165
  - 7.2.4 分面变量缺失 . . 169
  - 7.2.5 分组与分面 . . . 169
  - 7.2.6 连续型变量 . . . 172
  - 7.2.7 练习题 173
- 7.3 坐标系 174
- 7.4 线性坐标系 175
  - 7.4.1 coord_cartesian() 放大图像 . . . 175
  - 7.4.2 coord_flip() 翻转坐标轴 . . . 176
  - 7.4.3 coord_fixed() 固定相等标度 . . 177
- 7.5 非线性坐标系 177
  - 7.5.1 coord_trans() 变换 180
  - 7.5.2 coord_polar() 极坐标系 181
  - 7.5.3 coord_map() 地图投影 182

第 8 章 主　题   **185**

- 8.1 简　介 185
- 8.2 完整的主题 188
  - 8.2.1 练习题 191
- 8.3 修改主题组件 191
- 8.4 主题元素 195
  - 8.4.1 图像元素 195
  - 8.4.2 坐标轴元素 . . . 196
  - 8.4.3 图例元素 198
  - 8.4.4 面板元素 199
  - 8.4.5 分面元素 201
  - 8.4.6 练习题 202
- 8.5 存储输出 202
- 8.6 参考文献 204

第三部分　数据分析　205

第 9 章　数据整理　207
9.1　简 介 207
9.2　数据整理 208
9.3　spread 和 gather 209
　　9.3.1　gather 210
　　9.3.2　spread 212
　　9.3.3　练习题 213
9.4　separate 和 unite 214
　　9.4.1　练习题 215
9.5　案例学习 215
　　9.5.1　血 压 216
　　9.5.2　考试成绩 218
9.6　了解更多 221
9.7　参考文献 221

第 10 章　数据变换　223
10.1　简 介 223
10.2　筛选观测 224
　　10.2.1　有用的工具 . . 226
　　10.2.2　缺失值 227
　　10.2.3　练习题 228
10.3　建立新变量 229
　　10.3.1　有用的工具 . . 231
　　10.3.2　练习题 231
10.4　分组汇总 232
　　10.4.1　有用的工具 . . 234
　　10.4.2　统计上的考虑 . 235
　　10.4.3　练习题 239
10.5　管道操作 239
　　10.5.1　练习题 240
10.6　了解更多 241

10.7　参考文献 241

第 11 章　为可视化建模　243
11.1　简 介 243
11.2　移除趋势 244
　　11.2.1　练习题 249
11.3　Texas 房屋数据 . . . 249
　　11.3.1　练习题 253
11.4　对模型可视化 253
11.5　模型层次的汇总信息 . . 255
　　11.5.1　练习题 258
11.6　系数层次的汇总信息 . . 258
　　11.6.1　练习题 261
11.7　观测数据 261
　　11.7.1　练习题 263
11.8　参考文献 263

第 12 章　用 ggplot2 编程　265
12.1　简 介 265
12.2　单个组件 266
　　12.2.1　练习题 267
12.3　多个组件 268
　　12.3.1　绘图组件 . . . 269
　　12.3.2　注 解 269
　　12.3.3　附加参数 . . . 270
　　12.3.4　练习题 271
12.4　绘图函数 271
　　12.4.1　间接地引用变量 . 274
　　12.4.2　绘图环境 . . . 276
　　12.4.3　练习题 276
12.5　函数式编程 277
　　12.5.1　练习题 278

主题索引	279	彩色插图	287
R 代码索引	283		

第一部分

入 门

第一部分

入门

第 1 章 简 介

1.1 欢迎来到 ggplot2 的世界

ggplot2 是一个用来绘制统计图形（或称为数据图形）的 R 软件包。与其他大多数的图形软件包不同，ggplot2 是通过其背后的一套图形语法所支持的。这一语法基于 *Grammar of Graphics* (Wilkinson, 2006) 一书，它由一系列独立的图形部件组成，并能以许多种不同的方式组合起来。这一点使得 ggplot2 的功能非常强大，因为它不会局限于一些已经定义好的统计图形，而可以根据你的需要来量身定做。尽管这听起来似乎有些困难，但实际上只需要掌握一些核心准则以及少许特例，ggplot2 还是很容易学习的（尽管你可能需要花费一些时间来忘掉其他图形工具中一些固有的概念）。

ggplot2 可以绘制出很多美观的图形，同时能避免诸多繁琐的细节，例如添加图例等。用 ggplot2 绘图时，图形的每个部分可以依次进行构建，之后还可以进行编辑。ggplot2 精心挑选了一系列预设图形，因此在大部分的情形下你可以快速地绘制出许多高质量的图形。如果在格式上还有额外的需求，也可以利用 ggplot2 中详尽的主题系统来进行定制。这样，你将无需花费太多时间来调整图形的外观，而可以更加专注地用图形来展示你的数据。

ggplot2 被设计成可迭代式地工作。你可以从原始的图层开始，首先绘制原始数据，然后不断地添加图形注释和统计汇总结果。这种绘图方式与分析问题中的结构化思维是一致的，它能缩短你"所思"与"所见"的距离。特别是，ggplot2 尤其可以帮助学生锻炼结构化的分析思维，进而达到专业的水准。

学习图形语法不仅可以帮助你绘制出你已经了解的图形，甚至还可以启发你创作出更佳的方案。如果没有这一套语法体系，图形的绘制便失去了理论支持，这也就是为什么现有的很多图形软件包只是一系列特例的堆积。例如，在 R 的基础包中，如果你想要设计一个新的图形，那么它一定是由原始的图形元素（如点和线）构成的，而你很难利用已有的图形样例进行组合，以生成新的图形部件。在 ggplot2 中，用于创建新图形的表达式是由高级的图形元素组成的，例如对原始数据以及某些统计变换等的展现。这些图形元素可以很方便地与新的数据集以及其他图形进行结合。

本书对 ggplot2 进行了整体的介绍，并配以大量的样例代码和图形，同时解释了 ggplot2 背后的语法。与其他许多成熟的系统一样，即使你不了解 ggplot2 背后的模型，你也可以用它来完成许多工作。当然，你了解的内容越多，使用 ggplot2 时就会越高效。本书假定你已经熟悉了 R 的基本操作，水平大致相当于 Dalgaard 在 *Introductory Statistics with R* 的第 1 章中描述的那样。

本书会从零开始介绍 ggplot2 的语法，因此读者朋友不用担心目前对该语法一无所知。你将会学习到如何利用 ggplot2 来重新绘制那些你已经很熟悉的图形，以及如何运用语法来创建新的图形。最后，本书会帮助你成为这方面的专家，由你自己来构建新的图形部件，以扩展这一套语法。

1.2 什么是图形的语法？

Wilkinson(2005) 创建了一套用来描述所有统计图形深层特性的语法规则，该语法回答了"什么是统计图形"这一问题。Wickham(2010) 的 *A layered grammar of graphics* 提出了基于 Wilkinson 语法的图层图形语法，它将图层作为主要的考察对象，并使其嵌入到 R 中。简而言之，这套语法告诉我们，一张统计图形就是从数据到几何对象（geometric object，缩写为 geom，包括点、线、条形等）的图形属性（aesthetic attributes，缩写为 aes，包括颜色、形状、大小等）的一个映射。此外，图形中还可能包含数据的统计变换（statistical transformation，缩写为 stat），最后绘制在某个特定的坐标系（coordinate system，缩写为 coord）中，而分面（facet，指将绘图窗口划分为若干个子窗口）则可以用来生成不同数据子集的同一个图形。总而言之，一张统计图形就是由上述这些独立的图形部件所组成的。

随着本书内容的推进，我们将会愈加详细地解释完整的语法。以下是对这些图形部件的第一次描述，其中的一些术语将会贯穿整本书，它们概括了这些图形部件的基本作用。如果你现在还无法完全理解，请不要担心：你在之后会有很多机会来了解其中的细节，并弄清楚它们是如何组合在一起的。

所有的图形都由以下部件组成:

- 想要可视化的**数据**（**data**）以及一系列将数据中的变量对应到图形属性的**映射**（**mapping**）。
- **图层**（**layler**）由几何元素和统计变换组成。**几何对象**（**geom**）代表你在图中实际看到的图形元素，如点、线、多边形等。**统计变换**（**stat**）是对数据进行的某种汇总。例如，将数据分组计数以创建直方图，或将一个二维的关系用线性模型进行解释。
- **标度**（**scale**）的作用是将数据的取值映射到图形空间，例如用颜色、大小或形状来表示不同的取值。展现标度的常见做法是绘制图例和坐标轴，它们实际上是从图形到数据的一个映射，使读者可以从图形中读取原始的数据。
- **坐标系**（**coord**）描述了数据是如何映射到图形所在的平面的，它同时提供了看图所需的坐标轴和网格线。我们通常使用的是笛卡尔坐标系，但也可以将其变换为其他类型，包括极坐标和地图投影。
- **分面**（**facet**）描述了如何将数据分解为各个子集，以及如何对子集作图并联合进行展示。分面也叫做条件作图或栅栏作图（latticing/trellising）。
- **主题**（**theme**）控制着各点的精细显示，比如说字体大小和背景颜色。尽管 ggplot2 的默认设置是经过精心设计的，但你也许还需要参阅其他的资料来绘制出一张魅力四射的图形。学习 Tufte 的早期作品 Tufte(1990)、Tufte(1997)、Tufte(2001) 是一个好的出发点。

在此有必要说明一下图形语法的一些局限:

- 对于你感兴趣的问题，它没有指出你应该采取哪一种图形来进行展示。本书旨在提出一种合理的绘制数据图形的过程，因此讨论的重点是如何画出你想要的图形，而不是告诉你应该用哪一种图形。如果你对后者感兴趣，则可以参阅 Robbins(2004)、Cleveland(1993)、Chambers *et al.*(1983) 和 Tukey(1977) 的文献。
- 它没有描述交互式的操作：图形语法仅仅描述了静态的图形，因此对它而言图形在电脑屏幕上或是在纸张上没有太大的区别。ggplot2 只能创建静态图形，如果你想绘制动态或交互式的图形，你就需要查阅其他的文献（比如说，以下会介绍的 ggvis）。Cook 和 Swayne(2007) 提供了一份对交互式图形软件包 GGobi 完善的介绍。GGobi 可以通过 rggobi 软件包与 R 进行连接 (Wickham *et al.*,2008)。

1.3 如何把 ggplot2 嵌入到其余 R 图形系统中？

在 R 中有许多其他的图形系统：基础图形系统、网格图形系统和栅栏（trellis/lattice）图形系统等。ggplot2 与它们有何不同？

- 基础图形系统是由 Ross Ihaka 编写的，这基于他实现 S 语言图形驱动的经验，同时参照了 Chambers 等人（1983）的文献。基础图形系统采用的是"纸一笔"的模型：你只能在图形的最顶端进行绘画，而不能修改或删除已有的内容；除了已经呈现在屏幕上的图像之外，图形没有其他（用户可控）的表达形式，如层次、结构、元素类型等。基础图形系统既能绘制基本的图形元素，又提供了绘制完整图形的工具，其中大部分的函数运行速度很快，但使用范围有限。如果你曾经画过单张的散点图、直方图或一系列箱线图，那么你所用的可能就是基础图形系统。

- 网格图形系统（grid graphics）的开发始于 2000 年，是一个更加丰富的绘制基本图形元素的系统。它由 Paul Murrell 开发，是从其博士期间的工作衍生出来的 (Murrell,1998)。网格系统中的图形对象可以与屏幕上的图像独立存在，并且可以反复修改，其中一系列的视图区（每一个视图区都有其自己的坐标系）可以方便地对图形进行复杂的布局。网格系统只能绘制基本的图形元素，而没有提供创建统计图形的工具。

- lattice 软件包由 Deepayan Sarkar 所开发，它利用网格图形系统实现了 Cleveland(1993) 提出的图形系统，这是对基础绘图系统的巨大改进。你可以利用 lattice 软件包方便地进行条件作图，而且其中的一些作图细节（例如图例）会自动地完成。然而，lattice 图形系统缺少一个完整的模型，这使得它很难进行扩展。lattice 图形系统在 Sarkar(2008) 的文献中有详细的讨论。

- ggplot2 于 2005 年开始出现，它试图吸取基础绘图系统和 lattice 绘图系统的优点，并利用一个强大的模型来对这两个系统进行改进。这一模型基于之前所述的一系列准则，能够创建任何类型的统计图形。ggplot2 背后的模型使得用户可以用紧凑的语法轻松地绘制出许多种图形，而且其中独立的图形部件使得图形的可扩展性很强。与 lattice 类似，ggplot2 利用了网格图形系统来进行作图，这意味着你可以在底层对图形的外观进行控制。

- 作为 ggplot2 的继任者，ggvis 项目始于 2014 年。它采用了 ggplot2 的基础理念，但是把它们拓展到网络和可交互式图形的领域。尽管 ggvis 和 ggplot2 的语法是类似的，但是，基于自从创建 ggplot2 起 10 年以来所学到的经验，我重新从头设计了 ggvis 的语法。ggvis 最激动人心的特性是它是可交互的和动态的，所以图像能够在底层数据或者绘图参数变化的时候自动重绘自身。尽管如此，ggvis 是一个正在开发中的项目，目前只能够创建一小部分 ggplot2 能创建的图像。敬请关注项目动态！

- htmlwidgets（http://www.htmlwidgets.org）提供了一个在 R 中连接网络可视化工具的通用框架。在 htmlwidgets 基础上开发的软件包有 leaflet(https://rstudio.github.io/leaflet/, 地图)，dygraph(http://rstudio.github.io/dygraphs/, 时间序列) 和 networkD3(http://christophergandrud.github.io/networkD3/, 网络) 等。htmlwidgets 之于 ggvis，就如很多特定图形软件包之于 ggplot2：它提供了对于特定场景进行了优化的图形。

还有许多其他的 R 软件包，例如 vcd(Meyer et al.,2006), plotrix(Lemon, 2008) 和 gplots(Warnes et al., 2015)，它们开发了一些针对特殊需要的图形，但目前还没有其他的软件包能够提供绘制统计图形的统一框架。你可以在以下网页中找到一份完整的 R 中图形软件包的列表，http://cran.r-project.org/web/views/Graphics.html。

1.4 关于本书

第 2 章 ggplot2 入门介绍了如何利用 ggplot2 函数来快速入门，创建有用的图形。这一章介绍了 ggplot2 中一些重要的概念：几何对象、图形映射以及分面。第 3 章工具箱深入讨论更多的细节，给你提供了一个解决一系列问题的工具箱。

第 4 章语法突破描述了 ggplot2 底层的分层图形语法。第 5 章用图层构建图像说明了其中的理论；通过练习对几何对象和统计变换的完全控制，展示了如何向你的图像添加额外的图层。

理解标度是如何工作的对于优化图形的感官属性非常重要。通过自定义标度，你可以精确地控制图形的外观，以便于更好地表达你的意图。第 6 章标度、坐标轴和图例介绍了一些常用的标度，并对如何调整它们的参数以及如何控制坐标轴和图例的外观做了简要说明。

坐标系和分面可以控制图形元素的位置，这些内容将在第 7 章定位进行讲解。分面是一个非常强大的图形工具，它可以让你快速地比较数据的不同子集。在实际应用中一般不需要改变图形的坐标系，但对于某些特定类型的数据，坐标系的选择会显得非常重要。

为了将你的图像进行润色用以出版，你需要学习第 8 章主题所介绍的工具。在那里，你会学习到如何控制 ggplot2 的主题系统，以及如何保存图像到磁盘上。

本书使用四个章节来进行结尾，它们展示了如何将 ggplot2 作为数据分析流程中的一部分来使用。当数据是整洁（tidy）的时候，ggplot2 工作得最好，所以第 9 章数据整理讨论了什么是"整洁"，以及如何使你的凌乱数据变得整洁。第 10 章数据操作教你如何使用 dplyr 包来执行最常见的数据处理操作。第 11 章为可视化建模展示了如何用两种方法来整合可视化和建模。代码冗余是对代码可扩展性的一大阻碍，它会降低你应对变化的能力。第 12 章用 ggplot2 编程涵盖了减少代码冗余的有用技巧。

1.5 安装

要使用 ggplot2，必须先安装它。首先确保你使用的是较新版本的 R 软件（3.2.0 版本或以上），可以从 http://r-project.org 进行下载。安装 R 之后，运行如下的命令来下载和安装 ggplot2 软件包：

```
install.packages("ggplot2")
```

1.6 其他资源

本书将教给你 ggplot2 的基本语法以及如何将它们组织起来，但并不会对每一个函数都进行完整的介绍。当你想要运用 ggplot2 更复杂的技巧时，你将需要额外的帮助文档。

获取 ggplot2 特定函数和其参数细节的最佳途径是内置的文档，你可以在线访问 http://docs.ggplot2.org/ 和利用 R 中的帮助系统来获取。在线帮助文档的优点是你可以看到所有的示例图形，同时可以更方便地在主题之间进行跳转。

如果你经常使用 ggplot2，在 ggplot2 的邮件列表 http://groups.google.com/group/ggplot2 上注册是一个好主意。这个列表一般来说是比较少流量的，而且对新用户十分友好。另一个有用的资源是 StackOverflow（http://stackoverflow.com）网站。StackOverflow 上有一个活跃的 ggplot2 社区，很多常见的问题已经被提出和解答。两种求助方式中，如果你能提供一个最小化的可重复例子，你将更有可能获得帮助。Jenny Bryan 的 reprex 包提供了一种方便的手段，它还包含了创建好例子的建议。你提供越多信息，社区就越容易帮助到你。

ggplot2 有大量的函数，但是 RStudio 在 https://www.rstudio.com/resources/cheatsheets/ 提供了一些很有用的备忘单（cheatsheet）来辅助你记忆。

最后，这本书的完整源代码可在网站 https://github.com/hadley/ggplot2-book 在线获取。这里包含了本书的所有文字，以及重新创建所有图形的所需要的所有代码和数据。

1.7 书尾标记

这本书在 RStudio 使用 R Markdown 编写而成。knitr 和 pandoc 将原始 Rmarkdown 代码转换成 html 和 pdf。完整的代码可以在 github 上获取。这一版本的书用以下参数创建：

```
devtools::session_info(c("ggplot2", "dplyr", "broom"))
#>  setting  value
#>  version  R version 3.4.3 (2017-11-30)
#>  system   x86_64, mingw32
#>  ui       RTerm
#>  language (EN)
#>  collate  Chinese (Simplified)_China.936
#>  tz       GMT
#>  date     2018-06-10
#>
#>  package    * version  date       source
#>  assertthat   0.2.0    2017-04-11 CRAN (R 3.4.4)
#>  BH           1.66.0-1 2018-02-13 CRAN (R 3.4.3)
#>  bindr        0.1.1    2018-03-13 CRAN (R 3.4.4)
#>  bindrcpp     0.2.2    2018-03-29 CRAN (R 3.4.4)
#>  broom        0.4.4    2018-03-29 CRAN (R 3.4.4)
#>  cli          1.0.0    2017-11-05 CRAN (R 3.4.4)
#>  colorspace   1.3-2    2016-12-14 CRAN (R 3.4.4)
#>  compiler     3.4.3    2017-12-06 local
#>  crayon       1.3.4    2017-09-16 CRAN (R 3.4.4)
#>  dichromat    2.0-0    2013-01-24 CRAN (R 3.4.1)
```

```
#>   digest         0.6.15     2018-01-28 CRAN (R 3.4.3)
#>   dplyr        * 0.7.5      2018-05-19 CRAN (R 3.4.4)
#>   foreign        0.8-69     2017-06-22 CRAN (R 3.4.3)
#>   ggplot2      * 2.2.1      2016-12-30 CRAN (R 3.4.4)
#>   glue           1.2.0      2017-10-29 CRAN (R 3.4.4)
#>   graphics     * 3.4.3      2017-12-06 local
#>   grDevices    * 3.4.3      2017-12-06 local
#>   grid           3.4.3      2017-12-06 local
#>   gtable         0.2.0      2016-02-26 CRAN (R 3.4.4)
#>   labeling       0.3        2014-08-23 CRAN (R 3.4.1)
#>   lattice        0.20-35    2017-03-25 CRAN (R 3.4.3)
#>   lazyeval       0.2.1      2017-10-29 CRAN (R 3.4.4)
#>   magrittr       1.5        2014-11-22 CRAN (R 3.4.4)
#>   MASS           7.3-47     2017-02-26 CRAN (R 3.4.3)
#>   methods      * 3.4.3      2017-12-06 local
#>   mnormt         1.5-5      2016-10-15 CRAN (R 3.4.1)
#>   munsell        0.4.3      2016-02-13 CRAN (R 3.4.4)
#>   nlme           3.1-131    2017-02-06 CRAN (R 3.4.3)
#>   parallel       3.4.3      2017-12-06 local
#>   pillar         1.2.3      2018-05-25 CRAN (R 3.4.4)
#>   pkgconfig      2.0.1      2017-03-21 CRAN (R 3.4.4)
#>   plogr          0.2.0      2018-03-25 CRAN (R 3.4.4)
#>   plyr           1.8.4      2016-06-08 CRAN (R 3.4.4)
#>   psych          1.8.4      2018-05-06 CRAN (R 3.4.4)
#>   purrr          0.2.5      2018-05-29 CRAN (R 3.4.4)
#>   R6             2.2.2      2017-06-17 CRAN (R 3.4.4)
#>   RColorBrewer   1.1-2      2014-12-07 CRAN (R 3.4.1)
#>   Rcpp           0.12.17    2018-05-18 CRAN (R 3.4.4)
#>   reshape2       1.4.3      2017-12-11 CRAN (R 3.4.4)
#>   rlang          0.2.1      2018-05-30 CRAN (R 3.4.4)
#>   scales         0.5.0      2017-08-24 CRAN (R 3.4.4)
#>   stats        * 3.4.3      2017-12-06 local
```

```
#>  stringi       1.1.7    2018-03-12 CRAN (R 3.4.4)
#>  stringr       1.3.1    2018-05-10 CRAN (R 3.4.4)
#>  tibble        1.4.2    2018-01-22 CRAN (R 3.4.4)
#>  tidyr       * 0.8.1    2018-05-18 CRAN (R 3.4.4)
#>  tidyselect    0.2.4    2018-02-26 CRAN (R 3.4.4)
#>  tools         3.4.3    2017-12-06 local
#>  utf8          1.1.4    2018-05-24 CRAN (R 3.4.4)
#>  utils       * 3.4.3    2017-12-06 local
#>  viridisLite   0.3.0    2018-02-01 CRAN (R 3.4.4)
getOption("width")
#> [1] 64
```

1.8 参考文献

[1] Chambers J, William C, Beat K, Paul T (1983) Graphical methods for data analysis. Wadsworth, Belmont.

[2] Cleveland W (1993) Visualizing data. Hobart Press.

[3] Cook D, Deborah FS (2007) Interactive and dynamic graphics for data analysis: with examples using R and GGobi. Springer, New York.

[4] Lemon J (2006) plotrix: a package in the red light district of R. R-News 6(4):8-12.

[5] Meyer D, Kurt H (2006)The strucplot framework: visualizing multi-way contingency tables with Vcd. J Stat Softw 17(3):1-48. http://www.jstatsoft.org/v17/i03/.

[6] Murrell P (1998) Investigations in graphical statistics. PhD thesis, The University of Auckland.

[7] Robbins N (2013) Creating more effective graphs. Chart House, Wayne.

[8] Sarkar D (2008) Lattice: multivariate data visualization with R. Springer, New York.

[9] Tufte ER (1990) Envisioning information. Graphics Press, Cheshire.

[10] Tufte ER (1997) Visual explanations. Graphics Press, Cheshire.

[11] Tufte ER (2001) The visual display of quantitative information, 2nd edn. Graphics Press, Cheshire.

[12] Tukey JW (1977) Exploratory data analysis. Reading, Mass.

[13] Warnes GR, Bolker B, Bonebakker L, Gentleman R, Liaw WHA, Lumley T, Maechler M, Magnusson A, Moeller S, Schwartz M, Venables B (2015) gplots: various R programming tools for plotting data. R package version 2.17.0. https://cran.r-project.org/package=gplots.

[14] Wickham H (2010) A layered grammar of graphics. J Comput Graph Stat 19(1):3–28.

[15] Wickham H, Michael L, Duncan TL, Deborah FS (2008) An introduction to Rggobi. R-news 8(2):3-7. http://cran.r-project.org/doc/Rnews/Rnews_2008-2.pdf.

[16] Wilkinson L (2005) The grammar of graphics. Statistics and Computing, 2nd edn. Springer, New York.

第 2 章 ggplot2 入门

2.1 简 介

本章旨在快速教会你使用 ggplot2 绘制理想的图像。你将学习 ggplot() 的基本构成和若干有趣的功能组件来创建各类图形。由于 ggplot() 的设计具有完善系统的基础理论体系和别具一格的图形图层语法，你只需几行简单的代码就可以绘制各种纷繁复杂的图形。此处我们将跳过详细理论讲解直接进入实战应用，后面的章节中你将详细学习如何运用这套极具表现力的语法。

在本章中你将学习：

- ggplot2 中的 mpg 数据集。
- ggplot2 图像的三个基本构成：数据、图形属性和几何对象。
- 如何将变量映射到图形属性中。
- 如何运用分面将数据拆分为子集。
- 如何指定不同的几何对象绘制各式各样的图形。
- 如何修改坐标轴。
- 图像文件的其他处理方式，如保存至硬盘。
- 无需考虑任何语法的快速作图函数 qplot。

2.2 耗油量数据

本章多数绘图使用 ggplot2 内置的 mpg 数据集，它记录了美国 1999 年和 2008 年部分汽车的制造厂商、型号、类别、驱动系统和耗油量等信息。该数据来源于美国环境保护署 http://fueleconomy.gov。你可以加载 ggplot2 读取数据：

```
library(ggplot2)
mpg
#> # A tibble: 234 x 11
#>   manufacturer model displ  year   cyl trans   drv    cty   hwy
#>   <chr>        <chr> <dbl> <int> <int> <chr>   <chr> <int> <int>
#> 1 audi         a4      1.8  1999     4 auto(~  f        18    29
#> 2 audi         a4      1.8  1999     4 manua~  f        21    29
#> 3 audi         a4      2    2008     4 manua~  f        20    31
#> 4 audi         a4      2    2008     4 auto(~  f        21    30
#> 5 audi         a4      2.8  1999     6 auto(~  f        16    26
#> 6 audi         a4      2.8  1999     6 manua~  f        18    26
#> # ... with 228 more rows, and 2 more variables: fl <chr>,
#> #   class <chr>
```

数据集变量大多名副其实：

- `cty` 和 `hwy` 分别记录城市和高速公路驾驶耗油量（英里/加仑）[1]。
- `displ` 表示发动机排量（以升为单位）。
- `drv` 表示驱动系统：前轮驱动（f）、后轮驱动（r）和四轮驱动（4）。
- `model` 表示车辆型号。数据集中共有 38 种车型，选择这些车型是因为它们在 1999 年到 2008 年间每年都会推出新款。
- `class`（未显示）表示车辆类别，如双座汽车、SUV、小型汽车等。

该数据集隐含了许多有趣的问题。比如引擎大小和耗油量存在什么关系？是否有部分制造商更关注汽车耗油量？过去的十年中汽车耗油量有没有明显增加？我们将尝试回答这些问题，并在此过程中学习如何使用 ggplot2 绘制基本图像。

2.2.1 练习题

1. 列举五个可以用于获取 `mpg` 数据集信息的函数。
2. 如何获取 ggplot2 内置的其他数据集？
3. 不同于美国，大多数国家采用行驶固定距离耗油来衡量油耗，而非消耗固定燃油行驶距离。那么，如何将 `cty` 和 `hwy` 转换为欧盟标准的每百千米油耗？

---

[1] 1 mile=1609.344 m；1 gal=3.785412 L。—— 译者注

4. 数据集中，哪个制造商有最多车型？哪个车型的型号最丰富？如果删除驱动系统相关的详细分类（如 "pat hfinder 4wd" 和 "a4 quattro"），结论是否会发生变化？

2.3 知识要点

ggplot2 图像的三个基本构成：

1. **数据**；
2. **图形属性映射**，设定变量如何映射到图层的图形属性上；
3. **几何对象**，至少一层，用于指定绘图所用的几何对象。

以下图为例：

`ggplot(mpg, aes(x = displ, y = hwy)) + geom_point()`

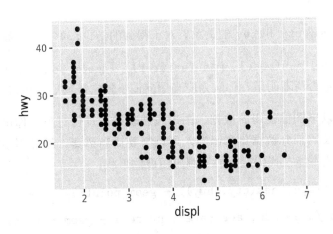

它展现了由以下三个组件构成的散点图：

1. 数据：`mpg`。
2. 图形属性映射：发动机尺寸对应 x 轴，耗油量对应 y 轴。
3. 几何对象：散点图。

请注意此处代码构成：数据和图形属性映射包含在 `ggplot()` 函数中，再通过 + 添加图层。这是 ggplot2 的典型应用范例，随着你对 ggplot2 学习得深入，你可以添加更多组件来使图像更加丰富形象。

绝大多数图像都会先将变量映射到 x 和 y 上，再将此一一注明不免乏味，所以 aes() 中前两个变量默认映射为 x 和 y。换句话说，下文代码效果与上面的范例完全相同：

ggplot(mpg, aes(displ, hwy)) + geom_point()

后文中我会延续这个习惯，所以请记得 aes() 中前两个变量分别是 x 和 y。绘图过程中我的每行代码都是一条指令，建议你在写代码时也这么做，这更有助于浏览检查代码效果。本章中有时一行代码即对应一幅图像，这样更利于识别图像差异。

由上图可看出发动机大小和耗油量显著相关：随着发动机变大，耗油量逐渐减少。同时我们会注意到图中一些有趣的离群点：部分发动机较大的汽车耗油量却显著高于平均值，你认为这会是哪类汽车呢？

2.3.1 练习题

1. 应当如何描述 cty 和 hwy 的关系？对于得到的结论，你有什么疑问吗？

2. ggplot(mpg, aes(model, manufacturer)) + geom_point() 展示的是什么图像？它是否清晰明了？你认为应当如何调整使它能够展现更多信息？

3. 依次描述以下图像使用的数据、图形属性映射和几何对象。你可能还没接触过其中涉及的部分数据集和函数，所以需要适当猜测。不过不要紧，结合常识，看看能不能在代码运行前预测出图像的形状。

    （1）ggplot(mpg, aes(cty, hwy)) + geom_point()

    （2）ggplot(diamonds, aes(carat, price)) + geom_point()

    （3）ggplot(economics, aes(date, unemploy)) + geom_line()

    （4）ggplot(mpg, aes(cty)) + geom_histogram()

2.4 颜色、大小、形状和其他图形属性

为了在图像中展现更多信息，我们可以调整其他图形属性，如颜色、形状和大小（注意：虽然我在全书中均使用英式拼写，但 ggplot2 也支持美式拼写）。这些图形属性的设置方法与 x 和 y 相同，而且同样需要写入 aes() 函数中：

- aes(displ, hwy, colour = class)
- aes(displ, hwy, shape = drv)
- aes(displ, hwy, size = cyl)

ggplot2 通过 **标度**可以将数据（如汽车驱动系统 "f"、"r"、"4"）转换为图形属性（如 "红色"、"黄色"、"绿色"）。图像中每一个标度都对应着一个图形属性的映射。它同样会生成指南、坐标轴或图例，以便在读图时可以将图形属性对应到数据值上。眼下，我们将继续使用 ggplot2 的默认标度，标度一章将对此作详细讨论。

为了观察在先前散点图中未显示的变量，我们可以将车辆类型映射为颜色：

ggplot(mpg, **aes**(displ, cty, colour = class)) + **geom_point**()

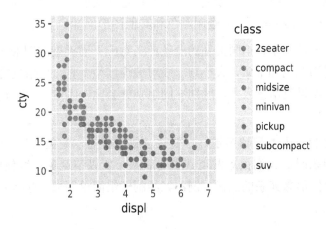

图 2.1: 颜色属性（参见第 287 页彩图 1）

每个点的颜色对应着它的车辆类型，图例展示了二者的对应关系。现在可以看出，先前散点图中发动机较大而耗油量高的汽车均为双座汽车，它们虽然发动机较大，但车身较轻，所以固定油耗下行驶距离更长。

如果你想给某一图形属性赋固定值而不使用标度，把对应代码写在 `aes()` 函数外侧即可。请比较下面两张图像：

ggplot(mpg, **aes**(displ, hwy)) + **geom_point**(**aes**(colour = "blue"))
ggplot(mpg, **aes**(displ, hwy)) + **geom_point**(colour = "blue")

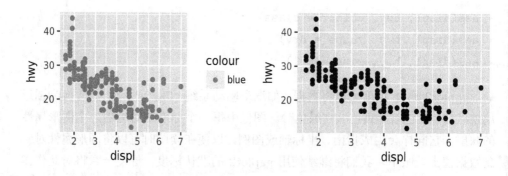

图 2.2: 颜色属性比较（参见第 287 页彩图 2）

左图中，"蓝色"经标度变换成为粉色，并生成了图例。而右图中，所有点均为真正的蓝色。这个技巧十分重要，你会在设定和映射学习更多相关知识。阅读 `vignette("ggplot2-specs")` 查阅颜色和其他图形属性所需的值。

为求图像简洁明了，不同类别的变量应当对应不同类型的图形属性。例如分类变量常映射为颜色和形状，大小则一般对应连续型变量。数据量的大小也会对此产生影响：如果数据量太大，区别不同组别就会比较困难，此时我们便会使用下文的分面处理。

图形属性的应用不是越多越好，要注意删繁就简，避免杂乱。颜色、形状、大小各变量混杂时，我们很难发现其中的联系，所以请避免过度使用图形属性。与其制作出一幅信息庞杂的图像，倒不如绘制一组简单图像，这样才能防止读者遗漏图中关键。

2.4.1 练习题

1. 练习使用颜色、形状和大小等图形属性。把它们映射为连续型变量时是什么样的？映射为分类变量呢？在图像中映射多个图形属性效果如何？
2. 把连续型变量映射为形状属性是什么效果？为什么？把 `trans` 映射为形状又是什么样呢？为什么？
3. 驱动系统与耗油量存在什么关系？驱动系统与发动机大小、车辆类型又有什么关系呢？

2.5 分面

分面同样可以在图像中展示分类变量。它会将数据分割为若干子集，然后创建图形的矩阵，再把每一个子集绘制到图形矩阵的窗格中。后文分面章节会更详细地讨论这一技巧，本节我们只讲解它的基础应用。

分面可以分为两种类型：网格型和封装型。由于封装型更为常用，所以此处我们主要讨论封装型，今后再学习网格型。对图像进行分面处理只需加入代码 `facet_wrap()`，括号中输入 ~ 和分类变量。

```
ggplot(mpg, aes(displ, hwy)) + geom_point() + facet_wrap(~class)
```

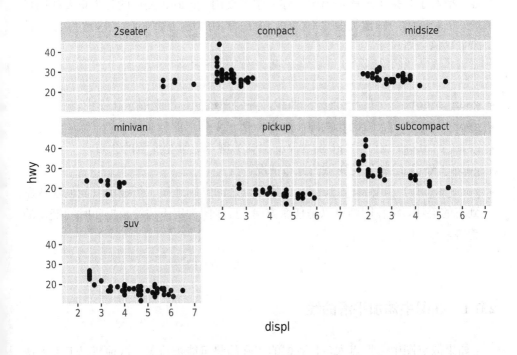

如果你想了解应用图形属性和分面的时机，请阅读分组与分面，其中详细讨论了二者的相对优劣。

2.5.1 练习题

1. 对连续型变量如 `hwy` 进行分面会怎么样？对于 `cyl` 呢？其中主要区别是什么？

2. 使用分面技巧探索耗油量、发动机尺寸和汽缸数目三者之间的关系。在以汽缸数目对数据进行分面处理后，发动机尺寸和耗油量间的关系发生了什么变化？
3. 阅读 `facet_wrap()` 相关说明，思考应当如何控制输出图像矩阵的行列数。
4. `facet_wrap()` 的 `scales` 是做什么用的？你什么时候会使用到它？

2.6 几何对象

你可能想到如果替换 `geom_point()` 代码，也许可以得到其他类型的图像。恭喜，猜对了！接下来的章节中，你将学习使用 ggplot2 提供的各类重要的图像类型。下表展示的图像类型并不全面，但最常用的均已覆盖到。了解更多细节请阅读工具箱一章。

- `geom_smooth()` 拟合一条平滑曲线，并将曲线和标准误展示在图中。
- `geom_boxplot()` 绘制箱线图，用以概括一系列点的分布情况。
- `geom_histogram()` 和 `geom_freqpoly()` 展示连续型变量的分布。
- `geom_bar()` 绘制分类变量的分布情况。
- `geom_path()` 和 `geom_line()` 在数据点之间绘制连线。折线图只能创建从左到右的连线，路径图则可以是任意方向；折线图常用于描绘数据随时间变化的趋势。

2.6.1 在图中添加平滑曲线

如果散点图中数据点太多，数据的实际趋势可能被掩盖，这种情况下可以使用 `geom_smooth()`，在图中添加一条平滑曲线：

```
ggplot(mpg, aes(displ, hwy)) +
geom_point() +
geom_smooth()
```

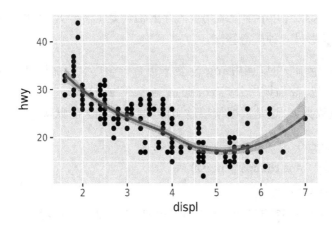

我们在散点图上绘制了一条平滑曲线,其中灰色部分表示逐点置信区间用以评估不确定性。如果你不想绘制置信区间,可以输入 geom_smooth(se = FALSE)。

method 是 geom_smooth() 的重要参数之一,它提供了平滑曲线的多种拟合方式:

- method = "loess",是 n 较小时的默认选项,使用局部回归拟合(相关细节可以查阅帮助 ?loess),曲线的平滑程度由参数 span 控制,其取值范围是从 0(很不平滑)到 1(很平滑)。

```
ggplot(mpg, aes(displ, hwy)) +
  geom_point() + geom_smooth(span = 0.2)
ggplot(mpg, aes(displ, hwy)) +
  geom_point() + geom_smooth(span = 1)
```

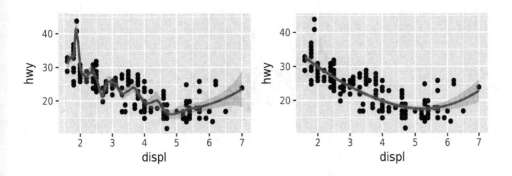

Loess 对于大数据并不十分适用（内存的消耗是 $O(n^2)$），因此当 n 超过 1000 时将默认采用另一种平滑算法。

- `method = "gam"` 可以调用 **mgcv** 包来拟合一个广义可加模型。不过你需要先加载 mgcv 包，然后调用公式 `formula = y ~ s(x)` 或 `y ~ s(x, bs = "cs")`（用于大量数据），这是数据量超过 1000 时 ggplot2 的默认选项。

```
library(mgcv)
ggplot(mpg, aes(displ, hwy)) +
  geom_point() +
  geom_smooth(method = "gam", formula = y ~ s(x))
```

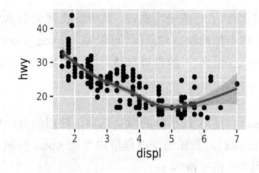

- `method = "lm"` 拟合线性模型，默认进行线性拟合。

```
ggplot(mpg, aes(displ, hwy)) +
  geom_point() +
  geom_smooth(method = "lm")
```

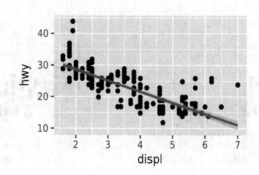

- method = "rlm" 与 lm() 类似，但它拟合算法更稳健，因此结果对异常值不太敏感。这一方法是 R 包 **MASS** 的一部分，因此使用时需要先加载 R 包 MASS。

2.6.2 箱线图和扰动点图

如果数据集中包含了分类变量和多个连续变量，那么你可能需要了解连续变量在不同分类变量取值下的变化情况。例如我们想探究不同车辆类别的耗油量情况，先从散点图入手：

```
ggplot(mpg, aes(drv, hwy)) +
  geom_point()
```

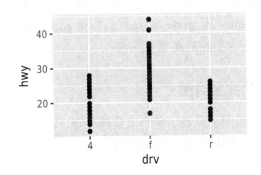

由于车辆类别和耗油量取值均较少，图形重叠问题比较严重。大量数据点的堆积致使数据分布不太明显，下面介绍三种工具来解决这个问题：

- 扰动点图，geom_jitter()，在数据中加入一些随机噪声避免图形重叠。
- 箱线图，geom_boxplot()，用若干统计量概括数据分布情况。
- 小提琴图，geom_violin()，简要展示分布"密度"，突出数据分布密集的区域。

图解如下：

```
ggplot(mpg, aes(drv, hwy)) + geom_jitter()
ggplot(mpg, aes(drv, hwy)) + geom_boxplot()
ggplot(mpg, aes(drv, hwy)) + geom_violin()
```

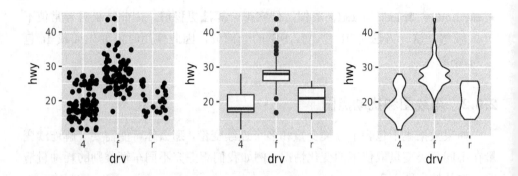

每种方法都有它的优势和不足。箱线图只用 5 个数字对分布进行概括,这太简略了;扰动点图虽将所有的点都绘制入图中却只适用于相对小的数据集;小提琴图展示信息最丰富,却依赖于分布密度的计算,而这有时会很难解释。

扰动点图中,`geom_jitter()` 与几何对象 `geom_point()` 各参数名相同,即 `size`、`colour` 和 `shape`。而 `geom_boxplot()` 和 `geom_violin()` 图中,可以更改 `colour` 和 `fill` 来调整轮廓和填充颜色。

2.6.3 直方图和频数多边图

直方图和频数多边图可以展示单个变量的分布,相对于箱线图,它们提供了更多数据分布的信息,但同时占用更多内存。

```
ggplot(mpg, aes(hwy)) + geom_histogram()
ggplot(mpg, aes(hwy)) + geom_freqpoly()
```

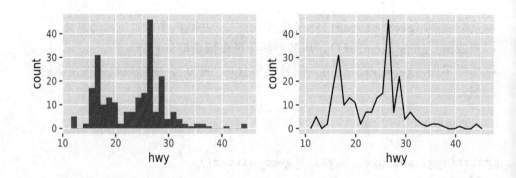

直方图和频数多边图工作原理相同:先将数据汇总,再计算在每一个水平下

观测的数量。唯一的区别在于展现方式：直方图使用条形，而频数多边图使用线形。

参数 `binwidth` 用以调整组距（如果不需要均匀组距可以修改 `breaks` 参数）。试验调整组距 **非常重要**，你的数据会被默认分为 30 组（bins），但这不一定合适。所以你需要多次测试组距，而且你可能会发现需要使用不同的组距来完整展现数据。

```
ggplot(mpg, aes(hwy)) +
  geom_freqpoly(binwidth = 2.5)
ggplot(mpg, aes(hwy)) +
  geom_freqpoly(binwidth = 1)
```

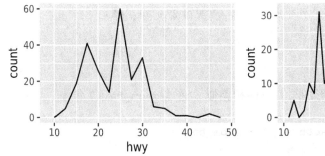
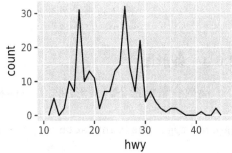

`geom_density()` 绘制的密度曲线图与频数多边图相似。但我不倾向使用密度曲线图，因为理解解释密度曲线的含义比较困难，而且密度曲线有一些隐含的假设，例如曲线应该是无界、连续且平滑的，但这些假设不一定适用于真实数据。

为了展示数据中不同子集的分布,可以将分类变量映射为填充色（用于 `geom_histogram()`）或颜色（用于 `geom_freqpoly()`），这样更便于感受各子集分布的区别。当然，也可以使用分面工具，虽然这不利于比较各子集间的关系，但每个子集的分布会更为清晰。

```
ggplot(mpg, aes(displ, colour = drv)) +
  geom_freqpoly(binwidth = 0.5)
ggplot(mpg, aes(displ, fill = drv)) +
  geom_histogram(binwidth = 0.5) +
  facet_wrap(~drv, ncol = 1)
```

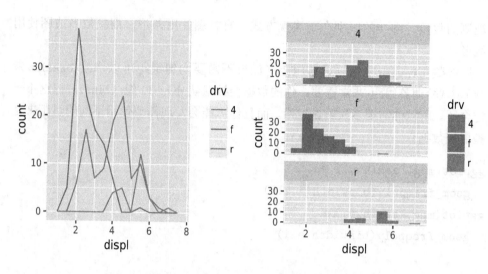

图 2.3: 展示不同子集的分布（参见第 288 页彩图 3）

2.6.4 条形图

离散变量情形下，条形图与直方图相类似，通过 geom_bar() 绘制：

`ggplot(mpg, aes(manufacturer)) + geom_bar()`

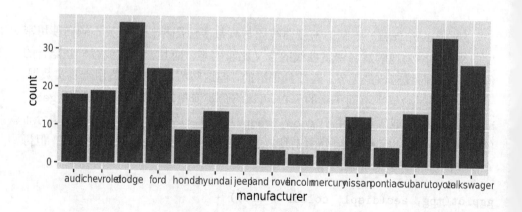

（坐标轴元素一章将讨论如何固定标签。）

条形图有时比较令人费解，因为我们一般把两种截然不同的图像统称为条形图。上图所使用的数据尚未经过处理，因此每个观测值都会对应着其分组条形的一个单位高度。而另一种条形图已经过预处理，如下图，已知三种药品和它们的平均疗效：

```
drugs <- data.frame(
  drug = c("a", "b", "c"),effect = c(4.2, 9.7, 6.1))
```

处理这类数据，需要修改 `geom_bar()` 中的默认设置，不必进行分类计数。不过，我认为使用 `geom_point()` 更合适，因为它占用更少内存，而且不要求 y 轴包括 0。

```
ggplot(drugs, aes(drug, effect)) + geom_bar(stat = "identity")
ggplot(drugs, aes(drug, effect)) + geom_point()
```

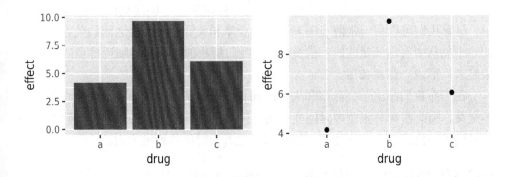

2.6.5 时间序列中的折线图和路径图

折线图和路径图常用于可视化时间序列数据。折线图将点从左到右进行连接，路径图则按照点在数据集中的顺序对其进行连接（折线图等价于将数据按照 x 取值进行排序，然后绘制路径图）。折线图的 x 轴一般是时间，它展示了单个变量随时间变化的情况。路径图则展示了两个变量随时间联动的情况，时间反映在点的顺序上。

由于 mpg 数据中时间变量只有两个取值，因此此处我们使用 economics 数据集，它包含美国过去 40 年的经济数据。下面展示的是失业水平随时间变化的两张折线图，它们都通过 `geom_line()` 画出，第一张图显示了失业率的变化，第二张图则是失业星期数的中位数。我们已经可以看出这两个变量之间的一些区别，例如在最后的一个峰值处，失业率比前一个峰值低，但失业的时间却要更长。

```
ggplot(economics, aes(date, unemploy / pop)) + geom_line()
ggplot(economics, aes(date, uempmed)) + geom_line()
```

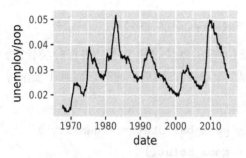 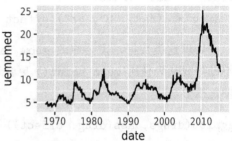

为了考察这种关系的更多细节，我们可以将两个时间序列绘制在同一张图中。尽管我们可以用一张散点图来表示失业率和失业时间长度之间的关系，但我们并不能从中看出变量随时间的变化。对此，解决的办法是将临近时点的散点连接起来，形成一张路径图。

在下面我们画出了失业率和失业时间长度随时间变化的路径。由于线条有很多交叉，因此在第一张图中时间变化的方向并不明显。第二张图中，我们将年份映射到了颜色属性上，这让我们能更容易地看出时间的行进方向。

```
ggplot(economics, aes(unemploy / pop, uempmed)) +
  geom_path() + geom_point()
year <- function(x) as.POSIXlt(x)$year + 1900
ggplot(economics, aes(unemploy / pop, uempmed)) +
  geom_path(colour = "grey50") +
  geom_point(aes(colour = year(date)))
```

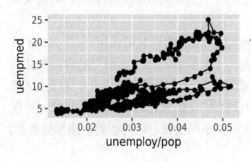 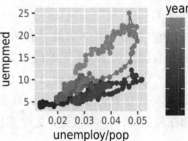 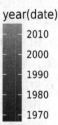

我们可以看出来失业率和失业时间长度是高度相关的，但是，最近几年，失业时间长度与失业率相比有增长的趋势。

对于纵向数据，如果需要将多个时间序列画在一张图中，每一个序列代表一个个体，只需要将 `group` 图形属性映射到一个分组变量上。这一部分内容在分组一章会有更深入的介绍。

2.6.6 练习题

1. `ggplot(mpg, aes(cty, hwy)) + geom_point()` 绘制的图像存在什么问题？应当绘制哪种图形可以有效解决这个问题？
2. `ggplot(mpg, aes(class, hwy)) + geom_boxplot()` 绘制的箱线图根据 `class` 取值的字母顺序排序，但这未必是你想要的。你认为应当如何调整因子水平使图像信息更为丰富？实际上无需重新对这一变量逐个排序，你可以通过以下代码 `ggplot(mpg, aes(reorder(class, hwy), hwy)) + geom_boxplot()` 自动地完成这一任务，其中 `reorder()` 起到了什么作用？请阅读文档。
3. 探索 `diamonds` 中克拉重量的分布。对于所得图像，多大组距最为合适？
4. 探索 `diamonds` 中价格分布，因切工的不同，价格分布有什么变化？
5. 你现在（至少）知道三种方法来比较各个子集的数据分布：`geom_violin`、`geom_frepoly`，以及颜色图形属性，或是 `geom_histogram` 和分面。各个做法分别有什么优势和不足？你还可以尝试其他哪些方法？
6. 阅读 `geom_bar()` 的在线文档，`weight` 图形属性有什么作用？
7. 使用本章中已介绍的数据集，总结出三种可视化二维分类数据分布的方法，并将它们对 `model` 和 `manufacturer`、`trans` 和 `class`，以及 `cyl` 和 `trans` 的分布进行可视化。

2.7 修饰坐标轴

你将在标度一章中详细学习坐标轴修饰方法，但有两组参数可以帮助你完成大多数常见的修饰工作，如使用 `xlab()` 和 `ylab()` 参数设置 x 轴和 y 轴标签：

```
ggplot(mpg, aes(cty, hwy)) + geom_point(alpha = 1 / 3)

ggplot(mpg, aes(cty, hwy)) + geom_point(alpha = 1 / 3) +
  xlab("city driving (mpg)") + ylab("highway driving (mpg)")

# NULL 表示省略坐标轴标签
ggplot(mpg, aes(cty, hwy)) + geom_point(alpha = 1 / 3) +
  xlab(NULL) + ylab(NULL)
```

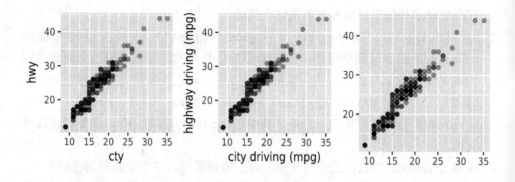

xlim() 和 ylim() 调整坐标轴的显示区间：

```
ggplot(mpg, aes(drv, hwy)) +
  geom_jitter(width = 0.25)

ggplot(mpg, aes(drv, hwy)) +
  geom_jitter(width = 0.25) +
  xlim("f", "r") +
  ylim(20, 30)
#> Warning: Removed 139 rows containing missing values
#> (geom_point).

# 对于连续型标度，NA 可以设置单侧区间界限
ggplot(mpg, aes(drv, hwy)) +
```

```
geom_jitter(width = 0.25, na.rm = TRUE) +
ylim(NA, 30)
```

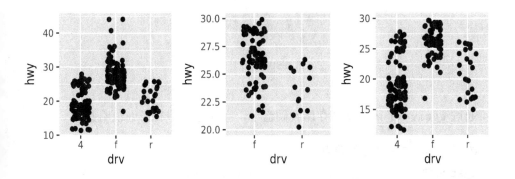

坐标轴显示区间改变后，区间外的取值会默认设置为 NA，你可以通过 na.rm=TRUE 来关闭相关警告提示。

2.8 输 出

大多数情况下图像制作完成后会直接进行绘制，但你同样可以将图像存储为变量并对其进行修改：

```
p <- ggplot(mpg, aes(displ, hwy, colour = factor(cyl))) +
  geom_point()
```

获得一个图像变量后，可以对它做如下处理：

- 通过 print() 将其呈现到屏幕上，交互式操作时，这一步会自动完成。但当它嵌套于循环或函数中时，我们需要手动输入 print 来绘制图像。

```
print(p)
```

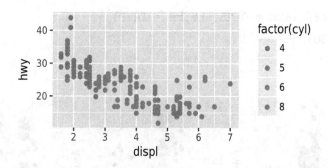

- 通过 ggsave() 函数将其存储到硬盘中，存储输出中有详细说明：

```
# 将 png 文件保存至硬盘
ggsave("plot.png", width = 5, height = 5)
```

- 通过 summary() 查看图像结构摘要：

```
summary(p)
#> data: manufacturer, model, displ, year, cyl, trans, drv,
#>   cty, hwy, fl, class [234x11]
#> mapping:  x = displ, y = hwy, colour = factor(cyl)
#> faceting: <ggproto object: Class FacetNull, Facet>
#>     compute_layout: function
#>     draw_back: function
#>     draw_front: function
#>     draw_labels: function
#>     draw_panels: function
#>     finish_data: function
#>     init_scales: function
#>     map: function
#>     map_data: function
#>     params: list
#>     render_back: function
#>     render_front: function
#>     render_panels: function
```

```
#>      setup_data: function
#>      setup_params: function
#>      shrink: TRUE
#>      train: function
#>      train_positions: function
#>      train_scales: function
#>      vars: function
#>      super: <ggproto object: Class FacetNull, Facet>
#> ----------------------------------
#> geom_point: na.rm = FALSE
#> stat_identity: na.rm = FALSE
#> position_identity
```

- 通过 saveRDS()，把图像缓存副本保存到硬盘中。它所保存的图像完整副本可以通过 readRDS() 快速恢复。

```
saveRDS(p, "plot.rds")
q <- readRDS("plot.rds")
```

在第 12 章用 ggplot2 编程会继续讲解如何操作这些文件。

2.9 快速绘图

有时你需要用尽可能少的代码完成快速作图，这时你可能会发现 qplot() 比 ggplot() 更有用。qplot() 支持使用简单的声明定义图像，还可以在没有声明几何对象时使用默认设置。你需要做的只是提供数据和图形属性：

```
qplot(displ, hwy, data = mpg)
qplot(displ, data = mpg)
```

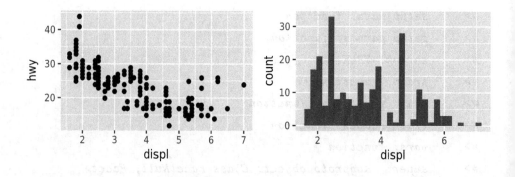

没有声明的情况下，qplot() 会根据已有数据自动选择适当的呈现方式。举例来说，如果只定义 qplot() 函数的 x 和 y 变量，它会自动绘制散点图。如果只定义 x 变量，它会根据不同的变量类型自动生成直方图或条形图。

qplot() 对所有变量进行默认标度变换，如果你要指定某一图形属性为常量，需要使用 I() 参数：

```
qplot(displ, hwy, data = mpg, colour = "blue")
qplot(displ, hwy, data = mpg, colour = I("blue"))
```

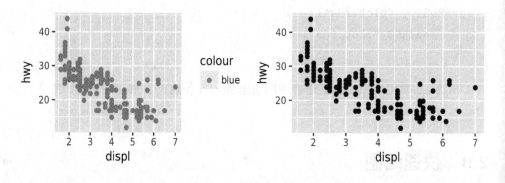

如果你已经习惯了使用 plot() 函数，可能会认为 qplot() 是个绝佳的绘图工具，而且运行速度更快。然而，尽管有可能用 qplot() 实现 ggplot2 的全部功能，但我并不推荐使用。在你需要绘制更复杂的图像，比如在不同图层中设置不同的图形属性，或是设置特定可视化属性的时候，请放下 qplot()，使用 ggplot()。

第 3 章 工具箱

3.1 简　介

　　ggplot2 的图层结构允许我们以结构化的方式来设计和构建图形。经过前几章的学习，你对此应该已经有了初步了解，本章我们会进行更多实战操作加以巩固。本章旨在概述若干关键实用的几何对象和统计变换，但并未逐个详细介绍。如果你想详细了解 ggplot2 中各个几何对象和它们的用法示例，请参阅在线文档和相应的程序帮助。

　　添加图层前我们有必要先明确它们的作用。大体来说，图层有三种用途：

- 用以展示**数据本身**。我们绘制原始数据的目的很多，这取决于我们辨识数据整体结构、局部结构以及离群点等信息的能力。本层几乎在每张图像上都会出现。在数据挖掘的起步阶段，本层通常也是唯一的图层。

- 用以展示数据的统计**摘要**。随着数据探索和建模的深入，在数据背景下检验模型的预测效果极为重要。我们可以从数据摘要中进一步了解数据，同时对模型作出评价。展示数据可以帮助我们改善模型，而展示模型可以帮助我们解释数据的微妙之处，这也是我们可能漏掉的信息。本层通常绘制在数据层之上。

- 用以添加额外的**元数据**：上下文信息、注解和参考引用。元数据层可以展示背景信息，也可赋予原始数据有现实意义的注解，或提供其他学者意见以供比较参考。无论作为前景还是背景，元数据层都很有用。

　　地图就经常作为空间数据的背景层。在绘制作为背景的元数据时，它不应该影响到主数据的展示，因此它往往被放置在主数据的下层，且在配色上尽可能不要太突出。也就是说，如果我们专注地看背景，我们可以轻易地看到它，但它又不会在我们随意浏览图形时突兀地浮现。

其他元数据可以用来强调数据中的重要特征。例如，元数据可以为拐点或离群点添加解释标签，或使它们突出显示于图中，这种情况下，元数据图层通常是靠后的图层。

本章的每一节都会有针对性地讨论一个特定的问题。这种分类方式并不是详尽无遗或独一无二的，即除此之外仍有许多其他可能的图形分类方式。只要你善于创造性地运用作图命令，每一种几何对象都可以有大量不同的用途。不过，以下的章节编排应该已经覆盖了大多数常见任务，而且能够帮助你学习各种可能的图像绘制方法。

- 基本的图形类型，绘制常见的、"有名有姓"的图形，如散点图，见 3.2 节；
- 展示文本，见 3.3 节；
- 添加各类注解，见 3.4 节；
- 指定群组几何对象，如折线图和多边形图来表示多个观测，见 3.5 节；
- 在二维平面上展现三维曲面，见 3.6 节；
- 绘制地图，见 3.7 节；
- 揭示误差和不确定性，针对各类一维和二维区间，见 3.8 节；
- 含权数据，见 3.9 节。

3.10 节将介绍 diamonds 数据集，本章最后三节对大数据集可视化工具的讲解均基于这一数据源：

- 展示分布，包括连续型分布和离散型分布、一维分布和二维分布、联合分布和条件分布，见 3.11 节；
- 处理大数据集散点图的遮盖绘制问题，见 3.12 节；
- 计算展示数据的统计摘要，见 3.13 节。

更多程序包资源汇总了基于 ggplot2 的其他经典程序包。

3.2 基本图形类型

以下几何对象是 ggplot2 的基本组成部分，每种几何对象自身既可独立构建图形，同时也可以组合起来构建更复杂的几何对象。这些几何对象基本上都关联了一种常见的图形：当图形构建只使用一种几何对象时，这幅图往往被冠有一个特定的名称。

这些几何对象都是二维的，因此 x 和 y 两种图形属性不可或缺。此外，它们均支持 colour（或 color）和 size 图形属性，其中填充型几何对象（条形、瓦形（tile）和多边形）还支持 fill 图形属性。

- geom_area() 用于绘制**面积图**，即在普通线图的基础上，依 y 轴方向填充了下方面积的图形。对于分组数据，各组将按照依次堆积的方式绘制。
- geom_bar(stat = "identity") 绘制**条形图**，我们需要指定 stat = "identity"，因为默认的统计变换将自动对"值"进行计数（所以本质上这是一个一维的几何对象，参见3.11 节），而统计变换可以保持数据不变。默认情况下，相同位置的多个条形图会以依次向上堆积的形式绘制。
- geom_line() 绘制**折线图**，图形属性 group 决定了哪些观测是连接在一起的，参考3.5 节了解更多细节。geom_line() 将各点从左至右进行连接，geom_path() 与之类似，但其中线条是根据它们在数据中出现的顺序进行连接的。这两类几何对象均接受 linetype 图形属性，即可将分类变量映射为实线、虚线和点线。
- geom_point() 绘制**散点图**，并支持 shape 图形属性。
- geom_polygon() 绘制**多边形**，即填充后的路径。各行数据代表着多边形的各个顶点，绘图前把多边形的点数据坐标和原始数据合并往往更方便。3.7 节以地图数据为例详细地阐明了这个概念。
- geom_rect()、geom_tile() 和 geom_raster() 绘制**矩形**，geom_rect() 由 xmin、ymin、xmax 和 ymax，即矩形的各顶点坐标参数定义；geom_tile() 与之相同，但定义参数的是矩形的中心坐标和尺寸，即 x、y、width 和 height；geom_raster() 则是当所有瓦片（tile）大小相同时 geom_tile() 的精简版。

使用以下代码绘制上述几何对象。观察条形图、面积图和瓦片图的坐标轴区间：几何对象占据了数据本身范围以外的空间，所以坐标轴被自动拉伸了。

```
df <- data.frame(x = c(3, 1, 5), y = c(2, 4, 6),
    label = c("a","b","c"))
p <- ggplot(df, aes(x, y, label = label)) +
  labs(x = NULL, y = NULL) + # 隐藏坐标轴标签
  theme(plot.title = element_text(size = 12)) # 缩小标题尺寸
p + geom_point() + ggtitle("point")
```

```
p + geom_text() + ggtitle("text")
p + geom_bar(stat = "identity") + ggtitle("bar")
p + geom_tile() + ggtitle("raster")
```

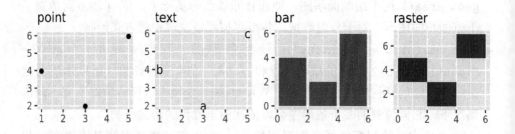

```
p + geom_line() + ggtitle("line")
p + geom_area() + ggtitle("area")
p + geom_path() + ggtitle("path")
p + geom_polygon() + ggtitle("polygon")
```

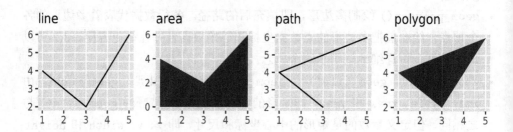

3.2.1 练习题

1. 以下图像的绘制分别需要使用哪种几何对象？
   （1）散点图
   （2）折线图
   （3）直方图
   （4）条形图
   （5）饼状图

2. `geom_path()` 和 `geom_polygon()` 之间有什么区别？`geom_path()` 和 `geom_line()` 之间有什么区别？

3. geom_smooth() 的绘制需要什么底部图层？绘制 geom_boxplot() 和 geom_violin() 呢？

3.3 标　签

在图像中添加标签文字有时并不容易，ggplot2 尚不能完全解决这个问题，但它提供的各类工具可以大大减少我们的工作量。我们主要使用函数 geom_text()，它可以在特定的 x 和 y 坐标处添加标签 label。

geom_text() 支持修改所有几何对象的大多数图形属性，因为调整文本展示形式的方法不可胜数。

- family 设置字体，当前只有三种通用字体："sans"（默认）、"serif" 和 "mono"[1]。

```
df <- data.frame(x = 1, y = 3:1,
  family = c("sans", "serif", "mono"))
ggplot(df, aes(x, y)) +
  geom_text(aes(label = family, family = family))
```

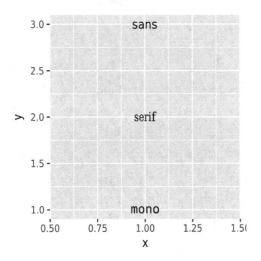

---

[1] "sans" 是 "无衬线字体"，一般与汉字中的 "黑体" 相对应；"serif" 指的是 "有衬线字体"，一般与汉字中的 "宋体" 相对应；"mono" 指的是 "等宽字体"。——译者注

在图像中使用其他字体会更为繁琐，因为各类图形设备（graphics device，简写 GD）的文本绘制过程不尽相同。目前共有五类图形设备（png()、pdf() 以及基于 windows、Mac 和 Linux 的屏幕设备）较为普及，因此每种通用字体都需要经过五种不同方式的配置。以下两个程序包可以简化配置过程：

- showtext，https://github.com/yixuan/showtext，邱怡轩制作，通过把所有字体视作多边形进行处理，使得图形设备成为独立图像。
- extrafont，https://github.com/wch/extrafont，Winston Chang 制作，把字体转换为所有设备通用的标准格式。这两种方法均有它的优势和不足，所以你可以都尝试一下来看看哪种方法更符合要求。

- `fontface` 设置字体风格：默认（plain）、粗体（bold）和斜体（italic）。

```
df <- data.frame(x = 1, y = 3:1,
                 face = c("plain", "bold", "italic"))
ggplot(df, aes(x, y)) +
  geom_text(aes(label = face, fontface = face))
```

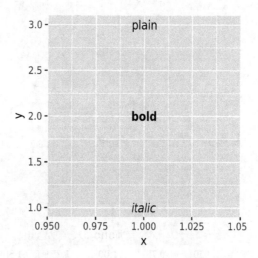

- 改变文本的对齐方式需要设置参数 `hjust`（"left"、"center"、"right"、"inward"、"outward"）和 `vjust`（"bottom"、"middle"、"top"、"inward"、"outward"），

默认对齐方式均为居中 "center"。其中，"inward" 比较有用，它把文字向图形中央对齐 [2]：

```
df <- data.frame(x = c(1, 2, 1, 2, 1.5), y = c(1, 1, 2, 2, 1.5),
    text = c("bottom-left", "bottom-right","top-left",
             "top-right", "center")
    )
ggplot(df, aes(x, y)) + geom_text(aes(label = text))
ggplot(df, aes(x, y)) + geom_text(aes(label = text),
    vjust = "inward", hjust = "inward")
```

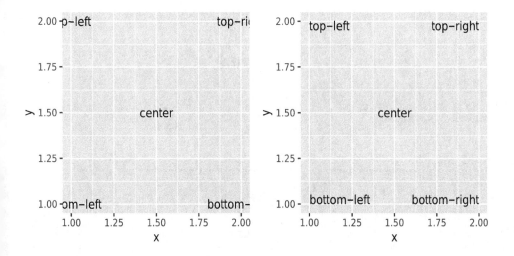

- size 调整字体大小。与大多数工具不同的是，ggplot2 字体不以常见的磅（pts）为单位而是使用毫米（mm），这也是 ggplot2 各元素的通用单位（1 英寸（inch）等于 72.27pts，所以将 pt 换算为 mm，只需乘 72.27/25.4）。

- angle 定义文本的旋转角度。

可将数据变量映射到这些图形属性上，但请谨慎使用：因为很难直观感受到字体大小、字体风格等图形属性与变量间的关系。geom_text() 同样有三个参数，但不同的是，这三个参数只能设置为单一值，所以它们适用于所有标签：

---

[2]原文代码有误，此处已作更正。——译者注

- 一般我们在给数据点添加标签时，并不希望文本覆盖到点（或条形）上，所以通常我们会把文本绘制于数据点稍微错开的地方。nudge_x 和 nudge_y 参数设置文本在数据点附近的具体位置：（为了保证所有标签都显示在图中，我调整了 x 轴的刻度范围。）

```
df <- data.frame(trt = c("a", "b", "c"), resp = c(1.2, 3.4, 2.5))
ggplot(df, aes(resp, trt)) + geom_point() +
  geom_text(aes(label = paste0("(", resp, ")")),
        nudge_y = -0.25) + xlim(1, 3.6)
```

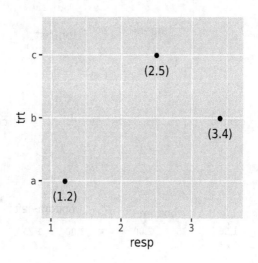

- 如果 check_overlap = TRUE，重叠标签会自动删除。原理很简单，标签会根据数据框中的顺序依次绘制在图像中；如果某个标签会覆盖到已有数据点，它就会被自动省略。这说不上非常有用，但在操作中还是比较实用的。

```
ggplot(mpg, aes(displ, hwy)) +
  geom_text(aes(label = model)) + xlim(1, 8)
ggplot(mpg, aes(displ, hwy)) +
     geom_text(aes(label = model),
        check_overlap = TRUE) + xlim(1, 8)
```

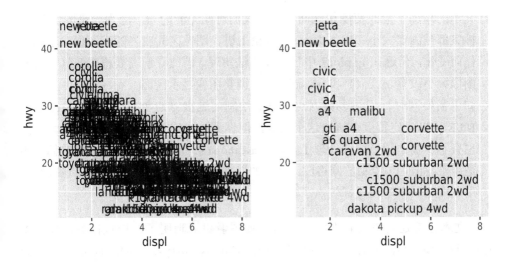

geom_label() 是 geom_text() 的衍生版本：它会在文本外绘制矩形框，可以让标签在复杂背景中显得更为清晰：

```
label <- data.frame(waiting = c(55, 80), eruptions = c(2, 4.3),
  label = c("peak one", "peak two"))
ggplot(faithfuld, aes(waiting, eruptions)) +
  geom_tile(aes(fill = density)) +
  geom_label(data = label, aes(label = label))
```

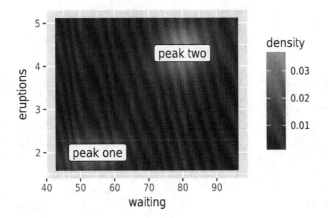

添加标签同样可能带来一些困扰：

- 文本的添加不会改变图像区间，然而我们对此无能为力，因为无论图像多大，标签都是固定大小（比如 3cm）。理论上讲，图像区间应当随着图像大小的变化而变化，但这在 ggplot2 中目前还无法实现，因此我们需要根据数据分布和图像大小设置 xlim() 和 ylim() 参数调整图像显示区间。
- 如果需要同时标记很多数据点，遮盖绘制问题很难避免。check_overlap = TRUE 可以一定程度上解决这个问题，但你无法决定哪些标签会被移除。虽然也有不少基本图形标签处理工具，如 maptools::pointLabel()，但它们并不适用于 ggplot2 绘制的网格图。因此如果上述手段都无法解决问题，也只有使用画图工具手动设置标签点了。

文本标签还可以替代图例，这可以使图像更清晰明了，毕竟标签距离数据点更近。Toby Dylan Hocking 制作的 directlabels（https://github.com/tdhock/directlabels）程序包提供了若干相关工具：

```
ggplot(mpg, aes(displ, hwy, colour = class)) + geom_point()

ggplot(mpg, aes(displ, hwy, colour = class)) +
  geom_point(show.legend = FALSE) +
  directlabels::geom_dl(aes(label = class), method = "smart.grid")
```

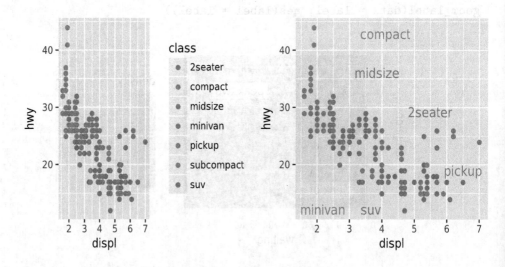

图 3.1: 使用 directlabels（参见第 288 页彩图 4）

directlabels 程序包提供了一系列标签定位方法，如 `smart.grid` 适用于散点图起步，以及修饰频数多边图和折线图的其他方法。请访问 http://directlabels.r-forge.r-project.org 查阅 Directlabels 程序包的更多应用。

3.4 注 解

注解会在图像中添加元数据，元数据依然是数据，所以可以使用以下函数：

- `geom_text()` 可添加文本说明或为点添加标签。对于多数图像，为所有观测点都添加标签有害无益，然而抽取部分观测添加标签可能会非常有用——我们往往需要标注出离群点或其他重要的点。
- `geom_rect()` 标注图形中你感兴趣的矩形区域。`geom_rect()` 拥有 `xmin`、`xmax`、`ymin` 和 `ymax` 参数。
- `geom_line()`、`geom_path()` 和 `geom_segment()` 均可添加直线。这些几何对象都支持 `arrow` 参数，可以用来在直线上绘制箭头。我们也可以使用 `arrow` 函数绘制，它支持 `angle`、`length`、`ends` 和 `type` 几个参数。
- `geom_vline()`、`geom_hline()` 和 `geom_abline()` 在图形中添加参照线（基准线），其跨度为整张图像。

一般来说，注解既可添加在前景（必要时使用 `alpha` 函数以保证能看清数据）也可以添加于背景中。添加于背景时，默认使用白色字体，这样比较容易看清，在图中也不显得突兀。

为了展示原始数据，我们先来绘制美国失业率的时间序列曲线：

```
ggplot(economics, aes(date, unemploy)) + geom_line()
```

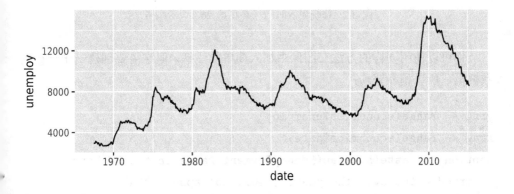

我们可以在图中添加注解标明各个总统的当政时间。此处请注意代码中-的使用：-Inf 和 Inf 分别代表注解的添加位置，即上和下（或左和右）。

```
presidential <- subset(presidential, start > economics$date[1])

ggplot(economics) +
  geom_rect(aes(xmin = start, xmax = end, fill = party),
    ymin = -Inf, ymax = Inf, alpha = 0.2, data = presidential) +
  geom_vline( aes(xintercept = as.numeric(start)),
    data = presidential, colour = "grey50", alpha = 0.5) +
  geom_text(aes(x = start, y = 2500, label = name),
    data = presidential, size = 3, vjust = 0, hjust = 0,nudge_x = 50)
  geom_line(aes(date, unemploy)) +
  scale_fill_manual(values = c("blue", "red"))
```

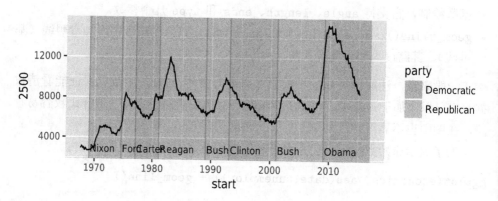

图 3.2: 总统当政时间（参见第 288 页彩图 5）

你可以使用同样的方法在图像中加入简单的注解，但这需要创建一个一行的数据框，所以稍显繁琐：

```
yrng <- range(economics$unemploy)
xrng <- range(economics$date)
caption <- paste(strwrap("Unemployment rates in the US have
  varied a lot over the years", 40), collapse = "\n")
```

```
ggplot(economics, aes(date, unemploy)) +
  geom_line() + geom_text(aes(x, y, label = caption),
    data = data.frame(x = xrng[1], y = yrng[2], caption = caption),
    hjust = 0, vjust = 1, size = 4 )
```

使用 `annotate()` 辅助函数为你创建数据框会大大简化这一流程：

```
ggplot(economics, aes(date, unemploy)) +
  geom_line() + annotate("text", x = xrng[1], y = yrng[2],
    label = caption, hjust = 0, vjust = 1, size = 4 )
```

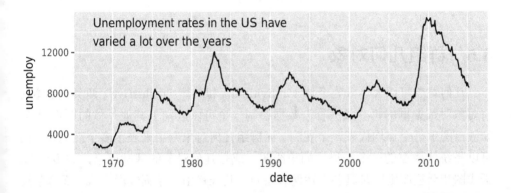

各类注解，尤其是参照线，在通过分面比较组间关系时格外有用。下图中，参照线的使用让我们能够清晰地看出各组数据间的细微差别。

```
ggplot(diamonds, aes(log10(carat), log10(price))) +
  geom_bin2d() + facet_wrap(~cut, nrow = 1)
```

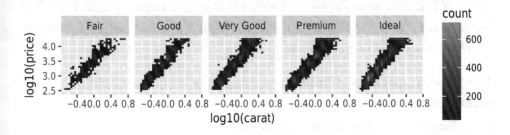

```
mod_coef <- coef(lm(log10(price) ~ log10(carat), data = diamonds))
ggplot(diamonds, aes(log10(carat), log10(price))) +
  geom_bin2d() + geom_abline(intercept = mod_coef[1],
  slope = mod_coef[2], colour = "white", size = 1) +
  facet_wrap(~cut, nrow = 1)
```

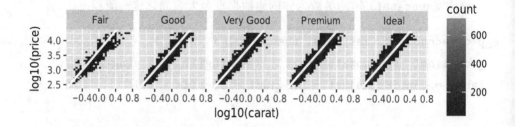

3.5 群组几何对象

几何对象可以大体分为个体（individual）和总体（collective）两类。**个体**几何对象对数据框的每一条（行）数据绘制一个可以区别于其他个体的图形对象，如散点图中每个点均代表一个观测。而**群组**几何对象则用来表示多个观测。它们可以是统计摘要的一个结果，如箱线图，或是几何对象的基础展示，如多边图。折线图和路径图则同时具备上述两种特点：其线路由一系列线段组成，而每条线段又都对应着两个点。我们该如何控制哪些观测值用哪种图形元素呢？这就是图形属性 `group` 的任务了。

图中所有离散型变量的交互作用被设为分组的默认值，通常这样可以正确地给数据分组，但是如果没能正确分组或者图中没有离散型变量，就需要自定义分组结构，即将 `group` 映射到一个在不同的组有不同取值的变量。

通常有三种情况是默认分组不能解决的，下面我们将一一介绍。接下来的例子中，我们会使用 `nlme` 程序包中内置的纵向数据集 `Oxboys`，它记录了 26 个男孩（Subject）在 9 个不同时期（Occasion）所测定的身高（height）和中心化后的年龄（age），其中 `Subject` 和 `Occasion` 以有序因子形式存储。

```
data(Oxboys, package = "nlme")
head(Oxboys)
#>   Subject      age height Occasion
```

```
#> 1     1 -1.0000    140        1
#> 2     1 -0.7479    143        2
#> 3     1 -0.4630    145        3
#> 4     1 -0.1643    147        4
#> 5     1 -0.0027    148        5
#> 6     1  0.2466    150        6
```

3.5.1 多个分组与单一图形属性

很多时候，我们都想将数据分成若干组，并用相同的方式对每个组进行渲染。当从总体上查看数据时，我们通常希望区分每个个体而不是识别他们。这在含有多个个体的纵向数据中是很常见的，而这类图形也被形象地称为"细面图"（spaghetti plot）。如下图展示了每个男孩（每个对象）的成长轨迹：

```
ggplot(Oxboys, aes(age, height, group = Subject)) +
  geom_point() + geom_line()
```

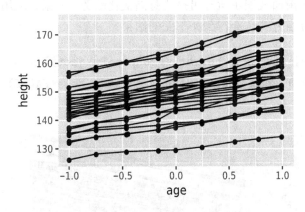

如果分组变量设置有误，就会得到一张毫无用处的锯齿状图像：

```
ggplot(Oxboys, aes(age, height)) +
  geom_point() + geom_line()
```

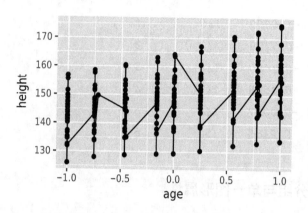

如果分组由多个变量定义而非单一变量，使用 interaction 合并各个分组变量，例如，aes(group = interaction(school_id, student_id))。

3.5.2 不同图层上的不同分组

有时我们将不同水平下的数据整合，然后使用统计汇总信息（summary）绘制图形，从而不同的图层可能有不同的分组图形属性。因此有的图层展示个体水平的数据，而有的图层则展示更大组群的统计信息。在上文的基础上，假设我们需要添加一条平滑曲线展示所有男孩的身高变化趋势。如果还应用和前面绘制折线图时同样的分组方式，会得到如下图的结果：

```
ggplot(Oxboys, aes(age, height, group = Subject)) +
  geom_line() + geom_smooth(method = "lm", se = FALSE)
```

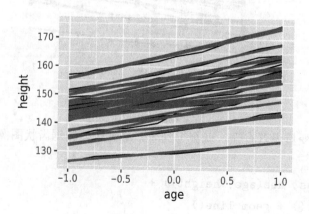

这并不是我们想要的结果；我们无意中给每个男孩拟合了一条平滑曲线。分组不仅会改变几何对象的展示，还影响着统计变换的操作：每组数据都进行了一次统计变换。

因此，我们不能在 `ggplot()` 中设置分组，因为它会将统计变换应用于所有图层；在 `geom_line()` 中设置分组则可解决这一问题。因为图像中没有离散型变量，所以默认分组变量是连续型的，而我们也将得到如下图所示的平滑曲线：

```
ggplot(Oxboys, aes(age, height)) +
  geom_line(aes(group = Subject)) +
  geom_smooth(method = "lm", size = 2, se = FALSE)
```

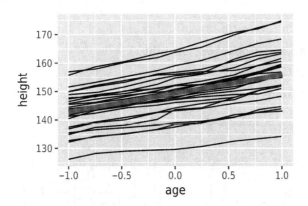

3.5.3 修改默认分组

如果图像中含有 x 轴上的离散型变量，而你却想绘制连接所有分组的线条，那么你可以采取绘制交互作用图、轮廓图以及平行坐标图时所用的策略。这里以绘制各个测量时期（`Occasion`）身高（`height`）的箱线图为例：

```
ggplot(Oxboys, aes(Occasion, height)) +
  geom_boxplot()
```

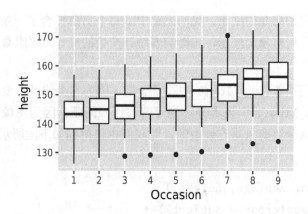

图中只有一个离散型变量 occasion，所以我们对每一个不同的 x 取值均作出一幅箱线图。现在我们需要绘制每个男孩的身高变化曲线，简单添加 geom_line() 没有什么效果，因为绘制的曲线会局限于每个测量节点内，而不是连接各个对象：

```
ggplot(Oxboys, aes(Occasion, height)) +
  geom_boxplot() +
  geom_line(colour = "#3366FF", alpha = 0.5)
```

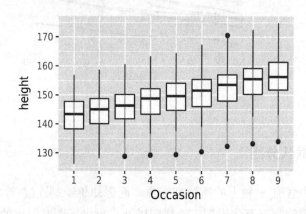

为了在此基础上添加个体轨迹，我们需要修改默认分组，告诉机器我们要为每个男孩绘制一条曲线：

```
ggplot(Oxboys, aes(Occasion, height)) +
  geom_boxplot() +
```

```
geom_line(aes(group = Subject), colour = "#3366FF",
  alpha = 0.5)
```

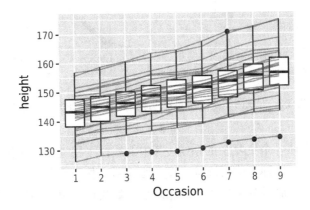

3.5.4 匹配图形属性与图形对象

群组几何对象的另一重要问题是，如何将个体的图形属性映射给整体的图形属性。如果不同的图形属性映射到单个几何元素上会发生什么？

折线图和路径图遵循差一原则：若观测点比线段数目多一，第一条线段将使用第一个观测值的图形属性，第二条线段将使用第二个观测值的图形属性，依次类推。这也意味着，最后一个观测值的图形属性不会被用到：

```
df <- data.frame(x = 1:3, y = 1:3, colour = c(1,3,5))

ggplot(df, aes(x, y, colour = factor(colour))) +
  geom_line(aes(group = 1), size = 2) +
  geom_point(size = 5)

ggplot(df, aes(x, y, colour = colour)) +
  geom_line(aes(group = 1), size = 2) +
  geom_point(size = 5)
```

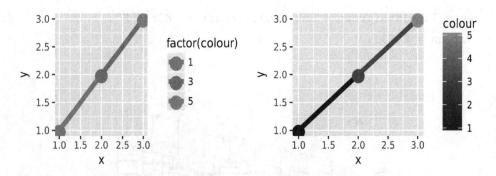

图 3.3: 折线图和路径图的差一原则（参见第 289 页彩图 7）

你还可以设计一个更复杂的系统，其中的线段平稳地从一种图形属性变换到另一种图形属性。这种方式对连续型变量很有效，如大小和颜色，但并不适用于渐变的线条类型，而且尚未应用于 ggplot2 。如果你需要实现这种效果，可以通过线性插值法实现：

```
xgrid <- with(df, seq(min(x), max(x), length = 50))
interp <- data.frame(x = xgrid,
    y = approx(df$x, df$y, xout = xgrid)$y,
    colour = approx(df$x, df$colour, xout = xgrid)$y)
ggplot(interp, aes(x, y, colour = colour)) +
    geom_line(size = 2) + geom_point(data = df, size = 5)
```

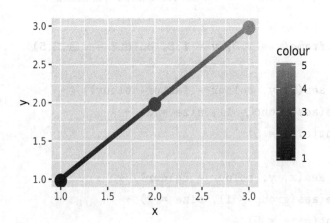

折线图和路径图的另一局限在于每个个体的线段类型必须是一致的,因为 R 不支持绘制不同线段类型相连接的曲线。

对其他群组几何对象如对多边图而言,只有当所有个体的图形属性都相同时,该图形属性才会被使用,否则将使用默认值。这适用于 fill 参数,因为它是整体对象的一个性质:考虑给多边形边界上的点填充不同颜色没有任何意义。

当图形属性映射到连续型变量时,这类问题经常会被涉及。因为正如上文所述,当映射对象是离散型变量时,它将默认地把群组几何对象分解成更小的块。这对条形图和面积图的绘制非常有效,因为将每小块堆积起来就可得到和原来未分组前一样形状的图形,如下图所示。

```
ggplot(mpg, aes(class)) +
  geom_bar()
ggplot(mpg, aes(class, fill = drv)) +
  geom_bar()
```

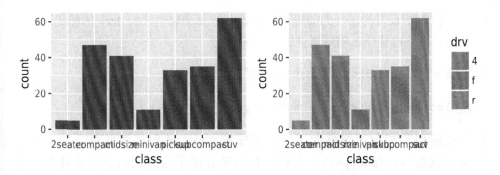

图 3.4: 分解群组几何对象(参见第 289 页彩图 6)

如果你想用同样的方法把填充属性映射到连续型变量上,这将没有效果。默认分组只是基于 class,因此每一条块会获得多重颜色。因为一个条块只能够显示一种颜色,它会使用默认的灰色。为了展示多重颜色,需要对每一 class 设定多重条块,我们可以设定分组来实现此效果:

```
ggplot(mpg, aes(class, fill = hwy)) +
  geom_bar()
ggplot(mpg, aes(class, fill = hwy, group = hwy)) +
  geom_bar()
```

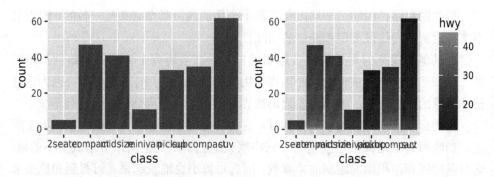

图 3.5: 设定分组实现多重条块（参见第 289 页彩图 8）

条形会根据分组变量的顺序依次叠加，如果你需要对此作出调整，需要重新定义相关变量。

3.5.5 练习题

1. 在不将 `cyl` 设置为因子的前提下，为 `cyl` 的每个取值绘制 `hwy` 的箱线图。你还需要额外设置什么图形属性？

2. 调整下图，绘制 `displ` 里每个整数取值的箱线图。

   `ggplot(mpg, aes(displ, cty)) + geom_boxplot()`

3. 将连续型和离散型颜色变量映射到线条上时，离散型变量对应的代码中需要设置 `aes(group=1)`，为什么？如果省略了这行代码会怎么样？设置 `aes(group=1)` 和 `aes(group=2)` 有什么区别吗？为什么？

4. 下列图像中分别共有多少个条形？

   `ggplot(mpg, aes(drv)) + geom_bar()`
   `ggplot(mpg, aes(drv, fill = hwy, group = hwy)) + geom_bar()`
   `library(dplyr)`
   `mpg2 <- mpg %>% arrange(hwy) %>% mutate(id = seq_along(hwy))`
   `ggplot(mpg2, aes(drv, fill = hwy, group = id)) +`
   `  geom_bar()`

   （提示：通过 `colour="white"` 给每个条形添加轮廓线）

5. 安装并加载 babynames 程序包,它包含了美国境内婴儿姓名的普遍程度数据。运行以下代码并对图像作出调整,你认为所得图像存在什么问题?

```
library(babynames)
hadley <- dplyr::filter(babynames, name == "Hadley")
ggplot(hadley, aes(year, n)) + geom_line()
```

3.6 曲面图

ggplot2 暂不支持真正的三维曲面图,但内置了在二维平面上展现三维曲面的常见工具:等高线图、着色瓦片(coloured tiles)以及气泡图。这些图形工作原理相近,只是第三维变量映射的图形属性有所不同。

```
ggplot(faithfuld, aes(eruptions, waiting)) +
  geom_contour(aes(z = density, colour = ..level..))

ggplot(faithfuld, aes(eruptions, waiting)) +
  geom_raster(aes(fill = density))
```

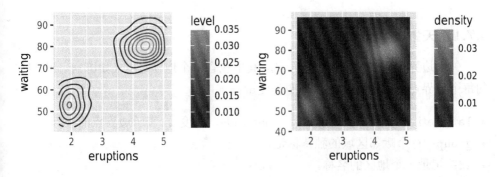

图 3.6: 等高线图和着色瓦片(参见第 290 页彩图 10)

```
# 气泡图适用于观测点较少的情况
small <- faithfuld[seq(1, nrow(faithfuld), by = 10), ]
ggplot(small, aes(eruptions, waiting)) +
  geom_point(aes(size = density), alpha = 1/3) +
  scale_size_area()
```

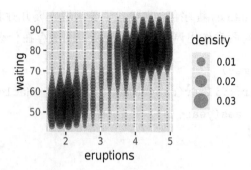

对于三维交互式图形和真实三维曲面的绘制,建议关注 RGL,http://rgl.neoscientists.org/about.shtml。

3.7 绘制地图

我们共有四类需要可视化的地图数据:矢量边界、点状元数据、区域元数据和光栅图。一般来说,这些数据的收集整合是绘制地图过程中的最大难点。然而,ggplot2 对此无能为力,不过我会提供若干其他 R 包,它们也许会对你有所帮助。

我将会以密歇根地图为例,逐一介绍这四类地图数据的可视化。

3.7.1 矢量边界

矢量边界数据通常为数据框形式,其中包含一个地理区域(如国家、州、县)的每个边界点数据。它包括以下四类变量:

- `lat`(latitude,纬度)和 `long`(longitude,经度):表示边界点的坐标。
- `group`:每个毗邻区域的独特标记。
- `id`:记录一个地区的名称。

区分 `group` 和 `id` 变量很有必要,因为一个地理单位形状未必是连续的多边形。比如由众多小岛构成的夏威夷,它的地图就不可能使用多边形绘制。

使用 `ggplot2::map_data()` 可以提取已有地图包中的数据,这些数据并不完全准确也不是最新的,但却是个不错的入门之选。

```
mi_counties <- map_data("county", "michigan") %>%
  select(lon = long, lat, group, id = subregion)
```

```
head(mi_counties)
#>      lon  lat group     id
#> 1 -83.9 44.9     1 alcona
#> 2 -83.4 44.9     1 alcona
#> 3 -83.4 44.9     1 alcona
#> 4 -83.3 44.8     1 alcona
#> 5 -83.3 44.8     1 alcona
#> 6 -83.3 44.8     1 alcona
```

可以使用 geom_polygon() 可视化矢量边界数据:

```
ggplot(mi_counties, aes(lon, lat)) +
  geom_polygon(aes(group = group)) +
  coord_quickmap()

ggplot(mi_counties, aes(lon, lat)) +
  geom_polygon(aes(group = group), fill = NA, colour = "grey50") +
  coord_quickmap()
```

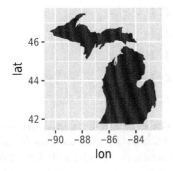
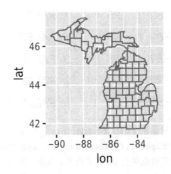

请关注 coord_quickmap() 的使用：它可以对地图比例尺是否合适作出简易的判断。

以下是其他若干矢量边界数据资源：

- USAboundaries 包，https://github.com/ropensci/USAboundaries，包含美国最新各州县及邮政编码数据，还包含美国十七世纪以来的各州县边界数据。

- tigris 包，https://github.com/walkerke/tigris，提供美国人口普查局数据。其中包含美国各州县、邮政编码和人口普查边界数据以及若干其他重要的数据集。
- rnaturalearth 包，提供来源于 http://naturalearthdata.com/ 的免费优质数据。其中包含各个国家边界，以及各国一级行政区（如美国各州、法国大区、英国各郡）的边界数据。
- osmar 包，托管于 https://cran.r-project.org/package=osmar，提供来源于 OpenStreetMap API 的丰富矢量数据，包括各街区建筑数据。
- 也许你有地图数据集（.shp），可以通过 `maptools::readShapeSpatial()` 将它们载入 R。

上述资源均会生成 sp 包定义下的空间数据框，你可以通过 `fortify()` 作出转换[3]：

```
library(USAboundaries)
c18 <- us_boundaries(as.Date("1820-01-01"))
c18df <- fortify(c18)
head(c18df)
#>      long lat order  hole piece id group
#> 1   -87.6  35     1 FALSE     1  4   4.1
#> 2   -87.6  35     2 FALSE     1  4   4.1
#> 3   -87.6  35     3 FALSE     1  4   4.1
#> 4   -87.6  35     4 FALSE     1  4   4.1
#> 5   -87.5  35     5 FALSE     1  4   4.1
```

---

[3]代码只适用于 USAboundaries 包旧版（0.2.0 版本）。编译正文代码使用的是 `devtools::install_github("ropensci/USAboundaries", ref="632ea52")`。英文原版出版时候，USAboundaries 包还是 0.2.0 版，提供的数据集是 sp 包的格式。现在（2017 年年底）R 社区已经开始推广更好用的 sf 格式的地理数据，与此同时，USAboundaries（0.3.0 或以上）提供了新版格式，开发版本 ggplot2 提供了配套的 `geom_sf()`。开发新代码，建议直接安装使用 GitHub 版本。以下是使用新版数据格式和 API 复现正文类似效果的示例代码：
```
install.packages(c("sf", "devtools"))
devtools::install_github("tidyverse/ggplot2")
devtools::install_github("ropensci/USAboundaries")
devtools::install_github("ropensci/USAboundariesData")
c18df = USAboundaries::us_states(as.Date("1820-01-01"))
ggplot2::ggplot() + ggplot2::geom_sf(data=c18df, color="gray50", fill=NA)
```
——译者注

```
#> 6 -87.3  35        6 FALSE        1    4    4.1
```

```
ggplot(c18df, aes(long, lat)) +
  geom_polygon(aes(group = group), colour = "grey50", fill = NA) +
  coord_quickmap()
```

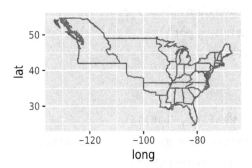

3.7.2 点状元数据

点状元数据使用其他变量连接各个位点（由经纬度定义），比如下述代码提取密歇根州中最大的城市数据（2006 年数据）：

```
mi_cities <- maps::us.cities %>%
  tbl_df() %>%
  filter(country.etc == "MI") %>%
  select(-country.etc, lon = long) %>%
  arrange(desc(pop))
mi_cities
#> # A tibble: 36 x 5
#>   name                  pop    lat   lon capital
#>   <chr>                <int>  <dbl> <dbl>  <int>
#> 1 Detroit MI          871789  42.4  -83.1      0
#> 2 Grand Rapids MI     193006  43.0  -85.7      0
#> 3 Warren MI           132537  42.5  -83.0      0
#> 4 Sterling Heights MI 127027  42.6  -83.0      0
```

```
#> 5 Lansing MI          117236   42.7 -84.6         2
#> 6 Flint MI            115691   43.0 -83.7         0
#> # ... with 30 more rows
```

我们可以使用散点图展示这些数据，但需要一定解释说明才能让图像清晰有效。因此，我们通常需要在点状元数据上绘制另一图层。

```
ggplot(mi_cities, aes(lon, lat)) +
  geom_point(aes(size = pop)) +
  scale_size_area() +
  coord_quickmap()

ggplot(mi_cities, aes(lon, lat)) +
  geom_polygon(aes(group = group), mi_counties,
    fill = NA, colour = "grey50") +
  geom_point(aes(size = pop), colour = "red") +
  scale_size_area() +
  coord_quickmap()
```

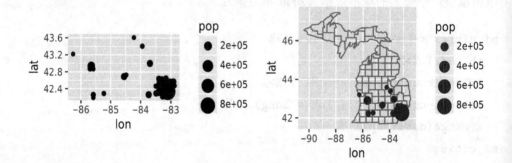

3.7.3 光栅图

如果你不需要在矢量边界图中进行解释说明，而只是绘制一幅传统地图，这就称为光栅图。绘制光栅图最简单的办法是使用 ggmap 包，它会从一系列包括 OSM 和谷歌地图的在线地图资源中提取数据。下载光栅图数据耗时通常较长，所以最好将它们存储为 rds 文件。

第 3 章 工具箱

```
if (file.exists("mi_raster.rds")) {
  mi_raster <- readRDS("mi_raster.rds")
} else {
  bbox <- c(
    min(mi_counties$lon), min(mi_counties$lat),
    max(mi_counties$lon), max(mi_counties$lat)
  )
  mi_raster <- ggmap::get_openstreetmap(bbox, scale = 8735660)
  saveRDS(mi_raster, "mi_raster.rds")
}
```

（找到合适的 scale 变换通常需要大量试验。）

然后可以通过如下代码完成图像绘制：

```
ggmap::ggmap(mi_raster)
```

```
ggmap::ggmap(mi_raster) +
  geom_point(aes(size = pop), mi_cities, colour = "red") +
  scale_size_area()
```

如果已经从 raster 包中获得了光栅图数据，可以通过以下代码将它转换为 ggplot2 支持的格式：

```
df <- as.data.frame(raster::rasterToPoints(x))
names(df) <- c("lon", "lat", "x")
```

```
ggplot(df, aes(lon, lat)) +
  geom_raster(aes(fill = x))
```

3.7.4 区域元数据

有时元数据并不以点状呈现而是以区域表示。比如我们可以使用 `mi_census` 展示密歇根州各县人口普查信息：

```
mi_census <- midwest %>%
  tbl_df() %>%
  filter(state == "MI") %>%
  mutate(county = tolower(county)) %>%
  select(county, area, poptotal, percwhite, percblack)
mi_census
#> # A tibble: 83 x 5
#>    county    area  poptotal percwhite percblack
#>    <chr>     <dbl>    <int>     <dbl>     <dbl>
#> 1 alcona    0.041    10145      98.8     0.266
#> 2 alger     0.051     8972      93.9     2.37
#> 3 allegan   0.049    90509      95.9     1.60
#> 4 alpena    0.034    30605      99.2     0.114
#> 5 antrim    0.031    18185      98.4     0.126
#> 6 arenac    0.021    14931      98.4     0.0670
#> # ... with 77 more rows
```

我们不能直接把这类数据地图化因为它没有提供空间数据，我们必须先将它与矢量边界数据合并。这会占用一定内存，但可以更清晰地看到绘图所使用的数据。此处我使用 `dplyr::left_join()` 合并这两个数据集并绘制分级统计图。

```
census_counties <- left_join(mi_census, mi_counties,
  by = c("county" = "id"))
census_counties
#> # A tibble: 1,472 x 8
```

```
#>   county  area  poptotal percwhite percblack   lon   lat group
#>   <chr>   <dbl>    <int>     <dbl>     <dbl> <dbl> <dbl> <dbl>
#> 1 alcona  0.041    10145      98.8     0.266 -83.9  44.9     1
#> 2 alcona  0.041    10145      98.8     0.266 -83.4  44.9     1
#> 3 alcona  0.041    10145      98.8     0.266 -83.4  44.9     1
#> 4 alcona  0.041    10145      98.8     0.266 -83.3  44.8     1
#> 5 alcona  0.041    10145      98.8     0.266 -83.3  44.8     1
#> 6 alcona  0.041    10145      98.8     0.266 -83.3  44.8     1
#> # ... with 1,466 more rows

ggplot(census_counties, aes(lon, lat, group = county)) +
  geom_polygon(aes(fill = poptotal)) +
  coord_quickmap()

ggplot(census_counties, aes(lon, lat, group = county)) +
  geom_polygon(aes(fill = percwhite)) +
  coord_quickmap()
```

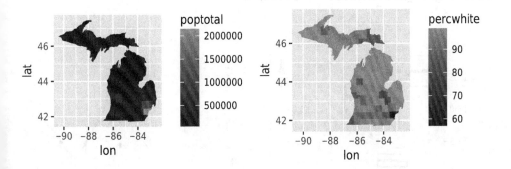

3.8 揭示不确定性

不论是从模型所得或是从对分布的假设而得，如果我们已经知道了一些关于数据中不确定性的信息，那么展示这些信息十分重要。ggplot2 中，共有四类几何对象可以用于这项任务，具体使用哪个取决于 x 的值是离散型还是连续型的，以及我们是否想要展示区间内的中间值，或是仅仅展示区间。

- 离散型 x 变量，仅展示区间：geom_errorbar()，geom_linerange()。
- 离散型 x 变量，展示区间和中间值：geom_crossbar()，geom_pointrange()。
- 连续型 x 变量，仅展示区间：geom_ribbon()。
- 离散型 x 变量，展示区间和中间值：geom_smooth(stat = "identity")。

这些几何对象均假设我们对给定 x 时 y 的条件分布感兴趣，并且都使用了 ymin 和 ymax 设置 y 的值域。如果你想绘制出相反的结果，请参考 coord_flip。

```
y <- c(18, 11, 16)
df <- data.frame(x = 1:3, y = y, se = c(1.2, 0.5, 1.0))

base <- ggplot(df, aes(x, y, ymin = y - se, ymax = y + se))
base + geom_crossbar()
base + geom_pointrange()
base + geom_smooth(stat = "identity")
```

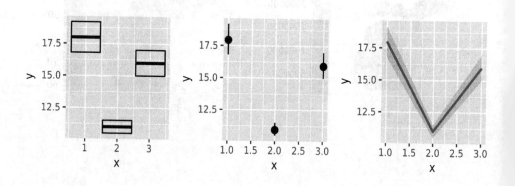

```
base + geom_errorbar()
base + geom_linerange()
base + geom_ribbon()
```

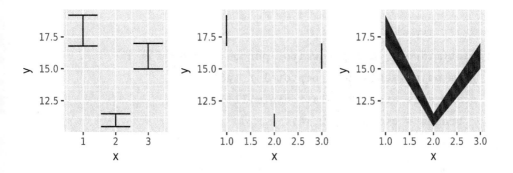

由于标准误的计算方式很多，所以具体如何计算将由你自己决定。对于比较简单的情况，ggplot2 提供了部分数据摘要计算函数（后文将有详述），不过我们完全可以自行计算。在第 11 章中将对如何得出更复杂模型的置信区间进行讨论。

3.9 含权数据

在处理整合后的数据（aggregated data）时，数据集的每一行可能代表了多个观测值，此时我们需要以某种方式把权重变量考虑进去。这里以 2000 年美国人口普查中西部各州的统计数据 midwest 为例。数据集中主要包含的是比例型数据（例如白种人比例，贫困线以下人口比例，有大学学历的人口比例）和每个郡的基本信息（面积、人口总数、人口密度）。

以下数据我们可以作为权重使用：

- 什么都不用，即直接观察郡的数量；
- 总人数，与原始的绝对数配合使用；
- 面积，用于研究地缘效应。（这对 midwest 数据集用处不大，但当我们研究如耕地面积比例等变量时它会起到不错的效果。）

权重变量的不同将极大地影响图形内容以及观察结论。有两种可以用于表现权重的可调图形属性。首先，对于点和线这类简单的几何对象，我们可以根据点的数量来调整图形属性 size 来改变点的大小，代码如下所示：

```
# 未加权
ggplot(midwest, aes(percwhite, percbelowpoverty)) +
  geom_point()
```

```
# 以人口加权
ggplot(midwest, aes(percwhite, percbelowpoverty)) +
  geom_point(aes(size = poptotal / 1e6)) +
  scale_size_area("Population\n(millions)",
    breaks = c(0.5, 1, 2, 4))
```

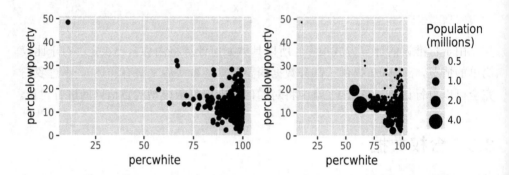

对于更复杂的、涉及到统计变换的情况，我们通过修改 `weight` 图形属性来体现权重。这些权重将被传递到统计汇总计算函数，在权重有意义的情况下，各种元素基本都支持权重设定，例如：各类平滑器、分类回归、箱线图、直方图以及各类密度图。我们无法直接看到这个权重变量，它也没有对应的图例，但它却会改变统计汇总的结果。下图展示了作为权重的人口密度如何影响了白种人比例和贫困线以下人口比例的关系。

```
# 未加权
ggplot(midwest, aes(percwhite, percbelowpoverty)) +
  geom_point() +
  geom_smooth(method = lm, size = 1)

# 以人口加权
ggplot(midwest, aes(percwhite, percbelowpoverty)) +
  geom_point(aes(size = poptotal / 1e6)) +
  geom_smooth(aes(weight = poptotal), method = lm, size = 1) +
  scale_size_area(guide = "none")
```

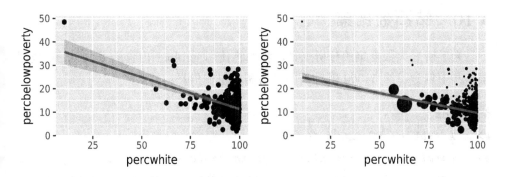

在我们将总人口作为权重去调整直方图或密度图时，我们的视角从对郡数量分布的考察转向了对人口数量分布的考察。下面这张贫困线以下人口比例的直方图显示了这两种视角的不同之处：

```
ggplot(midwest, aes(percbelowpoverty)) +
  geom_histogram(binwidth = 1) +
  ylab("Counties")

ggplot(midwest, aes(percbelowpoverty)) +
  geom_histogram(aes(weight = poptotal), binwidth = 1) +
  ylab("Population (1000s)")
#> Warning: Ignoring unknown aesthetics: weight
```

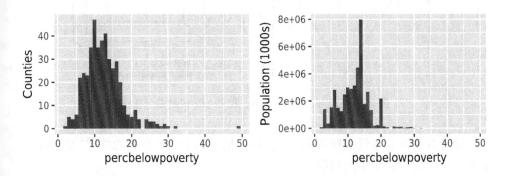

3.10 钻石数据集

为了研究大数据集的分析工具，我们将使用 ggplot2 内置的 `diamonds` 数据集，其中包含了约 54000 颗钻石的价格和质量的信息：

```
diamonds
#> # A tibble: 53,940 x 10
#>    carat cut   color clarity depth table price     x     y     z
#>    <dbl> <ord> <ord> <ord>   <dbl> <dbl> <int> <dbl> <dbl> <dbl>
#> 1  0.23  Ideal E     SI2      61.5    55   326  3.95  3.98  2.43
#> 2  0.21  Prem~ E     SI1      59.8    61   326  3.89  3.84  2.31
#> 3  0.23  Good  E     VS1      56.9    65   327  4.05  4.07  2.31
#> 4  0.290 Prem~ I     VS2      62.4    58   334  4.2   4.23  2.63
#> 5  0.31  Good  J     SI2      63.3    58   335  4.34  4.35  2.75
#> 6  0.24  Very~ J     VVS2     62.8    57   336  3.94  3.96  2.48
#> # ... with 5.393e+04 more rows
```

这组数据涵盖了钻石的质量的四个"C"——克拉重量（carat）、切工（cut）、颜色（colour）和净度（clarity），以及五个物理指标——深度（depth）、钻面宽度（table）、x、y 和 z，如下图 3.1 所示。

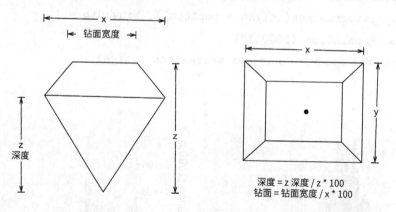

图 3.7: 变量 x、y、z、table 和 depth 的测量示意图

这个数据没有经过很好的整理，所以在展示钻石一些有趣的性质的时候，它会显示出一些数据质量的问题。

3.11 展示数据分布

某些几何对象可以用于展示数据分布,具体使用哪种取决于分布的维度,变量是连续型还是离散型,以及我们感兴趣的是条件分布还是联合分布。

对于一维连续型分布,最重要的几何对象是直方图,`geom_histogram()`:

```
ggplot(diamonds, aes(depth)) +
  geom_histogram()
ggplot(diamonds, aes(depth)) +
  geom_histogram(binwidth = 0.1) +
  xlim(55, 70)
#> Warning: Removed 45 rows containing non-finite values
#> (stat_bin).
```

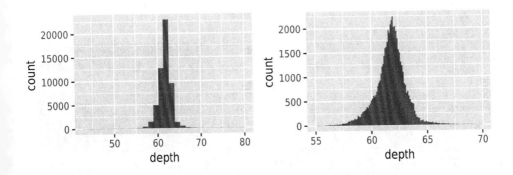

为了找到一个表现力强的视图,布局时组距测试必不可少,依靠默认参数很难获得理想的效果(如左图)。你可以选择调整 `binwidth`(组距宽度),设置 `bins`(组数),或者精确指定 `breaks`(切分位置)。右图对 x 轴进行了放大:`xlim(55, 70)`,并选取了一个更小的组距宽度:`binwidth = 0.1`,较左图揭示出了更多细节。

展示时别忘了在标题中注明重要参数(如组距宽度)的信息。

如果需要比较各组数据分布的异同,则有以下选择:

- 绘制多个小直方图 `facet_wrap(~ var)`
- 绘制频数多边图并以颜色作为分类,`geom_freqpoly()`。
- 绘制"条件密度图",`geom_histogram(position = "fill")`。

频数多边图和条件密度图如下所示。条件密度图应用 `position_fill` 填充各组，并将其标度变换为相同高度。感受这一幅图想要表达的内容是具有挑战性的，因为你需要比较条形的高度，而不是位置，但是你可以看到最明显的模式。

```
ggplot(diamonds, aes(depth)) +
  geom_freqpoly(aes(colour = cut), binwidth = 0.1,
    na.rm = TRUE) +
  xlim(58, 68) +
  theme(legend.position = "none")
ggplot(diamonds, aes(depth)) +
  geom_histogram(aes(fill = cut), binwidth = 0.1,
    position = "fill", na.rm = TRUE) +
  xlim(58, 68) +
  theme(legend.position = "none")
```

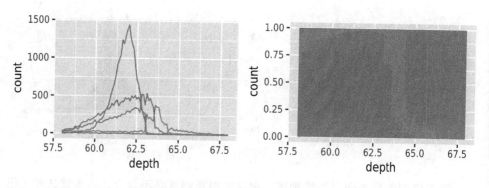

图 3.8: 频数多边图和条件密度图（参见第 290 页彩图 9）

（为了突出数据展示效果，我省略了图例。）

作为几何对象的直方图和频数多边形均使用了 `stat = "bin"` 统计变换。此统计变换生成两个输出变量 `count` 和 `density`。默认把变量 `count` 设为 y 轴，这样更便于解释。而变量 `density` 基本上等于各组频数除以总频数再乘以组距，此变量在我们想要比较不同分布的形状而不是数据的绝对大小时更有用。

密度估计是分组可视化之外的另一选择。`geom_density()` 对每一个数据点添上一点儿正态分布，然后把所有的曲线累加起来。它的理论性质比较理想，但却难以由图像追溯原始数据。请仅在已知潜在的密度分布为平滑、连续且无界的时候使用这种密度曲线图。可使用参数 adjust 来调整所得密度曲线的平滑程度。

```
ggplot(diamonds, aes(depth)) +
  geom_density(na.rm = TRUE) +
  xlim(58, 68) +
  theme(legend.position = "none")
ggplot(diamonds, aes(depth, fill = cut, colour = cut)) +
  geom_density(alpha = 0.2, na.rm = TRUE) +
  xlim(58, 68) +
  theme(legend.position = "none")
```

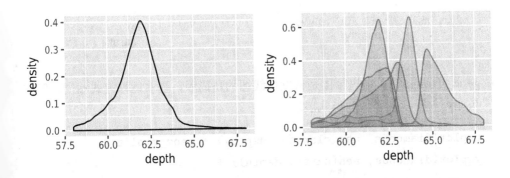

请注意每一条密度曲线下的面积均已经过标准化为一，所以密度曲线图损失了有关各子集间相对大小的信息。

直方图、频数多边形和密度曲线图均对单个数据分布作出了详细展示，但当你需要在若干分布间作出比较时，牺牲一定数据质量而侧重数量就显得十分必要。为此，有以下三个选择：

- geom_boxplot()：绘制箱线图，它仅展示分布的五个数据节点[4]和一个异常值。箱线图展示的信息远少于直方图，但它同时占用内存更少。

  箱线图 x 轴变量既可以是分类变量也可以是连续型变量。对于连续型变量，需要设置 x 轴的分组方式，可使用函数 cut_width()：

---

[4]五个数据节点分别是上边缘、上四分位数、中位数、下四分位数、下边缘。——译者注

```r
ggplot(diamonds, aes(clarity, depth)) + geom_boxplot()
ggplot(diamonds, aes(carat, depth)) +
  geom_boxplot(aes(group = cut_width(carat, 0.1))) +
  xlim(NA, 2.05)
#> Warning: Removed 997 rows containing non-finite values
#> (stat_boxplot).
```

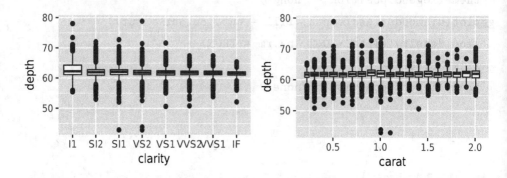

- `geom_violin()`：小提琴图是密度曲线图的精简版，基本运算方式相同，但结果通过与箱线图类似的形式展现：

```r
ggplot(diamonds, aes(clarity, depth)) + geom_violin()
ggplot(diamonds, aes(carat, depth)) +
  geom_violin(aes(group = cut_width(carat, 0.1))) +
  xlim(NA, 2.05)
#> Warning: Removed 997 rows containing non-finite values
#> (stat_ydensity).
```

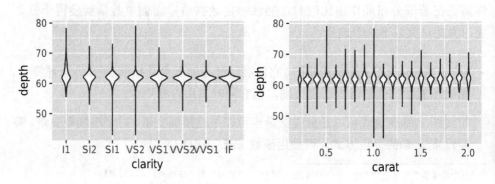

- geom_dotplot()：为每个观测值绘制点，精确调整避免重叠的同时展示数据分布，但通常仅用于偏小的数据集。

3.11.1 练习题

1. 组距设置为多少时可以最有效地展示 carat 的数据分布？
2. 绘制 price 直方图，你发现了什么？
3. clarity 的不同对 carat 的分布有什么影响？
4. 绘制 depth 的频数多边图和密度曲线图，为了对这两张图进行比较需要将 y 映射到哪个计算变量上？（你可以选择修改 geom_freqpoly() 或 geom_density()。）

3.12 处理遮盖绘制问题

散点图是研究两个连续型变量关系的重要工具。但是当数据量较大时，这些点经常会出现重叠现象，因而掩盖真实的关系。极端情况下，我们甚至只能看出数据的大致范围，根据这种图像做出的任何结论都是值得怀疑的。这类问题被称为**遮盖绘制**。

根据数据量的大小与遮盖程度的不同，处理遮盖绘制问题的方法也有所不同。第一类方法涉及到对图形属性的调整，它们对小数据集可能更为有效：

- 较小规模的遮盖绘制问题可以通过绘制更小的数据点来缓解，或者使用中空符号。下图所用数据来自于两个独立正态分布中抽样所得的 2000 个点：

```
df <- data.frame(x = rnorm(2000), y = rnorm(2000))
norm <- ggplot(df, aes(x, y)) + xlab(NULL) + ylab(NULL)
norm + geom_point()
norm + geom_point(shape = 1)   # 中空点
norm + geom_point(shape = ".") # 像素大小
```

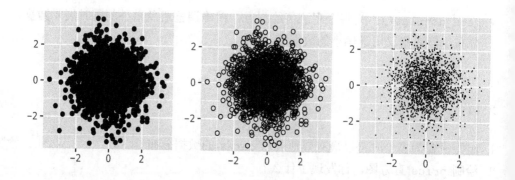

- 对于更大的数据集产生的严重遮盖绘制问题，我们可以改变 α 参数（透明度）让点呈现透明效果。假设我们以比值形式指定 α 的值，则分母代表的是一个位置的颜色变为完全不透明时所需重叠点的数量。可用的最小透明度为 1/500，若选取的 α 值更小，则各点将完全透明。

```
norm + geom_point(alpha = 1 / 3)
norm + geom_point(alpha = 1 / 5)
norm + geom_point(alpha = 1 / 10)
```

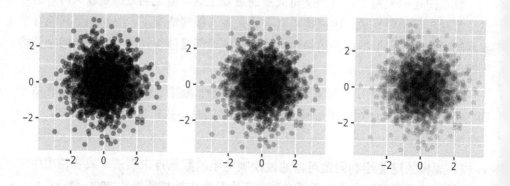

- 如果数据存在一定的离散性，我们可以在点上增加随机扰动 `geom_jitter()` 缓解重叠现象。特别是与透明度一起使用时，这种方法十分有效。默认情况下，增加的扰动量是数据分辨率（resolution）的 40%，这样可以为数据中的邻接区域留下一定间隙。你可以通过调整 `width` 和 `height` 参数修改默认值。

受此启发，我们也可以认为遮盖绘制问题是一种二维核密度估计问题，于是又可以引申出以下三种方法：

- 将全部数据点分箱并统计每个箱中点的数量,用 geom_bin2d() 可视化这个数值(直方图的二维推广)。将图形划分为小的正方形箱会产生分散注意力的视觉假象,Carr 等人 (1987) 建议使用六边形取代,可通过 geom_hex() 实现,需加载 **hexbin** 包,可参考 D. Carr, Lewin-Koh, 和 Mächler (2014) 的文献。下图对比了正方形箱和六边形箱的效果,完整代码如下:

```
norm + geom_bin2d()
norm + geom_bin2d(bins = 10)
```

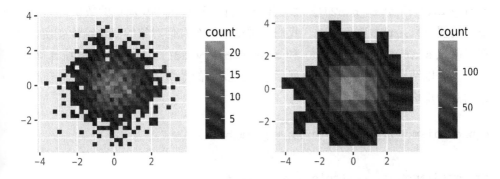

```
norm + geom_hex()
norm + geom_hex(bins = 10)
```

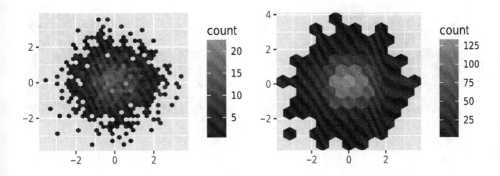

- 使用 stat_density2d() 作二维密度估计,然后参考 3.6 节将之呈现为三维曲面。

- 如果我们对于 y 对 x 的条件分布感兴趣,那么 3.6 节展示数据分布中所述的技术会对此有所帮助。

解决遮盖绘制问题的另一种方法是在图形上添加数据摘要，以指引人眼在茫茫数据中探索分布情况。例如，我们可以使用 geom_smooth() 添加一条平滑曲线来展示数据的中心或使用下节中的工具。

3.13 统计摘要

geom_histogram() 和 geom_bin2d() 使用了类似的几何对象 geom_bar() 和 geom_raster()，以及统计变换 stat_bin() 和 stat_bin2d()。统计变换 stat_bin() 和 stat_bin2d() 将数据分组并计算每组中观测值的数量。如果需要的摘要不只是计数呢？至此，我们只讨论了每个几何对象的默认统计变换。现在将研究 stat_summary_bin() 和 stat_summary_2d() 来获得不同的统计摘要。

下面以钻石数据为例，左图展示了每组钻石的数量，右图则展示如何获得每组钻石的均价。

```
ggplot(diamonds, aes(color)) + geom_bar()

ggplot(diamonds, aes(color, price)) +
  geom_bar(stat = "summary_bin", fun.y = mean)
```

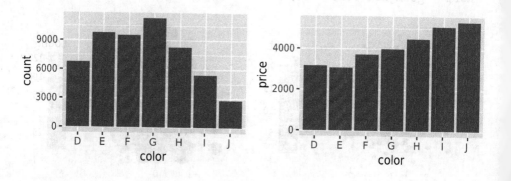

```
ggplot(diamonds, aes(table, depth)) +
  geom_bin2d(binwidth = 1, na.rm = TRUE) +
  xlim(50, 70) + ylim(50, 70)

ggplot(diamonds, aes(table, depth, z = price)) +
```

```
geom_raster(binwidth = 1, stat = "summary_2d", fun = mean,
  na.rm = TRUE) +
xlim(50, 70) + ylim(50, 70)
```

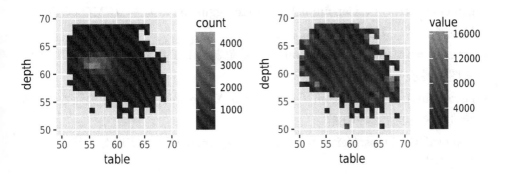

如需要这两种统计变换的更多信息，请参考 stat_summary_bin() 和 stat_summary_2d() 的使用指南。你可以调整每组大小和摘要函数。stat_summary_bin() 支持 y、ymin 和 ymax 等图形属性，可以调整数据的表现方式。阅读参考文档获得更多细节。5.6 节统计变换一章将详细讨论几何对象和统计变换的结合使用。

以上统计摘要函数均有其局限性，但可以快速有效地解决大多数问题。如果你觉得它们帮助有限，可能就需要自己绘制摘要了。请参阅 10.4 节分组摘要获取更多细节。

3.14 更多程序包资源

如果 ggplot2 内置的各类函数不能满足你的需求，你可以加载基于 ggplot2 的其他程序包并使用其中各类专用工具。成书时我对以下程序包有所了解：

- animInt，https://github.com/tdhock/animint，打造 ggplot2 图像的交互功能，包括图像查询、过滤和链接。
- GGally，https://github.com/ggobi/ggally，提供出色灵活的散点图矩阵。
- ggbio，http://www.tengfei.name/ggbio，为基因组数据绘制专业图像。
- ggdendro，https://github.com/andrie/ggdendro，将树形数据转换为 ggplot2 支持的数据框格式。

- ggfortify，https://github.com/sinhrks/ggfortify，对一些受欢迎 R 包的对象，提供了增强和自动绘制的方法。
- ggenealogy，https://cran.r-project.org/package=ggenealogy，用于系谱数据的处理和可视化。
- ggmcmc，http://xavier-fim.net/packages/ggmcmc/，提供 MCMC（马尔科夫链蒙特卡罗）算法数据的可视化工具。
- ggtern，http://www.ggtern.com，三元图表绘制工具，应用于你需要在同一张图中展示三个变量的情况。
- ggtree，https://github.com/GuangchuangYu/ggtree，支持对各类元数据的系统进化树分析展示和注解。
- granovaGG，https://github.com/briandk/granovaGG，实现对方差分析结果的可视化。
- ggparallel，https://cran.r-project.org/package=ggparallel，用于绘制平行坐标图，以及密切相关的 hammock 图和共同角度图。
- plotluck，https://github.com/stefan-schroedl/plotluck，谷歌"手气不错"的 ggplot2 版本，它可以自动为一到三个变量绘制图像。

更多拓展资源请查阅 Daniel Emaasit 建立的 http://www.ggplot2-exts.org。

3.15 参考文献

[1] Carr DB, Littlefield RJ, Nicholson WL, Littlefield JS (1987) Scatterplot matrix techniques for large N. J Am Stat Assoc 82(398):424–436.

[2] Carr D, Nicholas L-K, Martin M (2015) hexbin: hexagonal binning routines. R package version 1.27.1. https://cran.r-project.org/package=hexbin.

第二部分

语　　法

第 4 章 语法突破

4.1 简 介

为了掌握 ggplot2 的全部功能，你需要掌握下面的语法。通过了解语法及它的组建是如何组合在一起的，你可以创建更广泛的可视化效果，并结合多个数据源定制你心仪的内容。

本章主要介绍 ggplot2 的理论基础：图形图层语法。图形图层语法基于 Wilkinson 的图形语法 (Wilkinson,2005)，并在其基础上添加了许多新功能，使得图形更有表现力，并能完美地嵌入到 R 环境中。有关图层语法和 Wilkinson 图形语法的不同之处在 Wickham (2008) 的文献中有详细描述。在本章中，你将简单了解一些语法组成组件的基本知识，学习如何将它们整合到一起。下一章我们将讨论更多语法组件的细节，并给出更多实际应用的示例。

ggplot2 的语法使得图形的重复更新变得更简单，每次只需更新一个特征。该语法的价值还在于它从更高的视角审视了图形的构成，它认为图形的每个组件都是可以被修改的，为你提供一个关于图像的思考框架，并且希望能缩短从思维到纸张的距离。它也鼓励对于一个特定的问题使用定制化的图形，而不是仅仅依赖特定的图表类型。

本章首先详述了绘制简单图形的过程。然后，4.2 节绘制散点图介绍了简单散点图的绘制方法，4.3 节更复杂的图形示例在此基础上又添加了光滑曲线和分面。在学习这些例子的同时，六种语法组件也会被先后提及。在 4.4 节图层语法的组件中对它们作了更为精确的定义。

4.2 绘制散点图

发动机的尺寸和燃油的关系是怎样的？我们可以根据数据集创建一个关于发动机耗油量和高速公路每加仑行驶的英里数的箱线图，图中颜色由气缸数决定。

```
ggplot(mpg, aes(displ, hwy, colour = factor(cyl))) + geom_point()
```

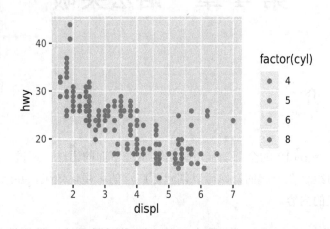

图 4.1: 发动机耗油量和高速公路驾驶耗油量（英里/加仑）（参见第 290 页彩图 11）

你可以很容易地创建这样的散点图，但是它背后的原理是什么呢？ggplot2 是如何画这个图的呢？

4.2.1 图形属性和数据的映射

我相信你已经见过许多的散点图，甚至还自己动手画过。但散点图的精确定义是什么呢？在散点图中，每一个观测数据都用一个点来表示，点的位置由两个变量的值决定。每个点不仅有横坐标和纵坐标，还有大小、颜色和形状，这些属性我们称之为**图形属性**（aesthetics）。每个图形属性都可以映射为一个变量或者设定成一个常数。在上图中变量 `displ` 控制点的水平位置，变量 `hwy` 控制点的竖直位置，变量 `cyl` 控制点的颜色，而点的大小和形状都没有指定映射的变量，使用的是默认值（常数）。

根据变量和图形属性的映射关系，我们可以新建记录这些信息的数据集：

x	y	颜色（colour）
1.8	29	4
1.8	29	4
2.0	31	4
2.0	30	4
2.8	26	6
2.8	26	6
3.1	27	6
1.8	26	4

这个新数据集是在将图形属性映射到原数据集时产生的，利用该数据集我们可以作出许多不同种类的图。在散点图中，我们用点来表示每个观测，倘若用直线连接所有的观测，我们就会得到折线图。如果用条形来表示这些数据，我们便会得到条形图。对于该数据集，折线图和条形图是没有意义的，但是为了对比学习，我们也将其画出来（为了节省空间我省去了图例部分）：

```
ggplot(mpg, aes(displ, hwy, colour = factor(cyl))) +
  geom_line() + theme(legend.position = "none")
ggplot(mpg, aes(displ, hwy, colour = factor(cyl))) +
  geom_bar(stat = "identity", position = "identity", fill = NA) +
  theme(legend.position = "none")
```

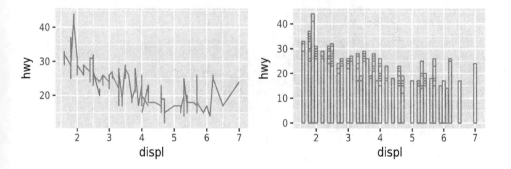

在 ggplot2 中，我们可以作出很多没有意义但符合语法的图形，就好比在英语中，我们也可以写无语法错误但毫无意义的句子，比如 "angry rock barked like a comma（愤怒的石头像逗号般狂叫）"。点（point）、线（line）和条（bar）都是几何对象的具体形式，被称作 **geom**。几何对象决定了图形的"类型（type）"。只含一种几何对象的图通常有特定的名字：

图形名称	几何对象（Geom）	其他特征
散点图	点（point）	
气泡图	点	点的大小映射给其他变量
条形图	条形（bar）	
箱线图	箱子（boxplot）	
折线图	线（line）	

更复杂的图形一般没有特定的名称，我们不得不去描述一下。例如，这幅图在散点图的基础上对每个组添加了回归线：

```
ggplot(mpg, aes(displ, hwy, colour = factor(cyl))) +
  geom_point() + geom_smooth(method = "lm")
```

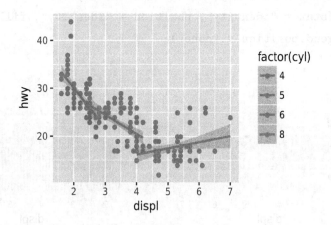

这个图应该叫什么名字呢？一旦你掌握了语法，就会发现你画的许多图是仅针对自己的问题而没有特定的名字。

4.2.2 标度变换

前面表中的数值对于电脑而言没有任何意义。我们需要把它们从数据单位（如升、英里每加仑和汽缸数）转换成电脑可以识别的物理单位（如像素和颜色）。这个转换过程我们称之为**标度变换**（scaling）。虽然转换后的数据对我们而言可能没有意义，但对电脑而言却是可识别的：颜色用六个字母组成的十六进制字符来表示，大小和形状分别用数字和整数来表示。这些 R 可以识别的图形属性值可参见 vignette("ggplot2-specs")。

在这个例子中，我们有三个图形属性需要进行标度变换：水平位置（x）、竖直位置（y）和颜色（colour）。在这个例子中，位置变换非常简单，因为我们用的是默认的线性变换，只需要将数据的范围线性映射到 [0, 1] 区间上即可。因为 ggplot2 调用的绘图系统 **grid** 包会帮助我们处理好最终的转换细节，所以我们用 [0, 1] 而不是精确的像素值。最后一步是如何根据点的位置 (x 和 y) 来确定它在图中的位置，这是由坐标系统决定的，写作 **coord**。大多数情况下我们将使用笛卡尔坐标系，但有时我们也会用极坐标系或用地图中的球投影。

颜色变换的过程就略微复杂些，因为我们将得到一个非数字的结果。颜色可以看作由三种组件组成，它们与人眼中识别颜色的三种细胞相对应。这三种细胞建立了一个三维的颜色空间，颜色的标度转换就是将数据的值映射到这个空间中。映射方法有很多，由于此处 cyl 是分类变量，我们便把它的值等距地映射到色轮上，如图 4.2 所示。当变量是连续型时，我们将使用其他映射方法。

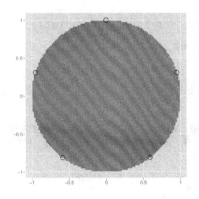

图 4.2: 该图展示了如何获取五个等距的颜色，它是离散型变量默认颜色标度的取法（参见第 291 页彩图 12）

标度变换后的结果如下表。表中不仅包含了映射到变量的图形属性，也包含了设定为常数的图形属性。这样每个点的图形属性都被完整设定，R 便可以绘出相应的图形。点默认使用直径为 1 毫米的圈圈（R 中标号 19 的形状）来表示：

x	y	颜色（colour）	大小（size）	形状（shape）
0.037	0.531	#F8766D	1	19
0.037	0.531	#F8766D	1	19
0.074	0.594	#F8766D	1	19
0.074	0.562	#F8766D	1	19
0.222	0.438	#00BFC4	1	19
0.222	0.438	#00BFC4	1	19
0.278	0.469	#00BFC4	1	19
0.037	0.438	#F8766D	1	19

最后，还需要对这些数据进行渲染，生成能在屏幕上展示的图形。绘制一个完整的图形，我们需要三类图形对象：数据，由点来表示；标度和坐标系，用来生成坐标轴和图例，通过它们才能读出图中蕴涵的信息；图形注释，如背景和标题。

4.3 更复杂的图形示例

我们先来看一个更复杂的图形：

```
ggplot(mpg, aes(displ, hwy)) + geom_point() +
 geom_smooth() + facet_wrap(~year)
```

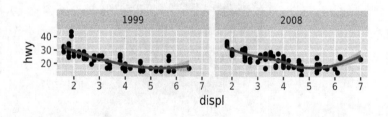

这幅图添加了三种新的组件：分面、多个图层和统计量。与上一节所讲的类似，分面和图层将原数据切割成多个小数据集，即每个图层的每个分面面板

（facet panel）都含一个小数据集。你可以把它想象成一个三维矩阵：分面面板形成了一个二维网格，图层在第三维的方向上叠加。本例中所有图层的数据都是一样的，但是一般而言，我们可以在不同的图层里使用不同的数据集。

平滑曲线层与散点层的不同点在于它没有展示原数据，而是展示了统计变换后的数据。特别地，平滑曲线层拟合了一条穿过数据中间位置的平滑曲线。添加该图层需要在我们前面介绍过的流程里再添加一步：将数据映射到图形属性后，要对其进行统计变换（对数据进行有效的处理），统计变换简写为 **stat**。在本例中，统计变换首先用一条 loess 平滑曲线来拟合数据，然后在数据的范围内，利用等间隔的点，计算并返回点所对应的预测值。其他有用的统计变换包括 1 维和 2 维的封箱（binning），求组平均（group means），分位数回归（quantile regression）和等高线（contouring）。

因为添加了统计变换，所以在进行标度变换时需要添加额外的步骤。这是因为现在我们有多个数据集（对不同的分面和图层而言），所以我们需要确保所有的变换在各个数据集里都是相同的。标度变换实际上出现在三个地方：标度转换（transforming），标度训练（training）和标度映射（mapping）。我们之前还没有提到过变换，但是你可能已经在双对数（log-log）图中看到过了。在双对数图中，数据值不是直接线性映射到图形上的位置，而是先进行了对数变换。

- 标度转换先于统计变换，因此统计量都是基于标度变换后的数据计算的。这样可以确保 $\log(x)$ 对 $\log(y)$ 在线性尺度上的图与 x 对 y 在对数尺度上的图看起来一样。另外，还有其他不同的变换可以使用，包括取平方根、对数和倒数。详见连续的位置标度。

- 计算完统计量之后，所有分面和图层的数据集中的每个标度都会被"训练"。标度训练将根据所有小数据集里数据的范围得到整体数据的范围。如果没有这一步，标度将只具有局部意义，当将不同的层叠加到一起时，它们的位置就会错乱。不过有些时候我们也需要得到不同分面间（绝不是图层间）标度有错位的图形，这种情况详见标度控制。

- 最后，标度映射将数据映射到图形属性中。这是一个局部操作：每个数据集里的变量都映射给相应的图形属性值，生成一个新的数据集后再用几何对象来渲染。

图 4.3 显示了整个流程。

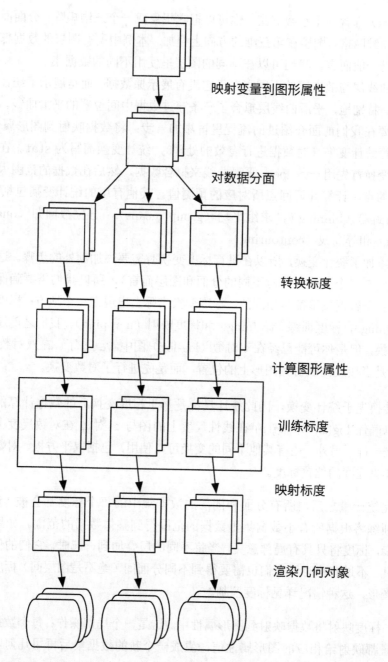

图 4.3: 绘图过程图解–每个正方形代表一个图层,本图展示了一个含有三个图层和三个分面面板的图。除了标度训练不对数据框做变换,其他步骤都对每个小数据集做变换

4.4 图层语法的组件

在上面的例子中，我们已经见到了一些组成图像的组件，诸如数据、图形属性映射、几何对象、统计变换、标度和分面。我们也接触过坐标系。一个还没有提及的组件是位置调整，它控制着图形对象的重叠。数据、映射、统计变换、几何形状和位置调整共同组成了一个**图层**。一个图形可能含有很多图层，比如在前面的例子中，我们把一个平滑曲线层添加到一个散点图层上。总的来说，图层语法所定义的图由以下几部分组成：

- 一个默认的数据集和一组从变量到图形属性的映射。
- 一个或多个图层，每个都由一种几何对象、一种统计变换和一种位置调整组成，另外数据集和图形属性映射也是可选的。
- 标度，每个图形属性映射都对应一个标度。
- 一个坐标系统。
- 分面设定。

下几节将对每种图层语法的组件作更详细的介绍，并给出书中各部分所参考的位置。

4.4.1 图 层

图层的作用是生成在图像上可以被人感知的对象。一个图层由五部分组成：

1. 数据。
2. 图形属性映射。
3. 一种统计变换（stat）。
4. 一种几何对象（geom）。
5. 一种位置调整方式。

图层的属性将在第 5 章用图层构造图像中介绍，而第 3 章工具箱则介绍应用它们进行数据可视化的方法。

4.4.2 标 度

标度控制数据到图形属性的映射,并且图形上所用的每一个图形属性都对应着一个标度。每个标度都作用于图形中的所有数据,以确保从数据到图形属性映射的一致性。一些标度如图 4.4 所示。

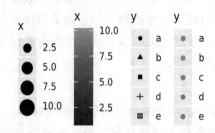

图 4.4: 四种不同标度的图例。从左到右依次是:连续型变量映射到大小和颜色,离散型变量映射到形状和颜色。标度的顺序似乎是颠倒的,但这与 y 轴标签相匹配:小值出现在底部(参见第 291 页彩图 13)。

一个标度就是一个含有一组参数的函数,它的逆也是如此。例如颜色梯度标度,它把一条实线的各部分映射成一条含不同颜色的路径。函数中的参数可规定该路径是直线还是曲线,决定选择哪个颜色空间(例如,LUV 还是 RGB)、起始和终止位置的颜色。

其逆函数被用来绘制参照对象,通过参照对象你才能读出图里隐含的信息。参照对象可以是坐标轴(位置标度)或者是图例(其他标度)。大多数的映射都有唯一的逆函数(也就是一对一映射),但有些不是。逆映射的唯一性使得复原数据成为可能,但当我们只关注某个方面时,我们不会很在意它是不是一一映射。

第 6 章给出了标度的更多细节。

4.4.3 坐标系

坐标系(coordinate system),或简称为 **coord**,可将对象的位置映射到图形平面上。位置通常由两个坐标 (x,y) 决定,但是有时可能需要三个或更多(尽管目前还不能在 ggplot2 中实现)。笛卡尔坐标系是最常用的二维坐标系,极坐标系和各种地图投影则用得相对少一些。

坐标系可以同时影响所有的位置变量。与标度不同,坐标系还可以改变几何对象的外观。例如,在极坐标系中,条形看起来像扇形。另外,标度变换是在统计变换前执行的，而坐标变换则是在此之后执行的。坐标变换的具体效果请参见7.5 节。

坐标系控制着坐标轴和网格线的绘制。图 4.5 列出了三种不同的坐标系。非笛卡尔坐标系的绘图帮助文档非常少，所以要想在该类坐标系中绘制出精美的图形，需要投入更多的精力。7.3 节给出了坐标系更详细的介绍。

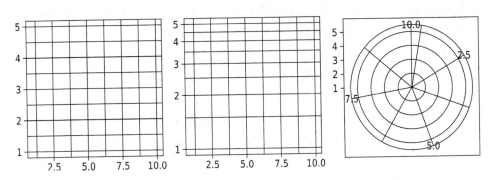

图 4.5：三种不同坐标系的坐标轴和网格线：笛卡尔（Cartesian）、半对数（semi-log）和极坐标（polar）。极坐标系展示了非笛卡尔坐标系的缺点：很难画好坐标轴

4.4.4 分面

分面在绘图时也非常有用，因此我们要把它加到图形的基本框架中。分面是条件绘图（conditioned plots）和栅格绘图（trellised plots）的一般形式，通过它你可以方便地展示数据的不同子集。特别是当验证在不同条件下模型是否保持一致时，分面绘图是一个非常强大的工具。分面可以设定哪些变量可用来分割数据，以及设定是否应该对位置标度加以限制。关于分面的详细内容请见第 7 章。

4.5 练习题

掌握语法是如何工作的最佳方法之一是将其应用到现有的数据分析中。对于下面列出的图形，列出他们的组件。不要担心你不知道它在 ggplot2 中对应的函数名称（甚至它们是否存在），你只需记录图的关键要素以便你能把它表述给其他人。

1. Charles John Minard 的"拿破仑进行曲"（Napoleon's march）：http://www.datavis.ca/gallery/re-minard.php。

2. Jeremy White、Joe Ward 和 Matthew Ericson 在《纽约时报》上的 *Where the Heat and the Thunder Hit Their Shots*。http://nyti.ms/1duzTvY。
3. James Cheshire 的 "London Cycle Hire Journeys" http://bit.ly/1S2cyRy。
4. 皮尤研究中心（The Pew Research Center）2014 年最受欢迎的数据可视化：http://pewrsr.ch/1KZSSN6。
5. Joanna Kao 在 FiveThirtyEight 网站上的 *The Tony's Have Never Been so Dominated by Women*：http://53eig.ht/1cJRCyG。
6. Mike Bostock、Shan Carter、Amanda Cox、Matthew Ericson、Josh Keller、Alicia Parlapiano、Kevin Quealy 和 Josh Williams 在《纽约时报》上的 *In Climbing Income Ladder, Location Matters*：http://nyti.ms/1S2dJQT。
7. Shan Carter、Amanda Cox 和 Mike Bostock 在《纽约时报》的 *Dissecting a Trailer: The Parts of the Film That Make the Cut*：http://nyti.ms/1KTJQOE。

4.6 参考文献

[1] Wickham H (2008) Practical tools for exploring data and models. PhD thesis. Iowa State University. http://had.co.nz/thesis.

[2] Wilkinson L (2005) The grammar of graphics. Statistics and Computing, 2nd edn. Springer, New York.

第 5 章 用图层构建图像

5.1 简 介

ggplot2 背后的关键思想之一是它允许你很容易地在同一时间迭代、创建一个复杂的图形。每个图层可以有自己的数据集和图形属性映射，这也使得从多种数据源中创建复杂的图形变得可能。

你已经使用 `geom_point()` 和 `geom_histogram()` 函数来创建图层了。在本章将深入图层的细节并掌握如何掌控所有的五个组件：数据、图形属性映射、几何对象、统计变换、位置调整。本章的目的是给你一个解决身边问题从而定制化地创建复杂图形的工具。

5.2 创建绘图对象

到目前为止，每当使用 `ggplot()` 函数创建一个图形，我们会立刻使用几何对象函数加一个图层。但是认识到这个过程包括两步是很重要的。首先是用默认数据集创建一个图形和图形属性映射：

```
p <- ggplot(mpg, aes(displ, hwy))
p
```

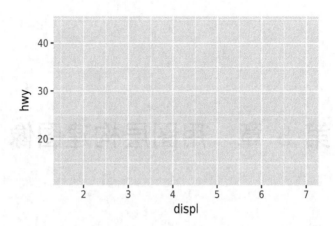

还不能看到什么东西,因此我们需要增加一个图层:

```
p + geom_point()
```

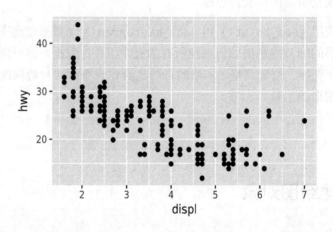

geom_point() 函数是一个简写。在背后它被 layer() 函数创建一个新图层:

```
p + layer( mapping = NULL, data = NULL, geom = "point",
stat = "identity", position = "identity" )
```

这就把全部指定的五个组建加到图层中去了:

- **mapping**: 一组图形属性映射，通过 `aes()` 函数来设定并结合图形属性映射中使用画图的默认属性。如果是 `NULL` 则使用 `ggplot()` 默认的映射设置。

- **data**: 一个数据集，它会修改默认的数据集。大部分情况下该参数被省略掉（设为 `NULL`），默认数据集将被 `ggplot()` 函数调用。对数据的要求在5.3节讲得更详细。

- **geom**: 几何对象的名字，用于绘制每个观察值。几何对象在几何对象中有详细的讨论，并且工具箱一章探索了它更深层次的应用。

  几何对象有一些额外的参数。所有的几何对象将图形属性作为参数。如果你提供一个图形属性（如颜色）作为一个参数，它不会被标度，允许你控制图形的外观，在设定和映射中有详细描述。你可以通过省略号省略这些参数（在统计变换和几何对象参数可以自动去除的情况下），或者是通过 `geom_params` 的列表传递。

- **stat**: 统计变换的简称。一个统计变换展示了一些有用的统计概要，这对直方图和光滑曲线是很有用的。为了保持数据原始的信息，使用"identity"的统计变换，在统计变换会学到更多。

  你只需要设定统计变换或几何对象，因为每个几何对象都有一个默认的统计变换，每个统计变换都有一个默认的几何对象。

  大多数的统计变换通过额外的参数来指定统计变换的细节。你可以提供省略号参数（某种情况下统计变换和几何参数会自动拆开）或称为 `stat_params` 的列表。

- **position**: 这个方法用来调整重叠的对象，如抖动、避开、堆叠等。更多的细节参见第 7 章。

理解 `layer()` 函数是很有用的，因为它会让你对图层对象有一个更好的心智模式。但是你很少会使用完整的 `layer()` 调用，因为它是如此冗长的。相反，你可以使用 `geom_` 类型的快捷函数，`geom_point(mapping, data, ...)` 完全等价于 `layer(mapping, data, geom = "point", ...)`。

5.3 数　据

每个图层必须有一些数据和它是相关的，并且数据必须是整齐的数据框。你将在数据整理中了解它，但是现在你需要知道的是一个整齐的数据框是在列中有变量在行中有观察值的。这是一个很强的限制，但是对于这个限制有充分的理由。

- 最好明确知道你的数据是十分重要的。
- 一个单独的数据框比众多的向量更容易保存，这就意味着它很容易重复成果或将你的数据转发给他人。
- 它强迫我们把关注点分开：ggplot2 将数据框转化为可视化的。其他的软件包可将数据转化为合适的格式（详情参见 11.4 节对模型可视化）。

在每一层上的数据不需要是一样的，并且将多个数据集画到一个图中也是很有用的。为了解释这个思想我将根据 mpg 数据集生成两个新的数据集。首先我拟合一个 loess 模型并从中生成预测值（这就是 geom_smooth() 在屏幕后面做的）。

```
mod <- loess(hwy ~ displ, data = mpg)
grid <- data_frame(displ = seq(min(mpg$displ),
  max(mpg$displ), length = 50))
grid$hwy <- predict(mod, newdata = grid)

grid
#> # A tibble: 50 x 2
#>   displ   hwy
#>   <dbl> <dbl>
#> 1  1.6  33.1
#> 2  1.71 32.2
#> 3  1.82 31.3
#> 4  1.93 30.4
#> 5  2.04 29.6
#> 6  2.15 28.8
#> # ... with 44 more rows
```

接下来，我将把与预测值相距较远的观测值分离出来：

```
std_resid <- resid(mod) / mod$s
outlier <- filter(mpg, abs(std_resid) > 2)
#> Warning: package 'bindrcpp' was built under R version 3.4.4
outlier
#> # A tibble: 6 x 11
#>   manufacturer model  displ  year   cyl trans  drv     cty   hwy
#>   <chr>        <chr>  <dbl> <int> <int> <chr>  <chr> <int> <int>
#> 1 chevrolet    corve~   5.7  1999     8 manu~  r        16    26
#> 2 pontiac      grand~   3.8  2008     6 auto~  f        18    28
#> 3 pontiac      grand~   5.3  2008     8 auto~  f        16    25
#> 4 volkswagen   jetta    1.9  1999     4 manu~  f        33    44
#> 5 volkswagen   new b~   1.9  1999     4 manu~  f        35    44
#> 6 volkswagen   new b~   1.9  1999     4 auto~  f        29    41
#> # ... with 2 more variables: fl <chr>, class <chr>
```

我已经生成这些数据集,因为使用统计摘要和注释对加强原始数据的展示效果是很常见的。使用这些新的数据集,通过添加平滑曲线并对离群值打标签,能提高最初散点图的质量:

```
ggplot(mpg, aes(displ, hwy)) +
  geom_point() +
  geom_line(data = grid, colour = "blue", size = 1.5) +
  geom_text(data = outlier, aes(label = model))
```

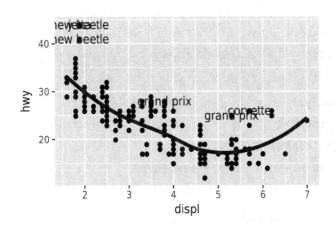

（这些图是不容易读的，但是你可以手动调整它。）

注意在图层中你需要明确地设定 `data =`，但在 `ggplot()` 中不需要，那是因为参数的顺序是不一样的。这是细微的不一致，但是，我们常常在 `ggplot()` 中指定数据并且在每层中调整图层属性，这种情况下以上不一致减少了敲击按键的次数。

在这个例子中，每个图层使用不同的数据集。我们可以用另一种方式来定义相同的图形，忽略默认的数据集，并在每一层指定一个数据集：

```
ggplot(mapping = aes(displ, hwy)) +
  geom_point(data = mpg) +
  geom_line(data = grid) +
  geom_text(data = outlier, aes(label = model))
```

我不是很喜欢这个例子的风格，因为它让原本的数据集变得不清晰（还因为 `ggplot()` 调用参数的方式，它实际上需要更多的按键）。然而，你在对初始数据集不熟悉时，或者是不同的图层属性也不同的情况下或许会更喜欢它。

5.3.1 练习题

1. `ggplot` 的前两个参数是 `data` 和 `mapping`。所有图层函数的前两个参数是 `mapping` 和 `data`。为什么顺序不一样呢？（提示：想想最常用的设置。）

2. 下面的代码是使用 dplyr 包产生一些关于每类汽车的概要统计。（你需要在第 10 章数据变换一章学习它是如何工作的。）

```
library(dplyr)
class <- mpg %>%
  group_by(class) %>%
  summarise(n = n(), hwy = mean(hwy))
```

使用数据重新画出这个图：

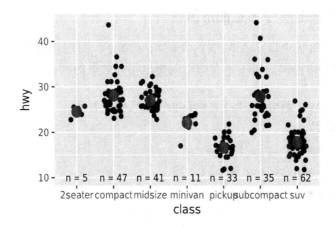

5.4 图层属性映射

aes() 函数用来将数据变量映射到图形或 aesthetics 中。aes() 函数里有一系列的图形属性参数：

`aes(x = displ, y = hwy, colour = class)`

（如果你是美国人，你可以使用 *color*，并且 ggplot2 会在后台更正你的拼写;）

这里我们将 x 坐标映射到 `displ`，y 坐标映射到 `hwy`，颜色映射到 `class`。前两个参数可以省略名字，他们会自动匹配到 x 和 y 轴，这和前面的用法是一致的：

`aes(displ, hwy, colour = class)`

尽管你可以用 aes() 处理数据，如 aes(log(carat), log(price))，但是最好仅作一些简单的计算。将复杂的转换移到 aes() 调用的外面，并转入 dplyr::mutate() 调用，详细的可参考10.3 节。这样很容易检查你的拼写并加快计算速度，因为你仅作了一次转换，而不是每次画图的时候都转换。

不要在 aes() 中涉及带有 $ 的变量（例如 diamonds$carat）。它可以破坏代码，以至于图不再包括之前需要的元素，并且，如果 ggplot2 改变行的顺序，这会和分面一样引起问题。

5.4.1 在图和图层中指定图形属性

在个别的图层中或者在某些两者的结合部分,图层属性映射可在最初的 ggplot() 调用中提供。以下所有调用创建出相同效果的图:

```
ggplot(mpg, aes(displ, hwy, colour = class)) +
  geom_point()
ggplot(mpg, aes(displ, hwy)) +
  geom_point(aes(colour = class))
ggplot(mpg, aes(displ)) +
  geom_point(aes(y = hwy, colour = class))
ggplot(mpg) +
  geom_point(aes(displ, hwy, colour = class))
```

在每一层内,可以添加、修改或删除默认映射:

操作	图层图形属性	结果
添加	aes(colour = cyl)	aes(mpg, wt, colour = cyl)
修改	aes(y = disp)	aes(mpg, disp)
删除	aes(y = NULL)	aes(mpg)

如果你的图中仅有一个图层,那么对你指定图形属性的方式没有什么影响。但是,如果你要加一个额外图层的话,就会有很大的区别。下面的两个图都是真实有趣的,但是它们的重点在于数据的不同方面:

```
ggplot(mpg, aes(displ, hwy, colour = class)) +
  geom_point() +
  geom_smooth(method = "lm", se = FALSE) +
  theme(legend.position = "none")

ggplot(mpg, aes(displ, hwy)) +
  geom_point(aes(colour = class)) +
  geom_smooth(method = "lm", se = FALSE) +
  theme(legend.position = "none")
```

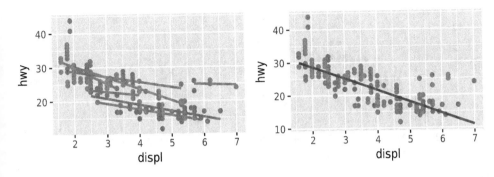

图 5.1: 不同额外图层造成的展示效果有所不同（参见第 291 页彩图 14）

一般来说，你想建立一个映射来说明潜藏在图形中的结构，并减少打字输入。在最好的方法出来之前是需要一些时间的，因此如果要用你的方式来迭代复杂的图形，或许值得重写一个图形来更清晰地彰显其中的结构。

5.4.2 设定和映射

除了可以将一个图形属性映射到一个变量，你也可以在图层的参数里将其设定为一个单一值。我们将图层属性**映射**到一个变量中（如，aes(colour = cut)），或把它设定到一个常数中（如，colour = "red"）。如果你想用变量控制图形属性的话，将规则写入 aes() 中；如果你想修改默认尺寸或颜色，将值写在 aes() 的外面。

尽管下面的图用相似的代码画出，但是它们的输出有稍微不同。第二个图将颜色**映射**（不是设置）到 "darkblue"。实际上是先创建了一个包含值为 "darkblue" 字符的变量，然后将 colour 映射到这个新变量。因为这个新变量的值是离散型的，但是默认的颜色标度将用色轮上等间距的颜色，并且此处新变量只有一个值，因此这个颜色就是桃红色。

```
ggplot(mpg, aes(cty, hwy)) +
  geom_point(colour = "darkblue")
ggplot(mpg, aes(cty, hwy)) +
  geom_point(aes(colour = "darkblue"))
```

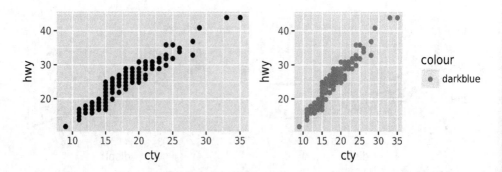

图 5.2: 设定颜色（左），或者颜色映射到 "darkblue"（右）（参见第 292 页彩图 15）

第三个方法是映射到值，并覆盖默认的标度：

```
ggplot(mpg, aes(cty, hwy)) +
  geom_point(aes(colour = "darkblue")) +
  scale_colour_identity()
```

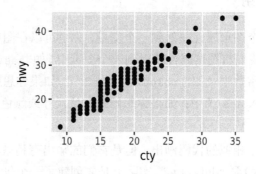

如果你的数据中总有颜色这一变量的话，这是很有用的。你可以阅读同一型标度了解更多细节。

有时将图层属性映射到常量是有用的。例如，如果你想用变化的参数展示多图层，可以"命名"每个图层：

```
ggplot(mpg, aes(displ, hwy)) +
  geom_point() +
  geom_smooth(aes(colour = "loess"),
```

```
  method = "loess", se = FALSE) +
geom_smooth(aes(colour = "lm"), method = "lm", se = FALSE) +
labs(colour = "Method")
```

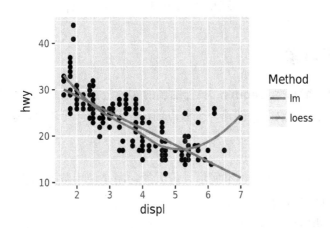

图 5.3: 命名每个图层（参见第 292 页彩图 16）

5.4.3 练习题

1. 简化下面图形的参数:

    ```
    ggplot(mpg) +
      geom_point(aes(mpg$disp, mpg$hwy))

    ggplot() +
      geom_point(mapping = aes(y = hwy, x = cty), data = mpg) +
      geom_smooth(data = mpg, mapping = aes(cty, hwy))

    ggplot(diamonds, aes(carat, price)) +
      geom_point(aes(log(brainwt), log(bodywt)), data = msleep)
    ```

2. 下面的代码是做什么用的？它可以运行么？它有意义么？为什么/为什么不呢？

    ```
    ggplot(mpg) +
    ```

```
geom_point(aes(class, cty)) +
geom_boxplot(aes(trans, hwy))
```

3. 如果你在一个图形的 x 轴上使用一个连续变量，且另一个图层上使用分类变量，那么会发生什么？如果把顺序反过来，又会发生什么？

5.5 几何对象

几何对象，简写为 **geoms**，实行图层的实际渲染，控制你创建图形的类型。例如，用点类几何对象可以创建一个散点图，用线类几何对象可以创建一个线图。

- 图元：
  - `geom_blank()`：什么也不展示。最大的功用是使用数据调整坐标轴。
  - `geom_point()`：点。
  - `geom_path()`：路径。
  - `geom_ribbon()`：条带，带有垂直厚度的路径。
  - `geom_segment()`：线段，指定初始位置和结束位置。
  - `geom_rect()`：矩形。
  - `geom_polyon()`：填充多面体。
  - `geom_text()`：文本。
- 单个变量：
  - 离散：
    * `geom_bar()`：展示离散变量的分布。
  - 连续：
    * `geom_histogram()`：计算封箱（bin）连续数据并用条带展示。
    * `geom_density()`：平滑密度估计。
    * `geom_dotplot()`：将大量的点放到点图中。
    * `geom_freqpoly()`：计算封箱（bin）连续数据并用线图展示。
- 两个变量：
  - 两个均为连续的：
    * `geom_point()`：散点图。

* `geom_quantile()`：平滑的分位回归。
  * `geom_rug()`：边际轴须图（marginal rug plot）。
  * `geom_smooth()`：最佳拟合平滑曲线。
  * `geom_text()`：文本标签。
- 展示分布：
  * `geom_bin2d()`：计算封箱到矩形中。
  * `geom_density2d()`：平滑的二维密度估计。
  * `geom_hex()`：计算封箱到六边形中。
- 至少一个离散变量：
  * `geom_count()`：计算在不同位置点的个数。
  * `geom_jitter()`：随机抖动重叠的点。
- 一个离散，一个连续：
  * `geom_bar(stat = "identity")`：事先计算好的概要条形图。
  * `geom_boxplot()`：箱线图。
  * `geom_violin()`：展示每组值的密度。
- 一个变量是时间序列，一个是连续的：
  * `geom_area()`：面积图。
  * `geom_line()`：线图。
  * `geom_step()`：步阶图。
- 展示不确定性：
  * `geom_crossbar()`：带有中心点的垂直条形图。
  * `geom_errorbar()`：误差条形图。
  * `geom_linerange()`：垂线。
  * `geom_pointrange()`：带有中心的垂线。
- 空间变量：
  * `geom_map()`：`geom_polygon()` 绘制地图数据的快速版本。
• 三个变量：
  - `geom_contour()`：轮廓图。
  - `geom_tile()`：平铺矩形平面。
  - `geom_raster()`：`geom_tile()` 平等尺寸平铺的快速版本。

每个几何对象都有一系列它可理解的——甚至是必须的——图形属性。例如，点的几何对象要求坐标位置 x 和 y，并且它能理解颜色、尺寸、形状相关的几何属性。一个条形图需要高度（`ymax`），并理解宽度、边界颜色和填充颜色。每个几何对象在文档中都罗列了它的图形属性。

一些几何对象主要的区别是参数上的。例如，你可以用三种方式画出一个正方形：

- 给定 `geom_tile()` 的位置坐标（x 和 y）以及维度 (`width` 和 `height`)。

- 给定 `geom_rect()` y 的上（`ymax`）和下（`ymin`）边界，x 的左（`xmin`）和右（`xmax`）边界。

- 给定 `geom_polygon()` 每个角的四行带有 x 和 y 位置的数据框。

其他相关的几何对象有：

- `geom_segment()` 和 `geom_line()`。
- `geom_area()` 和 `geom_ribbon()`。

如果有替代的参数，为数据选择一个正确的参数，通常能使绘图过程变得更容易。

5.5.1 练习题

1. 从 https://www.rstudio.com/resources/cheatsheets/ 下载并打印出 ggplot 的备忘单，从而方便地看到所有几何对象的视觉效果。

2. 查看图形原始几何对象的文档。哪个图形属性是有用的？你如何将他们用简洁的形式归纳起来？

3. 掌握一个不熟悉的几何图像的最好的方式是什么？列出有助的三个资源。

4. 对于下面的每个图，识别出画它使用的几何对象。

第 5 章 用图层构建图像

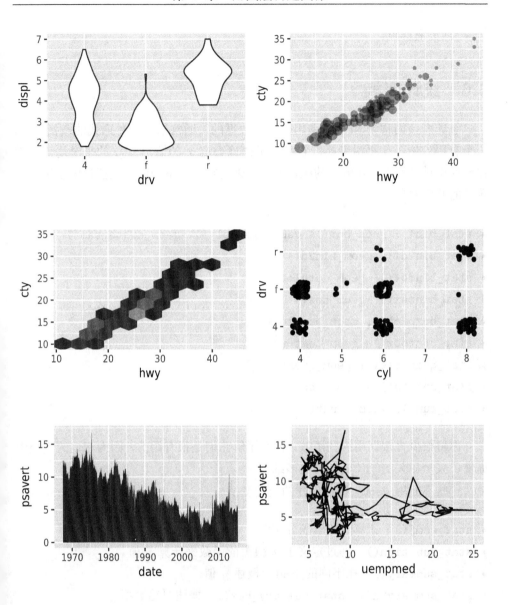

5. 对于下面的每个问题,提出一个有用的几何对象:

- 展示变量是如何随时间变化的。
- 展示单个变量具体的分布情况。
- 一个大的数据集上整体的趋势。
- 画一幅地图。

- 标记离群点。

5.6 统计变换

统计变换简称为 **stat**，是用来转换数据的，通常通过某种形式的概括得到。一个有用的例子是平滑变换，它可用于计算给定 x 的情况下 y 的平滑均值。你已经使用过了许多 ggplot2 的统计变换，因为它们在下面的这些情景中用于产生重要的几何对象：

- `stat_bin()`：`geom_bar()`、`geom_freqpoly()`、`geom_histogram()`
- `stat_bin2d()`：`geom_bin2d()`
- `stat_bindot()`：`geom_dotplot()`
- `stat_binhex()`：`geom_hex()`
- `stat_boxplot()`：`geom_boxplot()`
- `stat_contour()`：`geom_contour()`
- `stat_quantile()`：`geom_quantile()`
- `stat_smooth()`：`geom_smooth()`
- `stat_sum()`：`geom_count()`

你将很少直接调用这些函数，但是了解它们是很有用的，因为它们的文档中提供了关于相关的统计变换的更多细节。

一些不能用 `geom_` 函数创建的统计变换：

- `stat_ecdf()`：计算经验累积分布图。
- `stat_function()`：通过定义在 x 值上的函数来计算 y 值。
- `stat_summary()`：在不同的 x 值上概述 y 值。
- `stat_summary2d()`、`stat_summary_hex()`：概述封箱数据。
- `stat_qq()`：展示 Q-Q 图的计算。
- `stat_spoke()`：将角和半径转化为位置。
- `stat_unique()`：去掉重复的行。

可用两种方式使用这些函数。你或者添加 `stat_()` 函数并修改默认的几何图像，或者添加 `geom_()` 函数并修改默认的统计变换：

```
ggplot(mpg, aes(trans, cty)) +
  geom_point() +
  stat_summary(geom = "point", fun.y = "mean",
    colour = "red", size = 4)
```

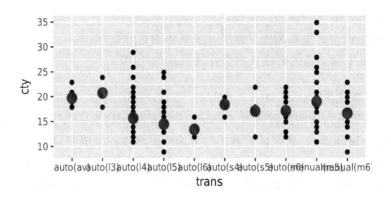

```
ggplot(mpg, aes(trans, cty)) +
  geom_point() +
  geom_point(stat = "summary", fun.y = "mean",
    colour = "red", size = 4)
```

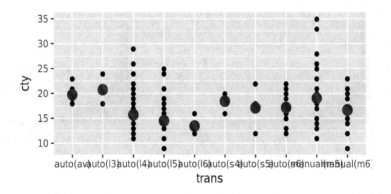

我认为最好使用第二种形式,因为它能让你展示的概述——而不是原始数据——变得更清晰。

5.6.1 生成变量

统计变换内部采用一种数据框的形式作为输入并返回一个数据框，因此统计变换可增加新的变量到原始的数据集中。将图形属性映射到这些新的变量上也是有可能的。例如，使用 stat_bin 来生成直方图，产生下面的变量：

- count, 每个组里观测值的数目。
- density, 每个组里观测值的密度（占整体的百分数/组宽）。
- x, 每个组里观测值的密度（占整体的百分数/组宽）。

这些生成变量（generated variable）可以被直接调用。例如，直方图默认将条形的高度赋值为观测值的频数（count），但是如果你更喜欢传统的直方图，可以用密度（density）来代替。为了参考像密度这样的生成变量，名字必须要用 ".." 围起来。这样可以防止原数据集中的变量和生成变量重名时造成混淆，并且以后处理代码时，你可以很清晰地分辨出哪些变量是由统计变换生成的。每个统计变换的帮助文档里都列出了其生成变量的名称。比较这两幅图的 y 轴：

```
ggplot(diamonds, aes(price)) +
  geom_histogram(binwidth = 500)
ggplot(diamonds, aes(price)) +
  geom_histogram(aes(y = ..density..), binwidth = 500)
```

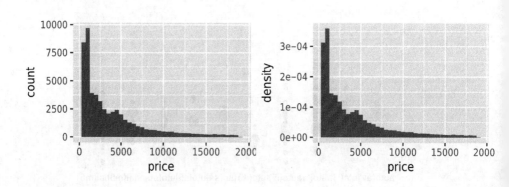

尤其是当你想比较多个有不同尺寸的多个组的分布时，这个技术是相当有用的。例如，比较 cut 中的 price 的分布相当困难，因为一些组别的数值很小。但是如果我们标准化每个组别来得到相同的面积的话，就会变得容易比较了：

```
ggplot(diamonds, aes(price, colour = cut)) +
  geom_freqpoly(binwidth = 500) +
  theme(legend.position = "none")

ggplot(diamonds, aes(price, colour = cut)) +
  geom_freqpoly(aes(y = ..density..), binwidth = 500) +
  theme(legend.position = "none")
```

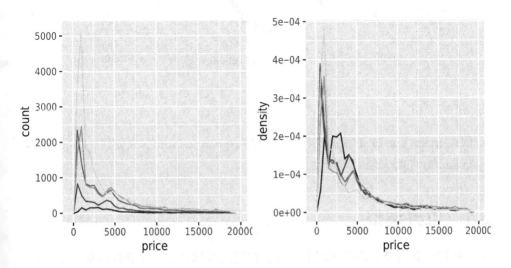

图 5.4: 标准化每个组别（参见第 292 页彩图 17）

这个图形是很令人吃惊的：总体上，低质量钻石更贵。我们将在移除趋势中重新审视这一结果。

5.6.2 练习题

1. 下面的代码创建了一个相似的数据集到 stat_smooth() 中。使用恰当的几何对象来模仿默认的 geom_smooth() 展示。

```
mod <- loess(hwy ~ displ, data = mpg)
smoothed <- data.frame(displ = seq(1.6, 7, length = 50))
pred <- predict(mod, newdata = smoothed, se = TRUE)
```

```
smoothed$hwy <- pred$fit
smoothed$hwy_lwr <- pred$fit - 1.96 * pred$se.fit
smoothed$hwy_upr <- pred$fit + 1.96 * pred$se.fit
```

2. 应用什么统计变换可以创建下面的图？

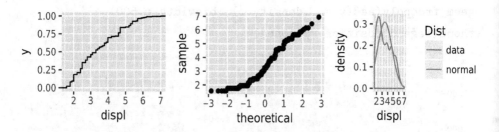

图 5.5: 不同统计变换的效果图（参见第 293 页彩图 18）

3. 阅读 `stat_sum()` 的帮助文档，然后使用 `geom_count()` 来创建一个将 `drv` 和 `trans` 合并起来展示汽车比例的图。

5.7 位置调整

所谓位置调整，即对该层中的元素位置进行微调。下面三种调整主要应用到条形图中：

- `position_stack()`：在彼此的顶部堆叠重叠的条形图（或面积）。
- `position_fill()`：将顶部始终缩放为 1，堆叠重复的条形图。
- `position_dodge()`：将重叠的条形图并排摆放。

```
dplot <- ggplot(diamonds, aes(color, fill = cut)) +
  xlab(NULL) + ylab(NULL) + theme(legend.position = "none")
# 对条形图来说，位置堆叠是默认设置，
# 因此 `geom_bar()` 和 `geom_bar(position = "stack")` 等价。
dplot + geom_bar()
dplot + geom_bar(position = "fill")
dplot + geom_bar(position = "dodge")
```

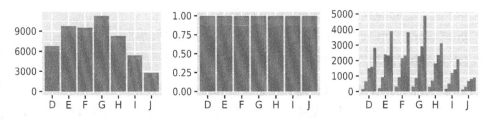

图 5.6: 位置调整的示例（参见第 293 页彩图 19）

也有一种位置调整什么也不做：position_identity()。同一位置的调整对于条形图来说并没有用，因为每个条形图隐藏了后面的条形图，但是有许多几何对象不需要调整，例如，线图：

```
dplot +
  geom_bar(position = "identity",
    alpha = 1 / 2, colour = "grey50")

ggplot(diamonds, aes(color, colour = cut)) +
  geom_line(aes(group = cut), stat = "count") +
  xlab(NULL) + ylab(NULL) +
  theme(legend.position = "none")
```

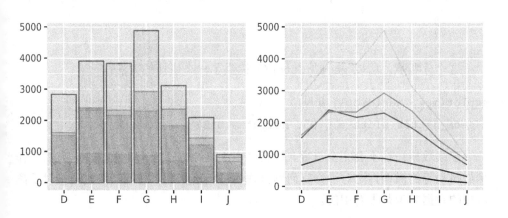

图 5.7: 无位置调整（参见第 293 页彩图 20）

三种位置调整对于点图来说特别有用：

- position_nudge()：按照固定的偏移来移动点。
- position_jitter()：在每个点上加一个小的随机扰动项。
- position_jitterdodge()：避开组内的点，然后添加少许随机扰动项。

需要注意的是，将参数传递到位置调整和统计变换及几何对象是不同的。与其在省略号中包含额外的参数不同的是，你可以创建一个位置调整对象，在调用时提供额外的参数：

```
ggplot(mpg, aes(displ, hwy)) +
  geom_point(position = "jitter")
ggplot(mpg, aes(displ, hwy)) +
  geom_point(position = position_jitter(width = 0.05, height = 0.5))
```

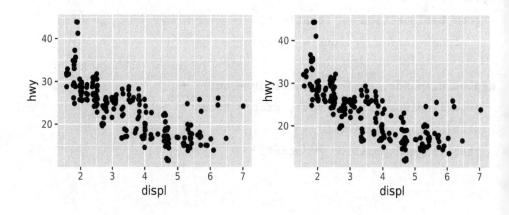

这十分啰嗦，所以 geom_jitter() 提供了一个快捷的方法：

```
ggplot(mpg, aes(displ, hwy)) +
  geom_jitter(width = 0.05, height = 0.5)
```

连续数据往往不会完全重叠，即使（由于高数据密度而）重叠，也只需要作例如抖动等的微调，这对于修复问题来说也是杯水车薪。为此，位置调整对于离散型的数据来说是很有用的。

5.7.1 练习题

1. 什么时候使用 position_nudge()？可以参考它的说明文档。

2. 许多位置调整仅在一些很小的几何对象中有用。例如,你不能将箱线图或误差条形图堆叠起来。为什么不可以呢?一个几何对象为了可以堆叠需要满足什么性质?必须拥有什么性质才可以是可躲避的(dodgeable)?
3. 为什么你可能使用 geom_jitter() 而不是 geom_count()?每个技术各自的优势和劣势是什么?
4. 什么时候会使用一个堆叠的面积图?相比线图来说,它的优势和劣势是什么?

第 6 章 标度、坐标轴和图例

6.1 简　介

标度（scale）控制着数据到图形属性的映射。标度将我们的数据转化为视觉上可以看到的东西：例如大小、颜色、位置或形状。标度也为我们提供了读图时所使用的工具：坐标轴和图例。更准确地说，每一种标度都是从数据空间的某个区域（标度的定义域）到图形属性空间的某个区域（标度的值域）的一个函数。坐标轴和图例互为逆函数：它允许你将可视化的属性映射回数据中。

即使不知道标度是如何工作的，你也可以画出很多图形，但是理解标度和学习如何控制它们将给你更多的控制权。标度工作原理的基础在 6.2 节调整标度中有详细描述。6.3 节指南部分讨论了控制坐标轴和图例的常见参数。图例是非常复杂的以至于有一个额外的选项集在 6.4 节图例中描述。6.5 节限度展示了如何使用限度既缩放到图中有趣的部分，又能保证多个图有匹配的图例和坐标轴。6.6 节标度工具箱给出了在 ggplot2 中不同标度的一个概述，这些标度可分为四部分：连续的位置标度、颜色标度、人工标度、同一型标度。

6.2　调整标度

在图上使用每个图形属性都需要使用标度。当你写上：

```
ggplot(mpg, aes(displ, hwy)) + geom_point(aes(colour = class))
```

实际发生的是这样的：

```
ggplot(mpg, aes(displ, hwy)) + geom_point(aes(colour = class)) +
  scale_x_continuous() +
```

```
scale_y_continuous() +
scale_colour_discrete()
```

默认的标度是根据图形属性的变量类型进行命名的：如 `scale_y_continuous()`，`scale_colour_discrete()`，等等。

每次在一个新的标度上加一个新的图形属性是很啰嗦的，因此 ggplot2 可以帮你做这些工作。但是，如果想修改默认值，你需要自己添加标度，像这样：

```
ggplot(mpg, aes(displ, hwy)) +
  geom_point(aes(colour = class)) +
  scale_x_continuous("A really awesome x axis label") +
  scale_y_continuous("An amazingly great y axis label")
```

使用 + 号来把标度"添加"到图中的设计容易引起误解。当你 + 上标度时，实际上并不是真的给图形增加了一个标度，而是覆盖了默认的标度。这意味着下面的两代码是等价的：

```
ggplot(mpg, aes(displ, hwy)) +
  geom_point() +
  scale_x_continuous("Label 1") +
  scale_x_continuous("Label 2")
#> Scale for 'x' is already present. Adding another scale for
#> 'x', which will replace the existing scale.

ggplot(mpg, aes(displ, hwy)) +
  geom_point() +
  scale_x_continuous("Label 2")
```

请注意：如果你在自己的代码中看到这个，你需要重新组织你的代码，从而仅仅添加单个标度。

你也可以一起使用不同的标度：

```
ggplot(mpg, aes(displ, hwy)) +
  geom_point(aes(colour = class)) +
  scale_x_sqrt() +
  scale_colour_brewer()
```

你可能已经画出了指定的标度，但是具体来说，它是由三个分离的"_"组成的。

1. scale。
2. 图形属性的名字（例如：colour、shape、x）。
3. 标度的名字（例如：continuous、discrete、brewer）。

6.2.1 练习题

1. 如果你将离散的变量配对到连续的标度上会发生什么？如果你将连续的变量配对到离散的标度上会发生什么？
2. 简化下面的图形设定，使他们变得更容易理解。

```
ggplot(mpg, aes(displ)) +
  scale_y_continuous("Highway mpg") +
  scale_x_continuous() +
  geom_point(aes(y = hwy))

ggplot(mpg, aes(y = displ, x = class)) +
  scale_y_continuous("Displacement (l)") +
  scale_x_discrete("Car type") +
  scale_x_discrete("Type of car") +
  scale_colour_discrete() +
  geom_point(aes(colour = drv)) +
  scale_colour_discrete("Drive\ntrain")
```

6.3 指南：图例和坐标轴

你可能最想调整的标度成分是 guide（"指南"），即与标度相关的坐标轴或图例。指南允许你从图形中读取观察值并映射回他们原始的值。在 ggplot2 中，你不用直接控制图例；你需要建立数据来替代，以便在数据和图形属性之间有清晰的映射，并且图例也会自动生成。当你第一次使用 ggplot2 的时候，这可能是令人沮丧的，但是一旦你掌握了要领，你将发现它很省时间，并且几乎是万能的。

如果你困惑于所用的图例,则很有可能是你的数据格式不对。阅读第 9 章数据整理来获取正确的格式。

你可能惊讶地发现,坐标轴和图例是同类型的东西。尽管它们看起来非常不同,但他们有很多天然的对应,正如下图 6.1 所示。

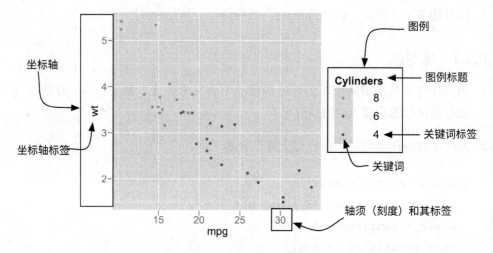

图 6.1: 坐标轴与图例的组件

坐标轴	图例	参数名称
标签	标题	`name`
刻度标线和网格线	关键字	`breaks`
刻度标记	关键字标签	`labels`

以下部分对 `name`、`breaks` 和 `labels` 有更详细的介绍。

6.3.1 标度标题

标度函数 `name` 的第一个参数是坐标轴或图例标题。内容可以是字符串(使用 \n 来断行)或在 `quote()` 中的数学表达式(使用?plotmath 有详细的描述):

```
df <- data.frame(x = 1:2, y = 1, z = "a")
p <- ggplot(df, aes(x, y)) + geom_point()
p + scale_x_continuous("X axis")
p + scale_x_continuous(quote(a + mathematical ^ expression))
```

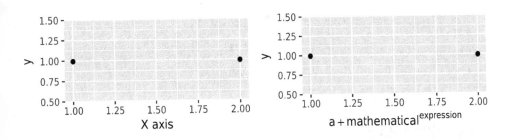

因为调整这些标签是一个很常见的任务，所以有三种方式可助你减少打字：xlab()、ylab() 和 labs()：

```
p <- ggplot(df, aes(x, y)) + geom_point(aes(colour = z))
p + xlab("X axis") + ylab("Y axis")
p + labs(x = "X axis", y = "Y axis", colour = "Colour\nlegend")
```

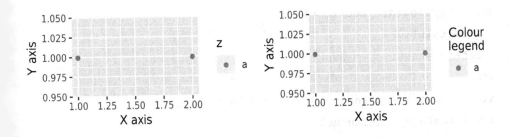

有两种方式来修改坐标轴标签。设置为"" 可忽略标签但是仍然为其分配空间；设置为 NULL 可移除标签和它的空间。仔细看下面两幅图的左边和底面边界。我在图周围画了一个灰色的矩阵来使得区别更加清晰。

```
p <- ggplot(df, aes(x, y)) +
  geom_point() +
  theme(plot.background = element_rect(colour = "grey50"))
```

```
p + labs(x = "",   y = "")
p + labs(x = NULL, y = NULL)
```

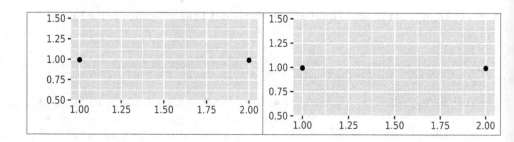

6.3.2 中断和标签

当刻度线在坐标轴并且关键字在图例上时，breaks（"中断"）参数控制着哪个值将会出现。每个中断有一个相关的标签，这些标签用 labels 参数控制。如果你设定 labels 参数，你也须设定 breaks 参数；否则，数据改变之后中断也将不再与标签一致。

下面的代码展示了关于坐标轴和图例的一些基本的例子。

```
df <- data.frame(x = c(1, 3, 5) * 1000, y = 1)
axs <- ggplot(df, aes(x, y)) +
  geom_point() +
  labs(x = NULL, y = NULL)
axs
axs + scale_x_continuous(breaks = c(2000, 4000))
axs + scale_x_continuous(
  breaks = c(2000, 4000), labels = c("2k", "4k"))
```

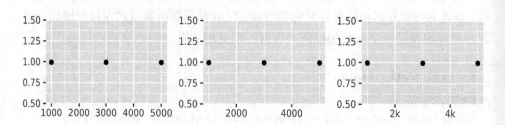

```
leg <- ggplot(df, aes(y, x, fill = x)) +
    geom_tile() + labs(x = NULL, y = NULL)
leg
leg + scale_fill_continuous(breaks = c(2000, 4000))
leg + scale_fill_continuous(
  breaks = c(2000, 4000), labels = c("2k", "4k"))
```

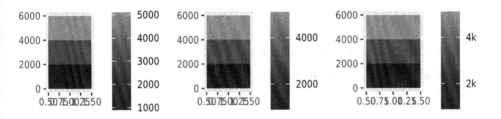

如果你想在分类标度上重新定义中断，你可以使用一个命名了的标签向量：

```
df2 <- data.frame(x = 1:3, y = c("a", "b", "c"))
ggplot(df2, aes(x, y)) + geom_point()
ggplot(df2, aes(x, y)) + geom_point() +
  scale_y_discrete(labels = c(a = "apple", b = "banana",
  c = "carrot"))
```

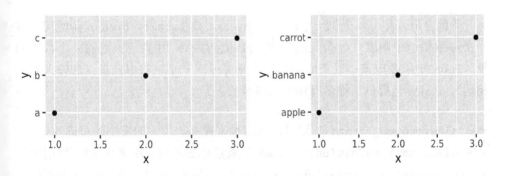

为了抑制中断（为了坐标轴或网格线）或标签，将它们设为 NULL：

```
axs + scale_x_continuous(breaks = NULL)
axs + scale_x_continuous(labels = NULL)
```

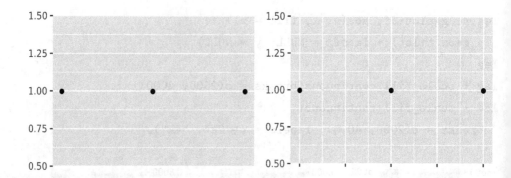

```
leg + scale_fill_continuous(breaks = NULL)
leg + scale_fill_continuous(labels = NULL)
```

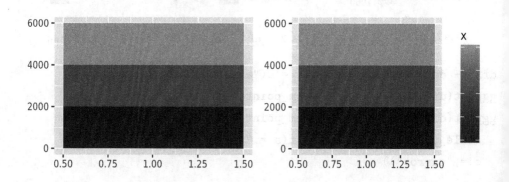

除此之外，你可以提供一个函数给 `breaks` 或 `labels`。`breaks` 函数应该有一个参数和一个限度（一个长度为 2 的数值向量），并且应该返回一个数值向量。`labels` 函数应该接受上面的数值向量并返回一个字符串向量（和输入长度相同）。scales 包提供了很多有用的标签函数：

- `scales::comma_format()` 通过添加逗号来提高比较大的数字的可读性。
- `scales::unit_format(unit, scale)` 通过添加单位后缀来优化缩放比例。
- `scales::dollar_format(prefix, suffix)` 展示当前值，四舍五入到两位小数并添加前缀或后缀。
- `scales::wrap_format()` 将长标签换到多行中。

查看 scales 包的说明文档可了解更多的细节。

```
axs + scale_y_continuous(labels = scales::percent_format())
axs + scale_y_continuous(labels = scales::dollar_format("$"))
leg + scale_fill_continuous(
  labels = scales::unit_format("k", 1e-3))
```

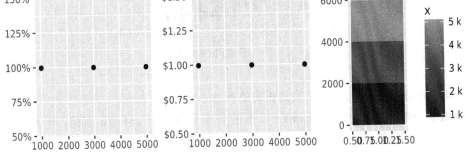

你可以通过提供位置的数值向量到 `minor_breaks` 参数来调整小的断行（在主要的网格线之间的微小的网格线）。这对于对数变换尤其有用：

```
df <- data.frame(x = c(2, 3, 5, 10, 200, 3000), y = 1)
ggplot(df, aes(x, y)) + geom_point() +
  scale_x_log10()

mb <- as.numeric(1:10 %o% 10 ^ (0:4))
ggplot(df, aes(x, y)) + geom_point() +
  scale_x_log10(minor_breaks = log10(mb))
```

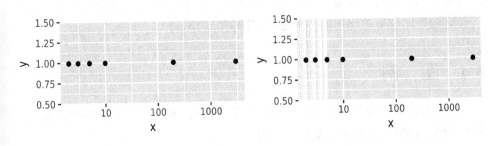

注意，`%o%` 能快速生成乘法表，并且，在使用转化标度时必须提供小的断行。

6.3.3 练习题

1. 再现下面的图形：

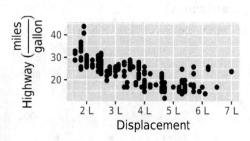

   调整 y 轴标签来把括号调整到正确的尺寸。
2. 列出三种不同的提供给 `breaks` 参数的对象类型，和 `labels` 有何不一样？
3. 再现下面的图形：

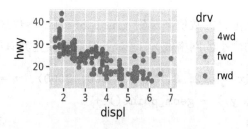

图 6.2: 练习题 3：使用了标度的图形（参见第 294 页彩图 21）

4. 什么标签函数允许你创建数学表达式？什么标签函数将 1 转为第一（1st），2 转为第二（2nd），等等？
5. 既能应用到坐标轴又能应用到图例中的三个最重要的参数是什么？它们是做什么的？比较后对比他们在坐标轴和图例上的不同。

6.4 图例

尽管大多数重要的参数坐标轴和图例是共享的，但是有一些额外的设置仅适用于图例。图例比坐标轴更复杂，因为：

1. 一个图例能从多个图层中展示多个图形属性（例如：颜色和形状），并且在不同层的不同几何对象的图例也不同。

2. 坐标轴总是看起来在相同的位置。图例可以出现在不同的位置，因此你需要一些全局的方式来控制它们。
3. 图例有相当多的细节可用作微调：它们应该垂直或水平展示么？有多少列？关键字应该有多大？

下面章节描述控制这些交互操作的选项。

6.4.1 图层和图例

一个图例需要从多个图层中画出符号。例如，如果你将颜色既映射到点上又映射到线上的话，关键字既展示点又展示线。如果你映射到填充颜色上，你会得到一个矩形。在这种情况下下列图形的图例就会有所不同：

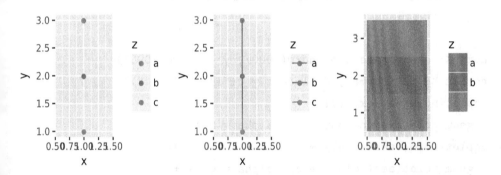

图 6.3: 不同的映射生成的图例（参见第 294 页彩图 22）

默认情况下，如果相应的图形属性被 `aes()` 映射到一个向量的话，图像将会仅仅展现这个图层。你可以使用 `show.legend` 来修改是否显示图层：`FALSE` 避免图例中的图层展示出来；`TRUE` 则强制一个图层无论在什么情况下都显示出来。以下技巧结合 `TRUE` 能有效地突出数据点的展示。

```
ggplot(df, aes(y, y)) +
  geom_point(size = 4, colour = "grey20") +
  geom_point(aes(colour = z), size = 2)
ggplot(df, aes(y, y)) +
  geom_point(size = 4, colour = "grey20", show.legend = TRUE) +
  geom_point(aes(colour = z), size = 2)
```

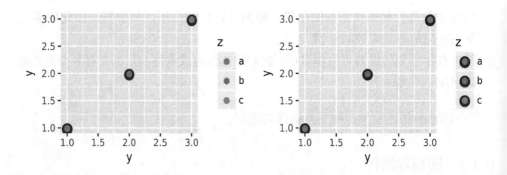

有时你想要图例和图形中的几何对象有所不同。如果你使用了透明度或大小来区分重合了的部分，并且在图形中添加了颜色，那么这种区分几何对象的做法特别有用。可以使用 `guide_legend()` 函数的 `override.aes` 参数。下面你会学习更多相关知识。

```
norm <- data.frame(x = rnorm(1000), y = rnorm(1000))
norm$z <- cut(norm$x, 3, labels = c("a", "b", "c"))
ggplot(norm, aes(x, y)) +
  geom_point(aes(colour = z), alpha = 0.1)
ggplot(norm, aes(x, y)) +
  geom_point(aes(colour = z), alpha = 0.1) +
  guides(colour =
    guide_legend(override.aes = list(alpha = 1)))
```

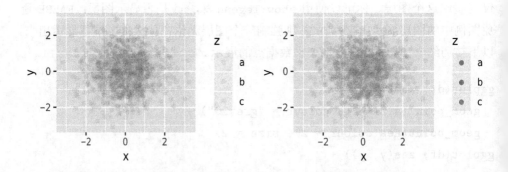

图 6.4: 使用透明度和 `guide_legend()` (参见第 295 页彩图 23)

ggplot2 试着使用最少的图例来准确地表达图中使用的图形属性。它通过将相同的变量映射到不同的几何属性中来组合图例。下图展示了这些点是如何工作的：如果颜色和形状被映射到相同的变量中，那么仅仅用一个图例就够了。

```
ggplot(df, aes(x, y)) +
    geom_point(aes(colour = z))
ggplot(df, aes(x, y)) +
    geom_point(aes(shape = z))
ggplot(df, aes(x, y)) +
    geom_point(aes(shape = z, colour = z))
```

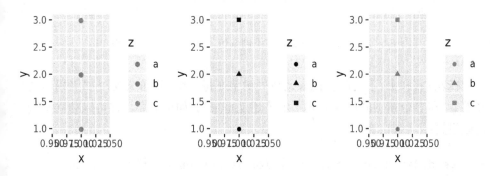

图 6.5: 图例合并（参见第 295 页彩图 24）

为了图例的合并，它们必须有相同的 name（"名字"）。因此如果你改变了其中的一个标度的名字，也需要改变他们所有的名字。

6.4.2 图例布局

影响图例展示的很多设置由主题系统（theme system）所控制。你将在主题中了解更多，但是现在你只需要知道，可以使用 theme() 函数来调整这些主题设定。

图例的位置和对齐方式的调整被主题设定参数 legend.position 控制，它可以取值为 right、left、top、bottom、none（无图例）。

```
df <- data.frame(x = 1:3, y = 1:3, z = c("a", "b", "c"))
base <- ggplot(df, aes(x, y)) +
```

```
  geom_point(aes(colour = z), size = 3) +
  xlab(NULL) + ylab(NULL)
base + theme(legend.position = "right")  # 默认
base + theme(legend.position = "bottom")
base + theme(legend.position = "none")
```

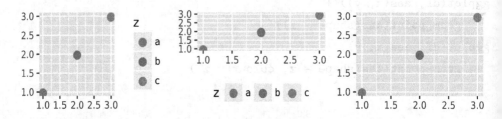

图 6.6: `legend.position` 的不同取值（参见第 295 页彩图 25）

在左/右和上/下之间转化来调整关键字在每个图例中的展示方式（横着还是竖着），和多个图例的堆叠方式（水平还是垂直）。如果需要，你可以独立地调整这些设置：

- `legend.direction`: 图例中条目的布局（"horizontal"（横）或 "vertical"（竖））。
- `legend.box`: 多个图例的安排（"horizontal"（横）或 "vertical"（竖））。
- `legend.box.just`: 当有多个图例时，整个区间内的每个图例的对齐方式（"top"、"bottom"、"left"、"right"）。

另外，如果在图中有很大的空白空间，可以将图例放到图的里面。把 `legend.position` 参数设为一个长度为 2 的数值向量来达成此目标。这个数值代表在面板区域中的相对位置：c(0, 1) 表示左上角，c(1, 0) 表示右下角。你可以参阅和 `legend.position` 及 `legend.justification` 相同的方式来控制图例的位置。不幸的是，准确的定位图例需要经过大量的测试，并经历错误。

```
base <- ggplot(df, aes(x, y)) +
  geom_point(aes(colour = z), size = 3)

base + theme(
  legend.position = c(0, 1),
```

```
  legend.justification = c(0, 1))
base + theme(
  legend.position = c(0.5, 0.5),
  legend.justification = c(0.5, 0.5))
base + theme(
  legend.position = c(1, 0),
  legend.justification = c(1, 0))
```

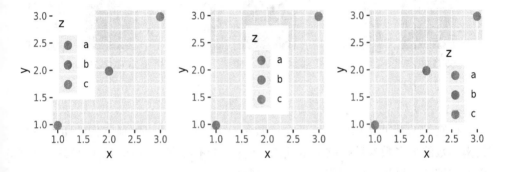

图例也有一个边距,你可以使用 `legend.margin = unit(0, "mm")` 来加以控制。

6.4.3 指南函数

指南函数 `guide_colourbar()` 和 `guide_legend()` 在图例的精微细节上提供了额外的控制。图例指南可被任意的(离散的或连续的)图形属性使用,而颜色条指南则只能结合连续的颜色标度使用。

你可以使用相应标度函数的 `guide` 参数来修改默认的指南,或更方便地,使用 `guides()` 帮助函数。`guides()` 的工作原理类似 `labs()`:你可以修改与每个几何属性对应的默认的指南。

```
df <- data.frame(x = 1, y = 1:3, z = 1:3)
base <- ggplot(df, aes(x, y)) +
    geom_raster(aes(fill = z))
base
base +
```

```
    scale_fill_continuous(guide = guide_legend())
base +
    guides(fill = guide_legend())
```

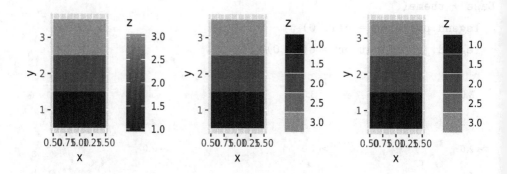

在它们的帮助文档中，这两个函数都有大量的例子来解释它们的所有参数。指南函数的大多数参数控制文本颜色、尺寸、字体等细节。你将在主题这章了解更多的细节。这里我将聚焦于最重要的参数。

6.4.3.1 guide_legend()

图例指南展示了在图表中个性化的标签。最有用的设置是：

- nrow 或 ncol 指定图表的维度。byrow 控制着如何填充表格：FALSE 表示按列填充（默认设置），TRUE 是按行填充。

```
df <- data.frame(x = 1, y = 1:4, z = letters[1:4])

p <- ggplot(df, aes(x, y)) + geom_raster(aes(fill = z))
p     # 基本图像
p +
    guides(fill = guide_legend(ncol = 2))
p +
    guides(fill = guide_legend(ncol = 2, byrow = TRUE))
```

第 6 章 标度、坐标轴和图例

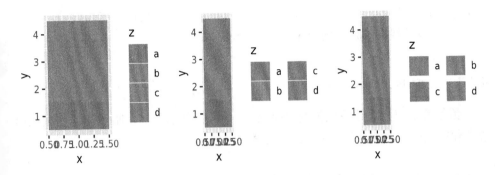

图 6.7: 指定图表维度（参见第 295 页彩图 26）

- `reverse` 将关键字的顺序反过来。这在当你有堆叠的条形图时尤其有用，因为默认的堆叠和图例顺序是不同的：

```
p <- ggplot(df, aes(1, y)) +
  geom_bar(stat = "identity", aes(fill = z))
p
p + guides(fill = guide_legend(reverse = TRUE))
```

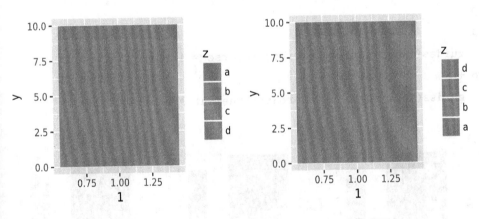

图 6.8: `reverse` 将关键字的顺序反过来（参见第 296 页彩图 27）

- `override.aes` 修改来自每层的某些图形属性设置。如果你想让图例中的元素放在显眼的位置，它将是很有用的。在图层和图例中有详细的讨论。

- `keywidth` 和 `keyheight`（和 `default.unit` 一起）允许你指定关键字的大小。这些是网格单元，例如 `unit(1, "cm")`。

6.4.3.2 guide_colourbar

颜色条指南为连续的颜色变化而设计 —— 正如它的名字暗示的，当颜色梯度变化时它输出一个矩形。最重要的参数是：

- `barwidth` 和 `barheight`（与 `default.unit` 一起）允许你指定条形的大小。这些是条形单元，例如 `unit(1, "cm")`。
- `nbin` 控制切片的数量。如果你画一个十分长的条形图时，默认值为 20，你可能想增加它。
- `reverse` 将颜色条的最小值放在最顶端。

这些操作在下面附有解释：

```
df <- data.frame(x = 1, y = 1:4, z = 4:1)
p <- ggplot(df, aes(x, y)) + geom_tile(aes(fill = z))

p
p +
  guides(fill = guide_colorbar(reverse = TRUE))
p +
  guides(fill = guide_colorbar(barheight = unit(4, "cm")))
```

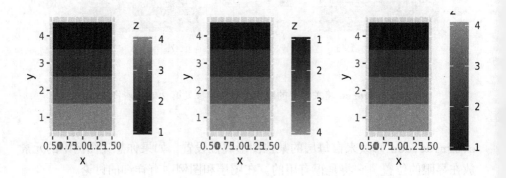

第 6 章 标度、坐标轴和图例

6.4.4 练习题

1. 如何将图例放在图形的左边？

2. 下面的图有何错误？如何修改？

```
ggplot(mpg, aes(displ, hwy)) +
  geom_point(aes(colour = drv, shape = drv)) +
  scale_colour_discrete("Drive train")
```

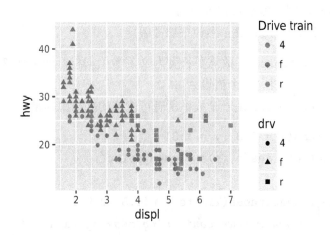

图 6.9: 错误的图形（参见第 296 页彩图 28）

3. 你可以再现下面这幅图的代码么？

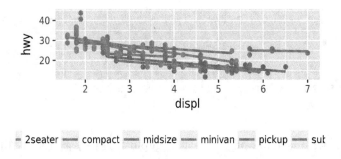

图 6.10: 尝试复现的图形（参见第 296 页彩图 29）

6.5 限度

一个标度的限度（limits）或值域通常来源于数据的范围。有两个理由让你去指定限度而不是依赖于数据：

1. 你想让限度比数据的范围更小，从而集中于图形的有趣部分。
2. 你想让限度的范围比数据的范围更大，因为你想用多个图来相配。

很自然地，可以想到位置标度的局限性：它们直接映射到坐标轴上。但是限度也可应用到有图例的标度上，像颜色、尺寸和形状。如果你想要颜色与你文章中的多个图相配，则限度是特别重要的。

你可以使用标度的 `limits` 参数来修改限度：

- 对于连续标度，`limits` 参数需要长度为 2 的数值向量。如果你仅仅想设置上限或下限值，可以将另一个值设为 `NA`。
- 对于离散标度，`limits` 是一个枚举所有可能值的字符串向量。

```
df <- data.frame(x = 1:3, y = 1:3)
base <- ggplot(df, aes(x, y)) + geom_point()
base
base + scale_x_continuous(limits = c(1.5, 2.5))
#> Warning: Removed 2 rows containing missing values (geom_point).
base + scale_x_continuous(limits = c(0, 4))
```

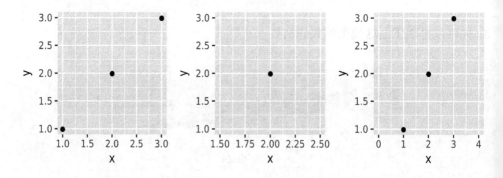

因为更改限度是很常见的一个工作，ggplot2 提供了简化此工作的辅助函数：`xlim()`、`ylim()`、`lims()`。这些函数检查它们的输入，然后创建相应的标度，如下所示：

- `xlim(10, 20)`：从 10 到 20 的连续标度。
- `ylim(20, 10)`：从 20 到 10 的反向连续标度。
- `xlim("a", "b", "c")`：离散标度。
- `xlim(as.Date(c("2008-05-01", "2008-08-01")))`：从 2008 年 5 月 1 日至 2008 年 8 月 1 日的日期标度。

```
base + xlim(0, 4)
base + xlim(4, 0)
base + lims(x = c(0, 4))
```

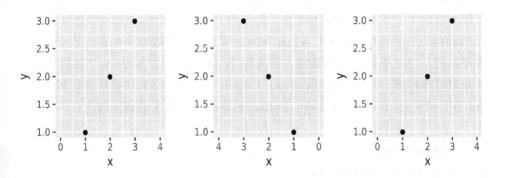

如果你有敏锐的眼睛，你将发现坐标轴的范围实际上比你指定的要延长了一点。这保证了数据不会覆盖坐标轴。设置 `expand = c(0, 0)` 可以释放此空间。这与 `geom_raster()` 联合使用时是很有用的：

```
ggplot(faithfuld, aes(waiting, eruptions)) +
  geom_raster(aes(fill = density)) +
  theme(legend.position = "none")
ggplot(faithfuld, aes(waiting, eruptions)) +
  geom_raster(aes(fill = density)) +
  scale_x_continuous(expand = c(0,0)) +
  scale_y_continuous(expand = c(0,0)) +
  theme(legend.position = "none")
```

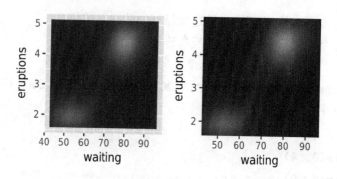

图 6.11: 使用 expand 释放空间（参见第 297 页彩图 30）

默认情况下，在限度外面的任意数据都会被转化为 NA。这意味着设置限度与把图像放大到某一区域是不同的。为了得到相同的效果，你需要使用 `coord_cartesian()` 函数的 `xlim` 和 `ylim` 参数，详见 7.4 节线性坐标系。这个是纯放大视觉的，并且不影响基础数据。你可以用 oob（out of bounds，"超越边界"）参数来修改标度。默认的是 `scales::censor()`，它用 NA 代替任意超越限度的值。另一个选项是 `scales::squish()`，它将所有数据压缩到区间内：

```
df <- data.frame(x = 1:5)
p <- ggplot(df, aes(x, 1)) +
  geom_tile(aes(fill = x), colour = "white")
p
p + scale_fill_gradient(limits = c(2, 4))
p + scale_fill_gradient(limits = c(2, 4), oob = scales::squish)
```

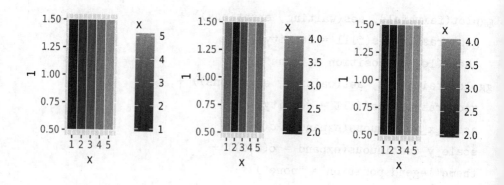

6.5.1 练习题

1. 下面的代码创建了 mpg 数据集的两个图形。在不使用分面的情况下，调整代码以使得图例和坐标轴相对应！

```
fwd <- subset(mpg, drv == "f")
rwd <- subset(mpg, drv == "r")

ggplot(fwd, aes(displ, hwy, colour = class)) + geom_point()
ggplot(rwd, aes(displ, hwy, colour = class)) + geom_point()
```

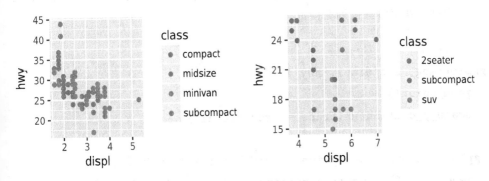

图 6.12: 不用分面调整图形（参见第 297 页彩图 31）

2. `expand_limits()` 是做什么的？它是如何工作的？阅读相关的源代码。

3. 如果你在同一个图形中调用两次 `xlim()`，会发生什么？为什么？

4. `scale_x_continuous(limits = c(NA, NA))` 是做什么的？

6.6 标度工具箱

和调整默认的标度一样，你也可以用新的标度完全地覆盖它们。标度可以被严格地分为四组：

- 连续位置标度，用来映射整数、数值、日期/时间输入到 x 轴和 y 轴。
- 颜色标度，用来映射连续数据和离散数据到颜色上。

- 人工标度，用来映射离散数据到所选的尺寸、线型或颜色中。
- 同一型标度，用来绘制变量但不对它们进行放缩。如果你的数据已经是颜色名向量的话，这会是有用的。

下面的章节会详细介绍这些标度。

6.6.1 连续位置标度

每幅图都有两个位置标度，x 和 y。最常见的连续位置标度是 `scale_x_continuous()` 和 `scale_y_continuous()`，它们线性地将数据映射到 x 和 y 轴。变换之后，我们得到最有意思的衍生效果。所有连续标度都需要一个 `trans` 参数，从而可以使用一系列变换：

```
# 从燃料经济转为燃料消费
ggplot(mpg, aes(displ, hwy)) +
  geom_point() +
  scale_y_continuous(trans = "reciprocal")

ggplot(diamonds, aes(price, carat)) + # x 和 y 轴进行对数变换
  geom_bin2d() + scale_x_continuous(trans = "log10") +
  scale_y_continuous(trans = "log10")
```

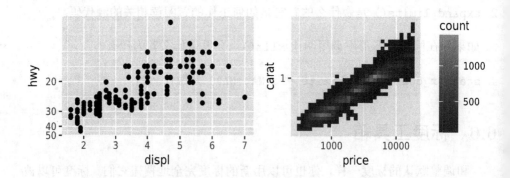

这种转换通过一种"变换器（transformer）"来实现，它描述变换本身和它的逆，以及绘制标签的方式。下表列出了较为常用的变换器：

名称	变换函数 $f(x)$	逆变换函数 $f^{-1}(y)$
asn	$\tanh^{-1}(x)$	$\tanh(y)$
exp	e^x	$\log(y)$
identity	x	y
log	$\log(x)$	e^y
log10	$\log_{10}(x)$	10^y
log2	$\log_2(x)$	2^y
logit	$\log(\frac{x}{1-x})$	$\frac{1}{1+e(y)}$
pow10	10^x	$\log_{10}(y)$
probit	$\Phi(x)$	$\Phi^{-1}(y)$
reciprocal	x^{-1}	y^{-1}
reverse	$-x$	$-y$
sqrt	$x^{1/2}$	y^2

一些常见的变换有简写：`scale_x_log10()`、`scale_x_sqrt()`、`scale_x_reverse()`（y 与之很类似）。

当然，你可以自行施行变换。举例来说，我们可以直接绘制 `log10(x)`，而不使用 `scale_x_log10()`。这两种做法将在绘图区域生成完全相同的结果，但坐标轴和刻度标签却是不同的。如果你使用变换后的标度，坐标轴将依原始的数据空间进行标注；如果你变换了数据，坐标轴将依变换后的数据空间进行标注。

在这两种情况下，变换均在计算统计摘要之前发生。若要在计算统计摘要之后实行变换，可以使用 `coord_trans()`。参看线性坐标系了解更多细节。

日期和时间值基本上属于连续型，但在标注坐标轴时有着特殊的处理方式。ggplot2 支持属于 `Date` 类的日期值和属于 `POSIXct` 类的日期时间值：如果你的日期时间值是其他格式的，则需使用 `as.Date()` 或 `as.POSIXct()` 对其进行转换。`scale_x_date()` 与 `scale_x_datetime()` 的工作原理和 `scale_x_continuous()` 相似，但是有特殊的 `date_breaks` 和 `date_labels` 参数来控制与日期相关的单位：

- `date_breaks` 和 `date_minor_breaks()` 允许你通过时间单元单位（年、月、星期、天、小时、分钟、秒）使用位置中断。例如，`date_breaks = "2 weeks"` 在每两周之间放置一个刻度线标记。

- date_labels 使用与 strptime() 和 format() 中相同的格式化字符串来控制标签的展示方式：

编码	含义
%S	秒（00–59）
%M	分钟（00–59）
%l	小时，12 小时制（1–12）
%I	小时，12 小时制（01–12）
%p	上午/下午
%H	小时，24 小时制（00–23）
%a	缩写的周几（Mon–Sun）
%A	全称的周几（Monday–Sunday）
%e	某月中的某天（1–31）
%d	某月中的某天（01–31）
%m	以数值表示的月份（01–12）
%b	缩写的月份（Jan–Dec）
%B	全称的月份（January–December）
%y	不含世纪的年份（00–99）
%Y	含世纪的年份（0000–9999）

例如，如果你想展示像 14/10/1979 这样的日期，可用 "%d/%m/%Y" 字符串。

下面的代码揭示了它们中的一些参数。

```
base <- ggplot(economics, aes(date, psavert)) +
  geom_line(na.rm = TRUE) +
  labs(x = NULL, y = NULL)
base # 默认中断和标签
base +
  scale_x_date(date_labels = "%y", date_breaks = "5 years")
```

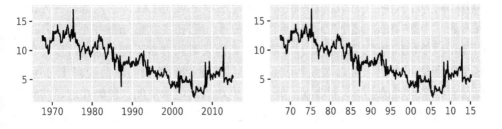

```
base +
  scale_x_date(
    limits = as.Date(c("2004-01-01", "2005-01-01")),
    date_labels = "%b %y", date_minor_breaks = "1 month")
base +
  scale_x_date(limits = as.Date(c("2004-01-01", "2004-06-01")),
    date_labels = "%m/%d", date_minor_breaks = "2 weeks")
```

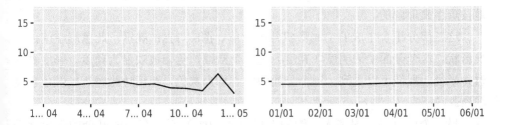

6.6.2 颜色标度

除了位置标度以外,最常用的图形属性可能就是颜色了。有相当多的方法用来将数值映射为颜色:对连续型值有四种基于渐变的方法,对离散型值有两种方法。但在我们研究每种方法的细节之前,先了解一点儿色彩学理论是很有帮助的。正因为人眼和大脑的底层生理学原理比较复杂,所以色彩学也较为复杂,下面的简介将着重强调那些相对重要的问题。一份更详细的优秀说明可以在 http://tinyurl.com/clrdtls 中找到。

在物理层面,颜色是由不同波长的光混合而产生的。要完全了解一种颜色,我们需要了解全部的波长混合情况。但幸运的是,我们人类的眼球只有三种不同的颜色感受器,于是我们就可以仅用三个数字来表示任意颜色。你可能对于使用

RGB 编码的色彩空间已经很熟悉了,这种色彩空间使用红、绿、蓝三种光的光强来表示一种颜色。这个空间的一个问题在于,它在视觉感知上并不均匀:两种间隔一个单位的颜色可能看上去非常相似,但又可能非常不同,这取决于它们在这个色彩空间中的位置。这使得创建从连续变量到颜色集的映射变得十分困难。现已有很多这类的尝试,试图提出感知上更均匀的色彩空间。我们在这里将使用一种名为 HCL 色彩空间的现代方案,它由三部分构成,分别是色相(hue)、彩度(chroma)和明度(luminance):

- 色相(hue)是一个 0 和 360 之间的(角度)值,它将一种色彩赋以"颜色"属性,如蓝、红、橙等。
- 彩度(chroma)指色彩的纯度。彩度为 0 是灰色,彩度的最大值随明度的变化而不同。
- 明度(luminance)指颜色的明暗程度。明度的高低,要看其接近白色或黑色的程度而定。明度为 0 为黑,明度为 1 为白。

色相不是按顺序排列的:例如,绿色不会比红色看起来更"大"。彩度和明度是按顺序来理解的。

这三部分组合生成的空间形状并不简单。图6.13尝试展示了此色彩空间的三维形状。每个分面中的明度(亮度)是一个常数,色相被映射为角度,彩度被映射为半径。我们可以看到,每个分面的中心均为灰色,距离边缘越近,颜色也越浓烈。

另一个问题是,很多人(约为人群中的 10%)不具有功能健全的颜色感受器,因而只能分辨出相对更少的颜色。简而言之,最好避免使用红-绿对比,并且要使用可以模拟色盲情景的系统来检查你的图形。Visicheck 就是一种在线解决方案。另外一种选择是使用 **dichromat** 包 (Lumley,2007),它提供了模拟色盲情景的工具,并且自带了若干套已知对色盲人士亦可正常工作的配色方案。同样地,你还可以像帮助色盲人士一样帮助只拥有黑白打印机的人们:提供到其他图形属性(如大小、线条类型或形状)的冗余映射。

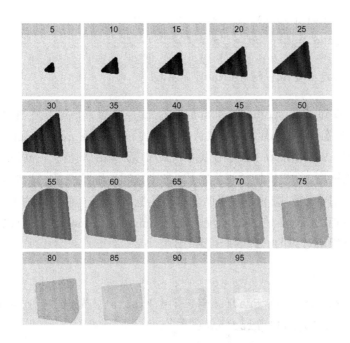

图 6.13: 彩图 HCL 色彩空间的形状。色相被映射为角度,彩度被映射为半径,每个分面各自表示一种明度。HCL 色彩空间的形状比较奇异,但我们也能够看出每个分面的中心为灰色,随着向边缘移动,颜色变得愈加浓烈。明度为 0 和 100 的切片已被省略,因为它们分别是一个黑点和一个白点。(参见第 298 页彩图 32)

6.6.2.1 连续型

颜色渐变通常用于展示二维表面的高度。在下面的例子中我们将使用 `faithful` 数据集 (Azzalini 和 Bowman, 1990) 中的二维密度估计,它记录了在黄石公园 (Yellowstone Park) 中老忠实喷泉 (Old Faithful geyser) 每次喷发之间的等待时间。我隐藏了图例并把 expand 设为 0,来聚焦于数据的展示。需要注意的是我将用填充的色块来表示这些标度,但是你也可以用带颜色的线和点来使用它们。

```
erupt <- ggplot(faithfuld, aes(waiting, eruptions,
  fill = density)) + geom_raster() +
  scale_x_continuous(NULL, expand = c(0, 0)) +
```

```
scale_y_continuous(NULL, expand = c(0, 0)) +
theme(legend.position = "none")
```

共有四类连续型颜色梯度（即渐变色）：

- `scale_colour_gradient()` 和 `scale_fill_gradient()`：双色梯度，从低到高（浅蓝到深蓝）。这是连续颜色默认的标度，和 `scale_colour_continuous()` 是一样的。参数 `low` 和 `high` 用以控制此梯度两端的颜色。 一般来说，对于连续的颜色标度，你想保持色相为常数，彩度和明度则是变量。蒙赛尔（Munsell）色彩系统对于这种情况是有帮助的，因为它提供了一种简单的方式来指定基于它们色相的颜色、彩度和明度。使用 `munsell::hue_slice("5Y")` 来查看给定的色相所对应的合理的彩度和明度。

```
erupt
erupt + scale_fill_gradient(low = "white", high = "black")
erupt + scale_fill_gradient(
  low = munsell::mnsl("5G 9/2"),
  high = munsell::mnsl("5G 6/8"))
```

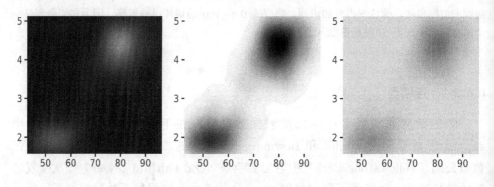

图 6.14: 双色梯度（参见第 297 页彩图 33）

- `scale_colour_gradient2()` 和 `scale_fill_gradient2()`：三色梯度。顺序为低-中-高（红-白-蓝）。参数 `low` 和 `high` 的作用同上，这两种标度还在中点处拥有一个中间色（`mid`）。中点的默认值为 0，但也可使用参数 `midpoint` 将其设置为任意值。 对这个数据集来说，尽管我们人为地使用这套颜色标度，但是我们可以通过使用密度的中位数作为中间色来强制设定。值得注意的是，蓝色比红色更加敏感（你将仅会看到一个淡粉色的图片）。

```
mid <- median(faithfuld$density)
erupt +
    scale_fill_gradient2(midpoint = mid)
```

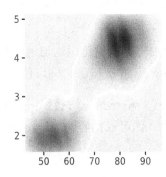

图 6.15: 三色梯度（参见第 298 页彩图 34）

- scale_colour_gradientn() 和 scale_fill_gradientn()：自定义的 n 色梯度。这在颜色能够代表数据的特征时很有用（例如，某个黑体颜色和标准的地形颜色），或者你也可以直接使用另外一些包产生的调色板。下面的代码使用了 **colorspace** 包产生的调色板。Zeileis, Hornik, 和 Murrell (2008) 描述了这些调色板背后的哲学，并介绍了创建优秀颜色标度的复杂性。

```
erupt +
    scale_fill_gradientn(colours = terrain.colors(7))
erupt +
  scale_fill_gradientn(colours = colorspace::heat_hcl(7))
erupt +
  scale_fill_gradientn(colours = colorspace::diverge_hcl(7))
```

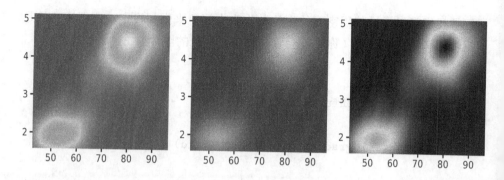

图 6.16: 自定义 n 色梯度（参见第 299 页彩图 35）

默认情况下，colours 会沿着数据的范围均匀地分布在数据上。为了让它们不均匀地分布，参数 values 应在 0 和 1 之间取值。

- `scale_color_distiller()` 和 `scale_fill_gradient()` 应用 ColorBrewer 颜色标度到连续的数据中。你可以按照与 `scale_fill_brewer()` 相同的方式使用它，描述如下：

```
erupt + scale_fill_distiller()
erupt + scale_fill_distiller(palette = "RdPu")
erupt + scale_fill_distiller(palette = "YlOrBr")
```

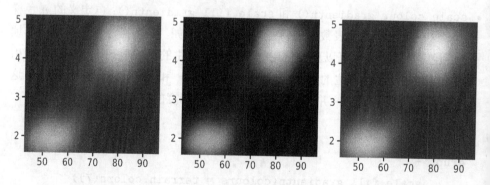

图 6.17: 应用 `scale_fill_distiller()`（参见第 299 页彩图 36）

所有的连续颜色标度有一个 `na.value` 参数来控制什么颜色用于缺失值（包括在标度范围之外的值）。默认情况下，把它设置为灰色，当设置为一个五彩的颜色时它会变得很显眼。如果你使用一个黑色和白色标度，你可能想把它设为其他值以使它看起来更明显。

```
df <- data.frame(x = 1, y = 1:5, z = c(1, 3, 2, NA, 5))
p <- ggplot(df, aes(x, y)) + geom_tile(aes(fill = z), size = 5)
p
# 让缺失值颜色不可见
p + scale_fill_gradient(na.value = NA)
# 在黑色和白色标度上定制
p + scale_fill_gradient(
  low = "black", high = "white", na.value = "red")
```

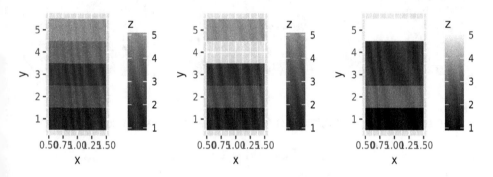

图 6.18: 设定缺失值的颜色（参见第 299 页彩图 37）

6.6.2.2 离散型

有四种颜色标度可用于离散数据。我们用一个条形图来解释它们，条形图把位置和填充的信息一起编码到同一个变量：

```
df <- data.frame(x = c("a", "b", "c", "d"), y = c(3, 4, 1, 2))
bars <- ggplot(df, aes(x, y, fill = x)) +
  geom_bar(stat = "identity") +
  labs(x = NULL, y = NULL) +
  theme(legend.position = "none")
```

- 默认的配色方案，scale_colour_hue()，可以通过沿着 HCL 色轮选取均匀分布的色相来生成颜色。这种方案选取八种或以下颜色效果比较好，但是八种以上对于颜色就很难区分开了。你可以使用 h、c 和 l 参数控制默认的彩度和明度，以及色相的范围：

```
bars
bars + scale_fill_hue(c = 40)
bars + scale_fill_hue(h = c(180, 300))
```

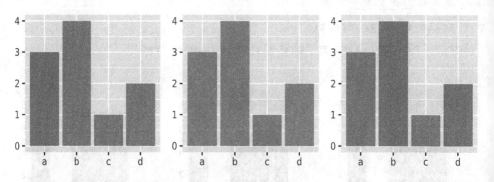

图 6.19: 沿着 HCL 色轮选取均匀分布的色相来生成颜色（参见第 300 页彩图 38）

默认配色的另外一个缺点是，由于所有颜色都拥有相同的明度和彩度，所以当我们进行黑白打印时，它们就会成为几近相同的灰影。

- `scale_colour_brewer()` 使用精选的 "ColorBrewer" 配色，详情可见 http://colorbrewer2.org/。尽管它更专注于地图，这些手工甄选的颜色可在很多情境下良好地运作，因此它们在展示较大的面积时表现更佳。对于类别型数据中的点而言，我们最感兴趣的调色板是 "Set1" 和 "Dark2"，对面积而言则是 "Set2"、"Pastel1"、"Pastel2" 和 "Accent"。`RColorBrewer::display.brewer.all()` 可列出所有的调色板。

```
bars + scale_fill_brewer(palette = "Set1")
bars + scale_fill_brewer(palette = "Set2")
bars + scale_fill_brewer(palette = "Accent")
```

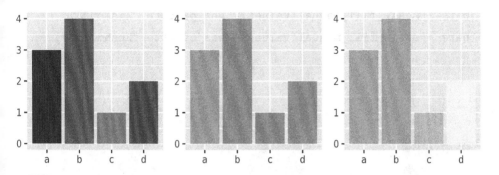

图 6.20: 使用精选的"ColorBrewer"配色（参见第 300 页彩图 39）

- `scale_colour_grey()` 将离散数据映射到灰度中，从浅到深。

```
bars + scale_fill_grey()
bars + scale_fill_grey(start = 0.5, end = 1)
bars + scale_fill_grey(start = 0, end = 0.5)
```

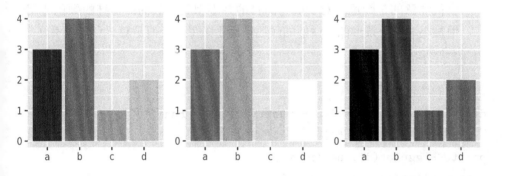

- 如果要用自制的离散型颜色标度，`scale_colour_manual()` 是一个不错的选择。下面的例子展示了在 wesanderson 包 https://github.com/karthik/wesanderson 中色彩系统是如何受威尔士安德森（Wes Anderson）的电影启发的。它们不是为了感知均匀性而这么设计，而仅仅是为了有意思！

```
library(wesanderson)
bars +
  scale_fill_manual(values = wes_palette("GrandBudapest"))
```

```
bars + scale_fill_manual(values = wes_palette("Zissou"))
bars + scale_fill_manual(values = wes_palette("Rushmore"))
```

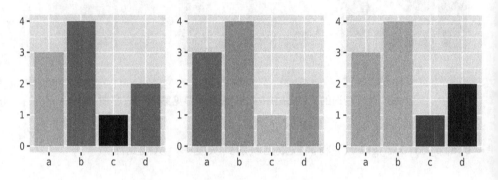

图 6.21: 使用自制的离散型颜色标度（参见第 300 页彩图 40）

值得注意的是颜色集对于所有的目的并不都是一致的：明亮的颜色适用于点，但是不适用于条形图。微妙的颜色适用于条形图，但是对于点却很不好：

```
# 明亮的颜色适用于点
df <- data.frame(x = 1:3 + runif(30), y = runif(30),
  z = c("a", "b", "c"))
point <- ggplot(df, aes(x, y)) +
  geom_point(aes(colour = z)) +
  theme(legend.position = "none") +
  labs(x = NULL, y = NULL)
point +
  scale_colour_brewer(palette = "Set1")
point +
  scale_colour_brewer(palette = "Set2")
point +
  scale_colour_brewer(palette = "Pastel1")
```

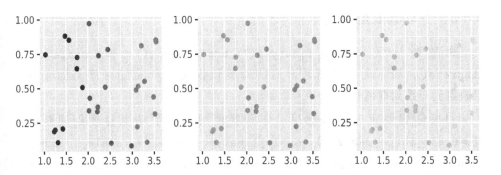

图 6.22: 明亮的颜色（参见第 301 页彩图 41）

```
# 微妙的颜色更适用于区域
df <- data.frame(x = 1:3, y = 3:1, z = c("a", "b", "c"))
area <- ggplot(df, aes(x, y)) +
  geom_bar(aes(fill = z), stat = "identity") +
  theme(legend.position = "none") +
  labs(x = NULL, y = NULL)
area +
  scale_fill_brewer(palette = "Set1")
area +
  scale_fill_brewer(palette = "Set2")
area +
  scale_fill_brewer(palette = "Pastel1")
```

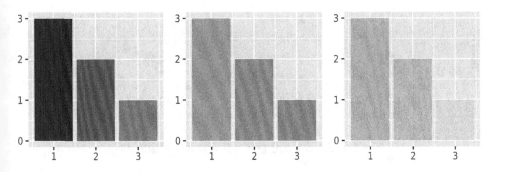

图 6.23: 微妙的颜色（参见第 301 页彩图 42）

6.6.3 手动离散型标度

离散型标度 scale_linetype()、scale_shape() 和 scale_size_discrete() 基本上没有选项。这些标度仅仅是按一定的顺序将因子的水平映射到一系列取值中。

如果你想要定制这些标度，你需要使用以下手动型标度创建新的标度：scale_shape_manual()、scale_linetype_manual()、scale_colour_manual()。手动型标度拥有一个重要参数 values，你可以使用它来指定这个标度应该生成的值。如果这个向量中的元素是有名称的，则它将自动匹配输入和输出的值，否则它将按照离散型变量中水平的先后次序进行匹配。你需要了解一些可用的图形属性值，详见 vignette("ggplot2-specs")。

下面的代码展示了 scale_colour_manual() 的使用方法：

```
plot <- ggplot(msleep, aes(brainwt, bodywt)) +
  scale_x_log10() + scale_y_log10()
plot + geom_point(aes(colour = vore)) +
  scale_colour_manual(values = c("red", "orange", "green", "blue"),
    na.value = "grey50")
colours <- c(carni = "red",insecti = "orange",
  herbi = "green",omni = "blue")
plot + geom_point(aes(colour = vore)) +
  scale_colour_manual(values = colours)
```

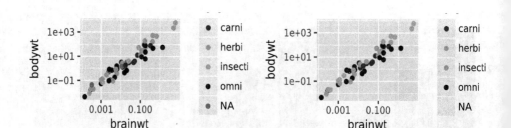

图 6.24: 手动设定颜色标度（参见第 301 页彩图 43）

下例就展示了 scale_colour_manual() 在这种情况下的创意用法。在多数其他的图形系统中,你只需像下图一样把线上色,然后添加一个图例说明哪种颜色对应着哪个变量就可以了。

```
huron <- data.frame(year = 1875:1972,
  level = as.numeric(LakeHuron))
ggplot(huron, aes(year)) +
  geom_line(aes(y = level + 5), colour = "red") +
  geom_line(aes(y = level - 5), colour = "blue")
```

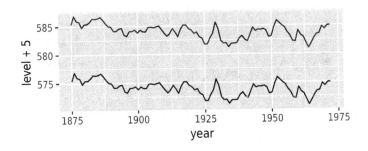

图 6.25: 对线上色并加上图例(参见第 302 页彩图 44)

这对 ggplot 不适用,图例由标度绘制的,标度不知道要为线条加何种标签:

```
ggplot(huron, aes(year)) +
  geom_line(aes(y = level + 5, colour = "above")) +
  geom_line(aes(y = level - 5, colour = "below"))
```

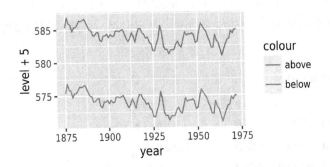

图 6.26: 标度无法为线条添加标签(参见第 302 页彩图 45)

然后告诉标度如何将标签映射到颜色中：

```
ggplot(huron, aes(year)) +
  geom_line(aes(y = level + 5, colour = "above")) +
  geom_line(aes(y = level - 5, colour = "below")) +
  scale_colour_manual("Direction",
    values = c("above" = "red", "below" = "blue"))
```

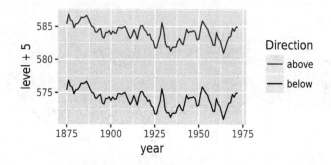

图 6.27: 标度将标签映射到颜色中（参见第 302 页彩图 46）

在 9.3 节描述了另一种方法。

6.6.4 同一型标度

当你的数据能被 R 中的绘图函数理解时，即数据空间和图形属性空间相同时，可以使用同一型标度（identity scale）。下面的代码展示了同一型标度的用途。luv_colours 包括 R 中在 LUV 颜色空间（HCL 也是基于它）中所有自带的颜色。图例不是必须的，因为点颜色代表它自己：数据和图形属性的空间是相同的。

```
head(luv_colours)
#>        L      u       v    col
#> 1  9342  -3.37e-12     0  white
#> 2  9101  -4.75e+02  -635  aliceblue
#> 3  8810   1.01e+03  1668  antiquewhite
#> 4  8935   1.07e+03  1675  antiquewhite1
```

```
#> 5 8452   1.01e+03 1610 antiquewhite2
#> 6 7498   9.03e+02 1402 antiquewhite3

ggplot(luv_colours, aes(u, v)) +
  geom_point(aes(colour = col), size = 3) +
  scale_color_identity() + coord_equal()
```

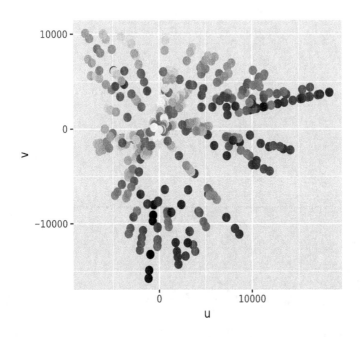

图 6.28: 同一型标度（参见第 303 页彩图 47）

6.6.5 练习题

1. 比较和对比四个连续颜色标度和四个离散标度。
2. 使用 `luv_colours` 数据集，探索自带的 `colors()` 函数的分布。

6.7 参考文献

[1] Azzalini A, Bowman AW (1990) A look at some data on the old faithful geyser. Appl Stat 39:357–365.

[2] Lumley T (2013) dichromat: color schemes for dichromats. R package version 2.0-0. https://cran.r-project.org/package=dichromat.

[3] Zeileis A, Kurt H, Paul M (2008) Escaping RGBland: selecting colors for statistical graphics. Comput Stat Data Anal. http://statmath.wu-wien.ac.at/~zeileis/papers/Zeileis+Hornik+Murrell-2008.pdf.

第 7 章 定 位

7.1 简 介

本章的主题是图像的定位,主要讲解了布局分面和坐标系如何工作两个问题。定位由四个部分组成,在之前与分面有关的篇章中,我们已经学习了其中的两个部分:

- **位置调整**调整每个图层中出现重叠的对象的位置,在 4.8 节有过介绍。该方法对条形图和其他有组距的几何对象非常有用,同时也可以用于其他的情形,见 5.7 节。
- **位置标度**控制数据到图像中位置的映射,见 6.6.1 节。

本章将对其余两部分进行讲解,同时也将展示如何一起使用这四个部分:

- **分面**即在一个页面上自动摆放多幅图像的技法:先将数据划分为多个子集,然后将每个子集依次绘制到页面的不同面板中。这类图像也通常被称作小联号图(small multiples)或栅栏图(trellis graphics),见 7.2 节。
- **坐标系**即通过控制两个独立的位置标度来生成一个 2 维的坐标系。最常见的是笛卡尔坐标系,在特定的情形中也可以使用其他种类的坐标系,见 7.3 节。

7.2 分 面

你在 2.5 节入门中第一次接触到了分面的使用。分面通过切割数据生成一系列小联号图,每个小图表示不同的数据子集。对探索性数据分析来说,分面是一个强大有力的工具。它能帮你快速地分析出数据各子集模式的异同。本节将讨论如何较好地微调分面,特别是与位置标度相关的方法。

有三种分面类型：

- `facet_null()`：单个图像，默认情况。
- `facet_wrap()`：把 1 维面板条块 "封装（wrap）" 在 2 维中。
- `facet_grid()`：生成一个 2 维的面板网格（grid），其中行和列由变量组成。

图 7.1 展现了 `facet_wrap()` 和 `facet_grid()` 的不同之处。

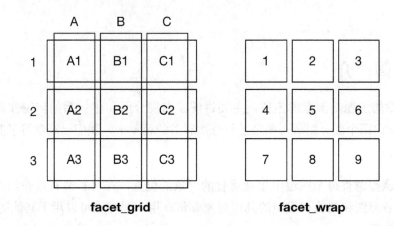

图 7.1：两种分面系统间差异的示意图。`facet_grid()`（左）本质上为 2 维，由两个独立的部分组成；`facet_wrap()`（右）本质上为 1 维，为节省空间而封装成 2 维

分面绘图通常会占用大量页面空间，因此本章使用 mpg 数据集的子集来进行展示。它有几个简单的水平：三种气缸（4，6，8），两种驱动轮（4 和 f），以及六个种类。

```
mpg2 <- subset(mpg,
  cyl != 5 & drv %in% c("4", "f") & class != "2seater")
```

7.2.1 封装分面

`facet_wrap()` 先生成一个长的面板条块（由任意数目的变量生成），然后将它封装在 2 维面板中。在处理单个多水平变量时，这种处理方式非常有用，它可以有效地利用空间来安放图像。

你可以用 `ncol`、`nrow`、`as.table` 和 `dir` 来控制网格如何封装条块。`ncol` 和 `nrow` 控制着有多少列和多少行（只需要设置其中一个参数）。`as.table` 控制着分面的布局：按照表格方式布局的话（TRUE）最高值显示在右下角，按照图像方式布局的话（FALSE）最高值显示在右上角。dir 控制着封装的方向：h 表示着横向（horizontal），v 表示着纵向（vertical）。

```
base <- ggplot(mpg2, aes(displ, hwy)) + geom_blank() +
  xlab(NULL) + ylab(NULL)

base + facet_wrap(~class, ncol = 3)
base + facet_wrap(~class, ncol = 3, as.table = FALSE)
```

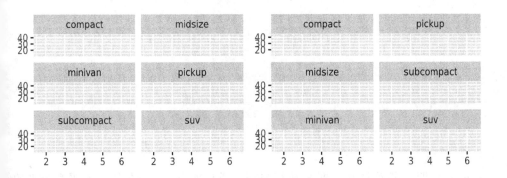

```
base + facet_wrap(~class, nrow = 3)
base + facet_wrap(~class, nrow = 3, dir = "v")
```

7.2.2 网格分面

facet_grid() 在 2 维网格中展示图像，用以下表达式来定义：

- . ~ a 把 a 的值按列展开。因为纵坐标轴对齐了，这个方向有助于 y 位置的比较。

```
base + facet_grid(. ~ cyl)
```

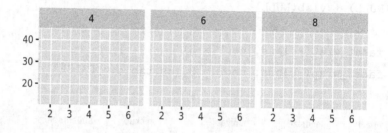

- b ~ . 把 b 的值按行展开。因为横坐标轴对齐了，这个方向有利于 x 位置的比较，尤其是对数据分布的比较。

```
base + facet_grid(drv ~ .)
```

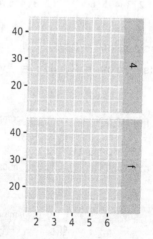

- a ~ b 把 a 按列展开，把 b 按行展开。通常来说，都会把因子水平数最多的变量按列排放，这样可以充分利用屏幕的宽高比。

```
base + facet_grid(drv ~ cyl)
```

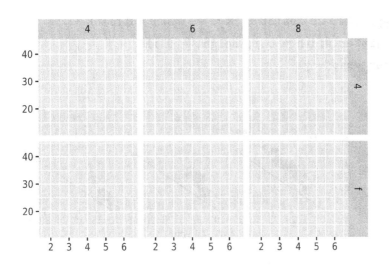

在行和列上,可以通过"相加"来放置多个变量,比如说 a + b ~ c + d。变量在某行或某列一起出现时,图像只会展示数据中出现的变量组合。而变量在行和列都出现时,图像将展示所有的变量组合,包括在原始数据中都没有出现的组合,此外这也可能会导致出现空白面板的情形。

7.2.3 标度控制

对于 `facet_wrap()` 和 `facet_grid()` 两种分面,你可以通过调整参数 `scales` 来控制面板的位置标度是相同(固定)的还是允许变化(自由)的:

- `scales = "fixed"`:x 和 y 的标度在所有面板中都固定。
- `scales = "free_x"`:x 的标度可变,y 的尺度固定。
- `scales = "free_y"`:y 的标度可变,x 的尺度固定。
- `scales = "free"`:x 和 y 的标度在每个面板都可以变化。

`facet_grid()` 引入了一个对标度的额外限制:同一列的面板必须有相同的 x 标度,同一行的面板必须有相同的 y 标度。这是因为网格分面中,每列都共用一个 x 轴,每行都共用一个 y 轴。

固定标度有助于观察面板之间的模式;而自由标度则有助于观察面板内部的模式。

```
p <- ggplot(mpg2, aes(cty, hwy)) + geom_abline() +
  geom_jitter(width = 0.1, height = 0.1)
p + facet_wrap(~cyl)
```

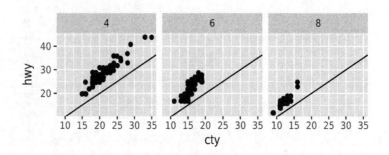

```
p + facet_wrap(~cyl, scales = "free")
```

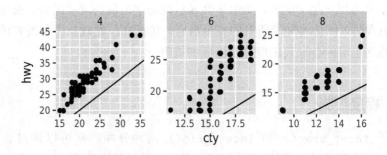

自由标度在展示不同量纲的时间序列时非常有用。为展示自由标度的效果，我们首先需要把数据从"宽"变"长"，把不同的变量堆叠在一列中。以下这个例子展示了 economics 数据的长格式的效果，9.3 节将会讨论有关这个主题的更多细节。

```
economics_long
#> # A tibble: 2,870 x 4
#> # Groups:   variable [5]
#>   date       variable value  value01
#>   <date>     <fct>    <dbl>    <dbl>
#> 1 1967-07-01 pce       507.       0
```

```
#> 2 1967-08-01 pce          510. 0.000266
#> 3 1967-09-01 pce          516. 0.000764
#> 4 1967-10-01 pce          513. 0.000472
#> 5 1967-11-01 pce          518. 0.000918
#> 6 1967-12-01 pce          526. 0.00158
#> # ... with 2,864 more rows
ggplot(economics_long, aes(date, value)) + geom_line() +
  facet_wrap(~variable, scales = "free_y", ncol = 1)
```

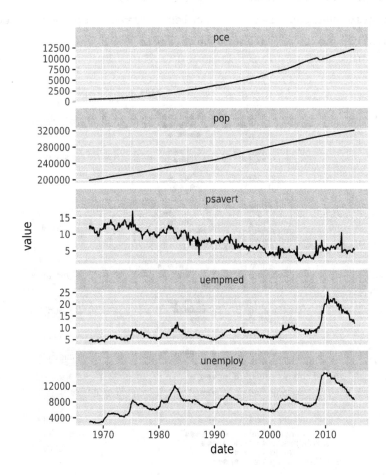

facet_grid() 还有一个额外的参数 space，取值范围和 scales 相同。当 space 设定为 free 时，每列（行）的宽度（高度）与该列（行）的标度范围成

比例。这将使得所有面板的标度比例相同：每个面板中的 1 厘米都映射为相同的数据范围（与 lattice 中的 "sliced" 轴的限制类似）。例如，若面板 a 有 2 个单位的范围，面板 b 有 4 个单位的范围，那么三分之一的空间将分配给 a，其余的分配给 b。这对分类标度非常有用，我们可以对各分面按照其水平的数量按比例分配空间。以下代码和图展示了效果。

```
mpg2$model <- reorder(mpg2$model, mpg2$cty)
mpg2$manufacturer <- reorder(mpg2$manufacturer, -mpg2$cty)
ggplot(mpg2, aes(cty, model)) + geom_point() +
  facet_grid(manufacturer ~ ., scales = "free", space = "free") +
  theme(strip.text.y = element_text(angle = 0))
```

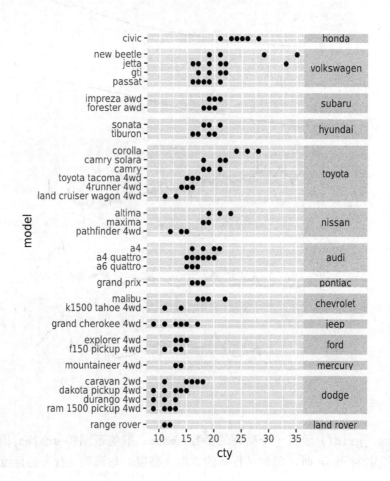

7.2.4 分面变量缺失

假如我们想对一个含有多个数据集的图像使用分面，而其中一个数据集缺失了分面变量，那么图像将会出现什么情况呢？在对所有图像面板添加相同背景信息的时候，你会经常遇到这种问题。例如，你想对疾病的空间分布按性别进行分面绘图，但一个新添加的地图图层不包含性别变量，这时如何处理呢？ggplot2 会如你所望，给每个面板都添加地图，此时缺失的分面变量按包含该分面变量所有的值来处理。

这是一个简单的例子。请注意，两个面板都出现了来自 df2 的单个红点。

```
df1 <- data.frame(x = 1:3, y = 1:3, gender = c("f", "f", "m"))
df2 <- data.frame(x = 2, y = 2)
ggplot(df1, aes(x, y)) +
  geom_point(data = df2, colour = "red", size = 2) +
  geom_point() + facet_wrap(~gender)
```

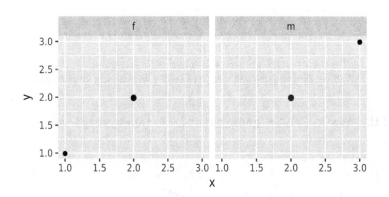

如下一节所示，在你想通过添加标注使得分面间比较更加容易的时候，这个技术特别地有用。

7.2.5 分组与分面

与通过调整图像属性（比如颜色、形状或大小）来进行分组不同，分面提供了另外一种分组途径。依据子集相对位置的不同，这两种绘图技巧都有相应的优缺点。在分面图像中，每个组别都在单独的面板中，相隔较远，组间无重叠。因此组与组之间重叠严重时，分面图像有一定的好处，不过这也会导致组间的细微差别难以被发现。使用图像属性区分各组时，各组将会离得很近甚至可能重叠，不过细微的差别容易被发现。

```
df <- data.frame(
  x = rnorm(120, c(0, 2, 4)),
  y = rnorm(120, c(1, 2, 1)),
  z = letters[1:3]
)
ggplot(df, aes(x, y)) + geom_point(aes(colour = z))
```

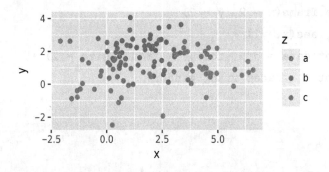

图 7.2: 使用颜色图像属性来进行分组（参见第 303 页彩图 48）

```
ggplot(df, aes(x, y)) + geom_point() + facet_wrap(~z)
```

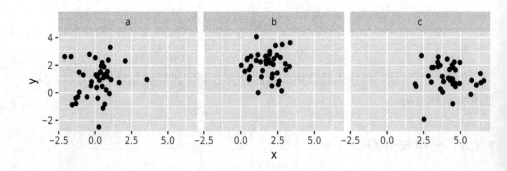

一些合理的标注有助于分面之间的比较。比如说，在这个例子当中，我们可以在每一个面板显示每一个组别的平均值。你会在第 10 章数据变换里学习如何书写这种汇总数据的代码。注意，我们需要两个 "z" 变量：一个用于分面，另一个用于颜色。

```
df_sum <- df %>%
  group_by(z) %>%
  summarise(x = mean(x), y = mean(y)) %>%
  rename(z2 = z)
ggplot(df, aes(x, y)) +
  geom_point() +
  geom_point(data = df_sum, aes(colour = z2), size = 4) +
  facet_wrap(~z)
```

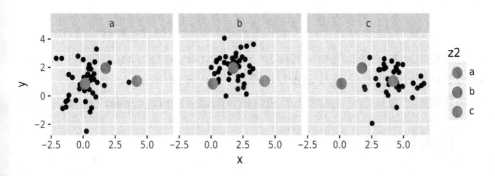

图 7.3: 两个 "z" 变量用于分面和颜色（参见第 303 页彩图 49）

另一个有用的技术是把数据放到每一个面板的背景当中：

```
df2 <- dplyr::select(df, -z)

ggplot(df, aes(x, y)) +
  geom_point(data = df2, colour = "grey70") +
  geom_point(aes(colour = z)) +
  facet_wrap(~z)
```

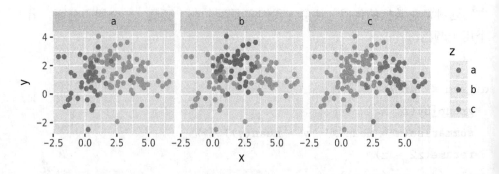

图 7.4: 把数据放到每一个面板的背景当中（参见第 304 页彩图 50）

7.2.6 连续型变量

对连续型变量进行分面，首先要将其离散化。ggplot2 提供了三个辅助函数：

- 将数据划分为 n 个长度相同的部分：`cut_interval(x, n)`。
- 将数据划分为宽度分别为 `width` 的部分：`cut_width(x, width)`。
- 将数据划分为 n 个有（大致）相同数目点的部分：`cut_number(x, n = 10)`。

下面展示了三种方式：

```
# 划分为宽度为 1 的部分
mpg2$disp_w <- cut_width(mpg2$displ, 1)
# 六个相同宽度的部分
mpg2$disp_i <- cut_interval(mpg2$displ, 6)
# 六个有一样多数目点的部分
mpg2$disp_n <- cut_number(mpg2$displ, 6)

plot <- ggplot(mpg2, aes(cty, hwy)) +
  geom_point() +
  labs(x = NULL, y = NULL)
plot + facet_wrap(~disp_w, nrow = 1)
```

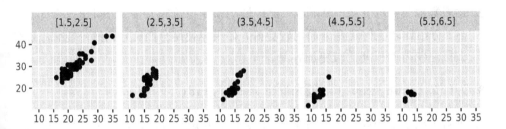

```
plot + facet_wrap(~disp_i, nrow = 1)
```

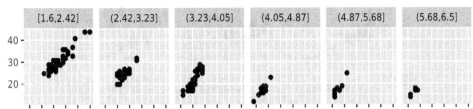

```
plot + facet_wrap(~disp_n, nrow = 1)
```

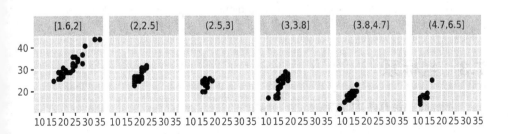

注意，分面公式不会对函数进行求值，所以你必须首先创建一个包含了离散化数据的新变量。

7.2.7 练习题

1. 钻石数据集：展示价格基于切工和克拉数的统计分布。首先，尝试对切工进行分面，对克拉数进行分组。接着，尝试对克拉数进行分面，对切工进行分组。你更加喜欢哪一种数据处理方式？

2. 钻石数据集：对于每一种颜色，比较价格和克拉数的关系。分组比较有什么难点？分组比较更好还是分面比较更好？如果你使用分面比较，你可能想添加什么标注使得面板间比较更加容易？

3. 为什么 facet_wrap() 一般来说比 facet_grid() 更有用？

4. 重新生成以下图像。这个图像对 mpg2 按类别进行分面，叠加了完整数据集的平滑曲线。

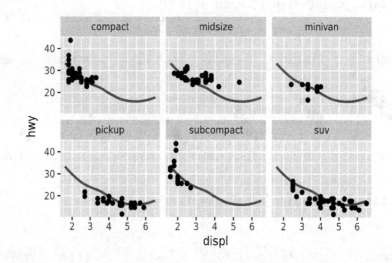

7.3 坐标系

坐标系主要有两大功能：

- 将两个位置图像属性组合起来，在图像中形成 2 维方位系统。位置图像属性分别被称为 x 和 y，但将它们称作位置 1 和位置 2 可能会更合适，因为图像位置属性的名字会随着坐标系的不同而不同。比如极坐标系中将其称作角度和半径（或半径和角度），而地图中则称作纬度和经度。
- 配合分面，坐标系将绘出坐标轴和面板背景。标度控制着坐标轴上出现的数值，并将数据映射到图像中的位置，然后通过坐标系将它们绘制出来。图像的外观随着坐标系的变化而变化，毕竟角度轴与 x 轴看起来是很不同的。

坐标系有两种。线性坐标系保持了几何对象的形状：

- `coord_cartesian()`：默认的笛卡尔坐标系，一个元素的 2 维位置用 x 和 y 的组合进行表示。
- `coord_fixed()`：宽高比固定的直角坐标系。
- `coord_flip()`：x 轴和 y 轴翻转了的笛卡尔坐标系。

另一方面，非线性坐标系可以改变形状：一条直线可能不再是直线。两点之间的最短距离可能不再是直线。

- `coord_map()/coord_quickmap()`：地图投影。
- `coord_polar()`：极坐标系。
- `coord_trans()`：对数据进行统计变换之后，对 x 和 y 位置进行任意变换。

下面描述每一种坐标系的细节。

7.4 线性坐标系

线性坐标系有三种：`coord_cartesian()`、`coord_flip()`、`coord_fixed()`。

7.4.1 coord_cartesian() 放大图像

函数 `coord_cartesian()` 有参数 `xlim` 和 `ylim`。如果你回想起标度那一章，你也许会好奇为什么我们需要这些参数。标度的范围限制参数不是已经让我们控制了图像的显示范围了吗？主要的区别在于如何进行限制：设置标度的范围限制的时候，我们抛弃了所有在范围以外的数据；但是在设置坐标系范围限制的时候，我们仍然使用所有数据，只是只显示了图像的一小片地方。设置坐标系范围相当于使用放大镜来观察图像。

```
base <- ggplot(mpg, aes(displ, hwy)) +
  geom_point() + geom_smooth()

# 完整的数据集
base
# 标度改为 5 到 7 之间，抛弃了范围以外的数据
```

```
base + scale_x_continuous(limits = c(5, 7))
# 放大到 5 到 7 之间,保存着所有数据,不过只展示其中一部分
base + coord_cartesian(xlim = c(5, 7))
```

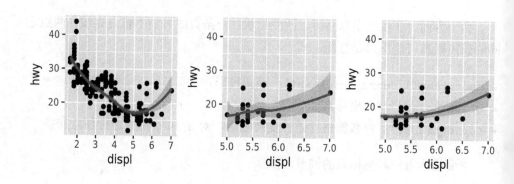

7.4.2 coord_flip() 翻转坐标轴

大多数统计量和几何形状都假设你对基于 x 条件下的 y 值感兴趣(比如说,平滑、汇总、箱线图、直线);大部分统计模型都假设测量 x 的值的时候是没有误差的。如果你对基于 y 条件下的 x 值感兴趣(或者你只是想把图像翻转 90°),你可以使用 coord_flip() 来交换 x 轴和 y 轴。以下将翻转坐标轴和交换 x、y 变量位置的效果进行了比较:

```
ggplot(mpg, aes(displ, cty)) +
  geom_point() + geom_smooth()
# 交换 cty 和 displ, 90° 翻转了图像,
# 不过平滑函数是对翻转后的数据进行拟合的。
ggplot(mpg, aes(cty, displ)) +
  geom_point() + geom_smooth()
# coord_flip() 将平滑函数对原来的数据进行了拟合,
# 然后翻转了输出
ggplot(mpg, aes(displ, cty)) +
  geom_point() + geom_smooth() +
  coord_flip()
```

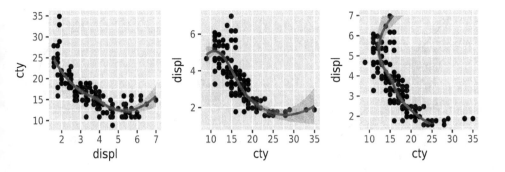

7.4.3 coord_fixed() 固定相等标度

coord_fixed() 固定了 x 轴和 y 轴的长度比例。默认的 ratio 确保了 x 轴和 y 轴有相同的标度：比如说，x 轴上的 1 厘米和 y 轴上的 1 厘米表示了相同范围的数据。宽高比也会被自动设定，从而确保在不同输出设备形状下的投影效果依然保持一致。可以查阅 coord_fixed() 的文档获得更多细节。

7.5 非线性坐标系

与线性坐标系不同，非线性坐标系可以改变几何对象的形状。比如说，在极坐标系中，一个矩形变成一个弧形；在地图投影中，两点之间最短距离不一定是一条直线。以下代码展示了一条直线和一个矩形在一些不同坐标系下的呈现。

```
rect <- data.frame(x = 50, y = 50)
line <- data.frame(x = c(1, 200), y = c(100, 1))
base <- ggplot(mapping = aes(x, y)) +
  geom_tile(data = rect, aes(width = 50, height = 50)) +
  geom_line(data = line) + xlab(NULL) + ylab(NULL)
#> Warning: Ignoring unknown aesthetics: width, height
base
base + coord_polar("x")
base + coord_polar("y")
```

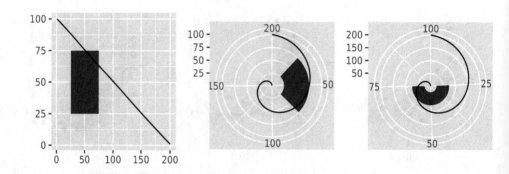

```
base + coord_flip()
base + coord_trans(y = "log10")
base + coord_fixed()
```

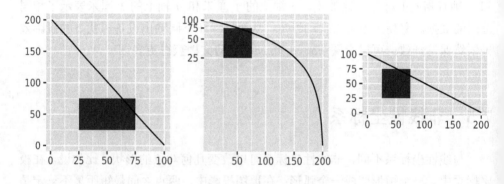

坐标系变换分为两步。首先，把几何对象的参数改为只基于位置的表示方式，而不是基于位置和维度。比如说，条形图可表示为 x 位置（一个位置）以及高度和宽度（两个维度）。在非直角坐标系中解读高度和宽度是困难的，因为一个矩形也许不再有固定的高度和宽度，所以我们把它转换成一个完全基于位置的表示形式：一个由四个角来定义的多边形。这种方式有效地把所有几何对象变成由点、线、多边形组成的集合。

一旦所有的几何对象都拥有了基于位置的表示，下一步是转换每一个位置到新的坐标系中。点的变换比较容易，因为无论你在哪个坐标系，点依然是点。线和多边形的变换比较困难，因为在新的坐标系中一条直的线也许不再是直的了。为了简化问题，我们假设所有坐标系变换都是平滑的，这里"平滑"的意思是一条非常短的直线在新的坐标系中依然是一条非常短的直线。在这个假设之下，我们可以把线和多边形拆分为很多非常短的线段，然后对这些线段进行变换。这个过程被称为"分割再组合（munching）"，下面展示了这个过程：

1. 首先，我们有一条直线，它由两个端点来定义：

```
df <- data.frame(r = c(0, 1), theta = c(0, 3 / 2 * pi))
ggplot(df, aes(r, theta)) + geom_line() +
  geom_point(size = 2, colour = "red")
```

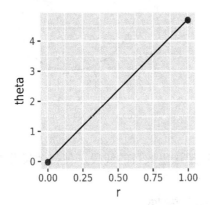

2. 我们把它分割成很多条线段，每条线段有对应的端点。

```
interp <- function(rng, n) {seq(rng[1], rng[2], length = n)}
munched <- data.frame( r = interp(df$r, 15),
  theta = interp(df$theta, 15))
ggplot(munched, aes(r, theta)) + geom_line() +
  geom_point(size = 2, colour = "red")
```

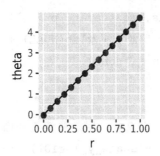

3. 我们把每一部分的位置都进行变换:

```
transformed <- transform(munched, x = r * sin(theta),
  y = r * cos(theta))
ggplot(transformed, aes(x, y)) + geom_path() +
  geom_point(size = 2, colour = "red") + coord_fixed()
```

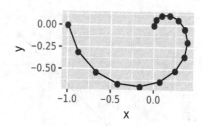

ggplot2 内部使用远超这里数目的线段,使得效果看上去更加地平滑。

7.5.1 coord_trans() 变换

和范围限制类似,我们可以在两个地方变换数据:在标度层次以及在坐标系层次。函数 coord_trans() 有参数 x 和 y,它们应该是表示变换函数或变换对象的字符串名称(参考连续位置标度)。标度层次的变换发生在计算统计变换之前,而且不改变几何对象的形状。坐标系层次的变换发生在计算统计变换之后,而且确实会改变几何对象的形状。同时使用这两者使得我们可以在变换后的标度下对数据建模,然后把模型反变换回去来进行解读:这是分析的常用模式。

```
# 默认的线性模型的拟合效果比较差
base <- ggplot(diamonds, aes(carat, price)) + stat_bin2d() +
  geom_smooth(method = "lm") + xlab(NULL) + ylab(NULL) +
  theme(legend.position = "none")
base

# 对数变换之后的拟合效果比较好,但是解读更加困难
base + scale_x_log10() + scale_y_log10()
```

```
# 对数变换下进行拟合,然后反变换回原来的标度
# 强调了大克拉数的昂贵钻石比较稀少
pow10 <- scales::exp_trans(10)
base + scale_x_log10() + scale_y_log10() +
  coord_trans(x = pow10, y = pow10)
```

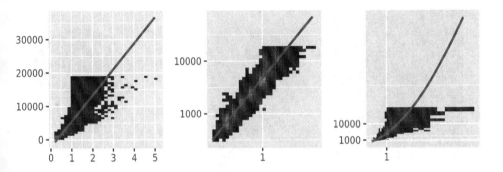

7.5.2 coord_polar() 极坐标系

利用极坐标可生成饼图、玫瑰图(源自条状几何对象)和雷达图(源自线状几何对象)。极坐标常被用于环形数据,特别是时间和方向数据。但由于角度在小的半径中比在大的半径中更难被感知,因此极坐标的视觉感官性并不理想。参数 theta 决定了哪个变量被映射为角度(默认为 x),哪个被映射为半径。

以下代码展示了我们如何通过改变坐标系来把条形图变成饼图或牛眼图。更多实例可参考函数文档。

```
base <- ggplot(mtcars, aes(factor(1), fill = factor(cyl))) +
  geom_bar(width = 1) +
  theme(legend.position = "none") +
  scale_x_discrete(NULL, expand = c(0, 0)) +
  scale_y_continuous(NULL, expand = c(0, 0))

# 堆叠的条形图
base
```

```r
# 饼图
base + coord_polar(theta = "y")

# 牛眼图
base + coord_polar()
```

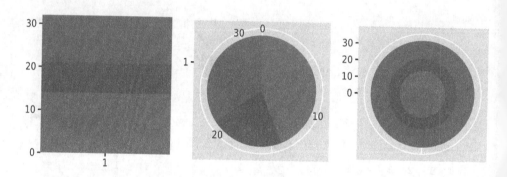

图 7.5: 变换坐标系生成饼图或牛眼图（参见第 304 页彩图 51）

7.5.3 coord_map() 地图投影

本质上来说，地图是球形数据的展示。单纯地只是画出经度和纬度是一种误导，所以我们必须对数据进行"投影"。ggplot2 有两种地图投影方法：

- coord_quickmap() 是一个快速且粗糙的近似算法，它设定了宽高比来保证在图像中间 1 米的纬度和 1 米的经度有着相同的距离。对于小片的区域，这是一个合理的近似，而且提升了不少速度。

```r
# 准备好新西兰的地图
nzmap <-
  ggplot(map_data("nz"), aes(long, lat, group = group)) +
  geom_polygon(fill = "white", colour = "black") +
  xlab(NULL) + ylab(NULL)

# 在直角坐标系画出此地图
```

```
nzmap
# 使用宽高比近似算法
nzmap + coord_quickmap()
```

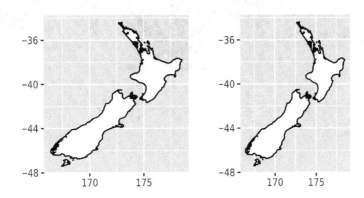

- coord_map() 使用了 **mapproj** 软件包（https://cran.r-project.org/package=mapproj）来实现地图投影。它使用和 mapproj::mapproject() 相同的参数来控制投影效果。它比起 coord_quickmap() 要慢得多，因为它必须把数据分割成很多部分然后对每一部分进行变换[1]。

```
world <- map_data("world")
worldmap <- ggplot(world, aes(long, lat, group = group)) +
  geom_path() +
  scale_y_continuous(NULL,
    breaks = (-2:3) * 30, labels = NULL) +
  scale_x_continuous(NULL,
    breaks = (-4:4) * 45, labels = NULL)

worldmap + coord_map()
# 一些更加疯狂的投影
worldmap + coord_map("ortho")
worldmap + coord_map("stereographic",orientation = c(-90, 0, 0))
```

---

[1]为了让最后一个图显示地更清晰，我们增加了 orientation 参数使其从南极角度看地球的投影。——译者注

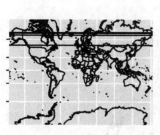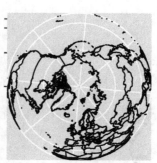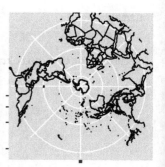

第 8 章 主 题

8.1 简 介

你会在这一章中学会如何使用 ggplot2 主题（theme）系统，主题系统允许对于图像中的非数据元素进行精细的调整。它不会影响几何对象和标度等数据元素。主题不能改变图像的感官性质，但它可以使图像变得更具美感，满足整体一致性的要求。主题的控制包括字体、轴须标签（tick）、面板的条状区域（strip）、背景等。

lattice 和基础图形系统没有采用数据与非数据控制分离的方法，大部分函数都设定了许多参数来调整数据和非数据的外观，这很容易导致函数的复杂化，使得图像的学习变得更为困难。ggplot2 则采用了不同的策略：绘图时，首先确定数据如何展示，之后再用主题系统对细节进行渲染。

主题系统由四个主要部分组成：

- 主题**元素**（element）指定了能控制的非数据元素。比如说，`plot.title` 元素控制了图像标题的外观；`axis.ticks.x` 指的是 x 轴上的标签；`legend.key.height` 则是图例符号的高度。
- 每一个元素都和一个**元素函数**（element function）绑定，元素函数表述了元素的视觉属性。比如，`element_text()` 设定了字体大小、颜色，还有像 `plot.title()` 等文字元素的外观。
- `theme()` 函数允许通过运行元素函数来覆盖默认的主题元素，比如说 `theme(plot.title = element_text(colour = "red"))`。
- 像 `theme_grey()` 那样的完整的**主题**。主题把所有的主题元素的值设置得和谐共存。

比如，假设你对数据创建了以下图像。

```
base <- ggplot(mpg, aes(cty, hwy, color = factor(cyl))) +
  geom_jitter() +
  geom_abline(colour = "grey50", size = 2)
base
```

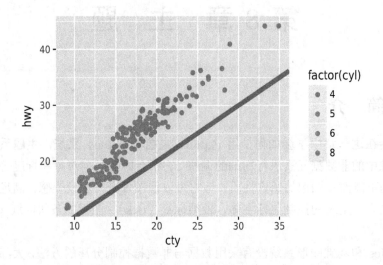

图 8.1: 基本图形（参见第 304 页彩图 52）

它达到了你想要的效果：你得知了 cty 和 hwy 高度相关，它们两者都和 cyl 有着强联系，而且 hwy 总是比 cty 要大（此外 cty 增大的话两者差值也会增大）。现在你想把这个图像分享给他人，比方说作为论文发表。这就需要稍微修改一下图像。首先你要确保图像可以通过以下方式变得独一无二：

- 改善坐标轴和图例标签的效果。
- 为图像添加标题。
- 微调颜色比例。

很幸运，由于已经读过标度一章，你已经知道了如何作出这些修改：

```
labelled <- base +
  labs( x = "City mileage/gallon", y = "Highway mileage/gallon",
    colour = "Cylinders",
    title = "Highway and city mileage are highly correlated") +
```

```
scale_colour_brewer(type = "seq", palette = "Spectral")
labelled
```

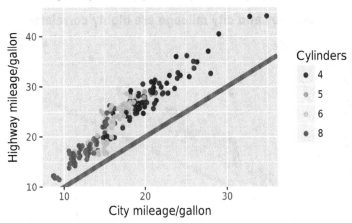

图 8.2: 微调基本图形（参见第 305 页彩图 53）

接下来，你需要确保你的图像样式和期刊的样式保持一致：

- 背景是白色的，而不是浅灰色的。
- 如果有空位的话，图例应该放在图像里面。
- 主要的网格线应该是浅灰色的，次要的网格线应该被移除。
- 图像标题应该是 12 磅的加粗字体。

你将会在这一章中学会如何使用主题系统来作出以上修改，下面给出了代码与效果：

```
styled <- labelled +
  theme_bw() +
  theme(plot.title = element_text(face = "bold", size = 12),
    legend.background = element_rect(fill = "white", size = 4,
    colour = "white"), legend.justification = c(0, 1),
    legend.position = c(0, 1),
    axis.ticks = element_line(colour = "grey70", size = 0.2),
```

```
  panel.grid.major = element_line(colour = "grey70", size = 0.2),
  panel.grid.minor = element_blank() )
styled
```

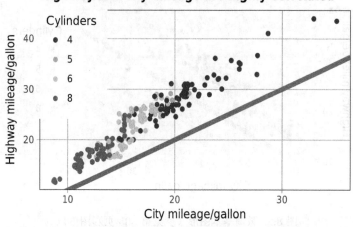

图 8.3: 使用主题系统修改的效果（参见第 305 页彩图 54）

最后，期刊想要 600 打印分辨率（dpi）的 TIFF 图像文件。你将会在存储输出中了解到 `ggsave()` 的细节。

8.2 完整的主题

ggplot2 自带了很多内置的主题。最重要的一个是 `theme_grey()`，它是 ggplot2 的标志性主题，有着浅灰色的背景和白色的网格线。主题的设计思路是把数据放在最顶层的同时支持数据比较，它来自 Tufte(2006)、Brewer(1994)、Carr(2002)、Carr(1994)、Carr 和 Sun (1999) 的建议。Cleveland(1993) 认为网格线有助于图像位置的微调，但由于对视觉的冲击效果小，从而我们也可以忽视它们。从印刷角度来说，灰色背景的图像与文本有相似的色调，显得比较和谐，不会有文本从白色背景中蹦出来的突兀感，因此这种色调的连续性会使图形看起来具有整体感。

ggplot2 1.1.0 中有其余七种内置主题：

- `theme_bw()`：`theme_grey()` 的变种，使用了白色背景和细灰色网格线。
- `theme_linedraw()`：这个主题的线条只有黑色，但是线条有不同的宽度，背景是白色的，它让人联想起素描的风格。
- `theme_light()`：类似 `theme_linedraw()`，但是有着浅灰色的线条和坐标轴，让人更多地把注意力放在数据上面。
- `theme_dark()`：`theme_light()` 的暗色风格版本，有着类似的线条大小，但是背景是灰暗色的。当你想让彩色线条更加突出的时候这个主题特别有用。
- `theme_minimal()`：简约风格主题，没有背景标注。
- `theme_classic()`：经典风格主题，没有 x 轴和 y 轴线条及网格线。
- `theme_void()`：完全空白的主题。

```
df <- data.frame(x = 1:3, y = 1:3)
base <- ggplot(df, aes(x, y)) + geom_point()
base + theme_grey() + ggtitle("theme_grey()")
base + theme_bw() + ggtitle("theme_bw()")
base + theme_linedraw() + ggtitle("theme_linedraw()")
```

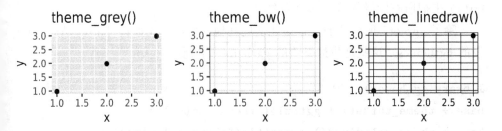

```
base + theme_light() + ggtitle("theme_light()")
base + theme_dark() + ggtitle("theme_dark()")
base + theme_minimal()  + ggtitle("theme_minimal()")
```

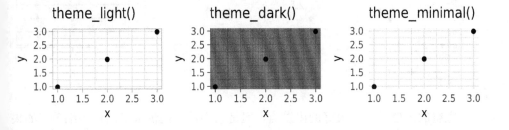

```
base + theme_classic() + ggtitle("theme_classic()")
base + theme_void() + ggtitle("theme_void()")
```

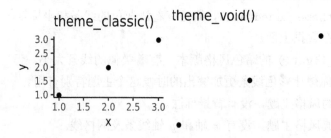

所有主题都有 `base_size` 参数，这个参数控制着基础字体大小。基础字体大小是所有坐标轴标题都会使用到的；图像标题通常来说稍微大一些（1.2 倍），轴须和条状区域的标签通常稍微小一些（0.8 倍）。如果想分别控制这些字体大小，你需要如下文所述那样分别修改单独的元素。

除了在图像上套用完整的主题，你还可以用 `theme_set()` 来修改默认主题的效果。比如说，如果你真的很讨厌默认的灰色背景，可以运行 `theme_set(theme_bw())` 来把所有图像的背景都设为白色。

除了 ggplot2 所内置的，你还能使用其他的主题，比如说 Jeffrey Arnold 开发的 ggthemes。这些是我最喜欢的 ggthemes 主题：

```
library(ggthemes)
base + theme_tufte() + ggtitle("theme_tufte()")
base + theme_solarized() + ggtitle("theme_solarized()")
base + theme_excel() + ggtitle("theme_excel()") # ; )
```

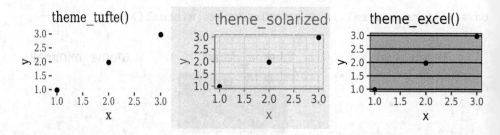

完整的主题是一个很好的出发点，但是它们没有提供很多的控制细节。如果

想修改某个元素，你将要用到 theme()，并且通过元素函数来覆盖某个元素的默认设置。

8.2.1 练习题

1. 把 ggthemes 的所有主题都试用一下。你最喜欢哪一个？
2. 你喜欢默认主题的哪一方面？不喜欢哪一方面？想修改哪里？
3. 观察你最喜欢的科学型期刊的图像。它们最像哪个主题？主要差别在哪里？

8.3 修改主题组件

如果想修改单个主题组件，你需要使用形如 plot + theme(element.name = element_function()) 的代码。这一节你会学习基本的元素函数，下一节你会看到所有可修改的元素。

内置元素函数有四种基本类型：文字（text）、线条（line）、矩形（rectangle）、空白（blank）。每个元素函数都有一系列控制外观的参数：

- element_text() 绘制标签和标题。你可以控制字体的 family（字体族）、face（字型）、colour（颜色）、size（大小，单位是"磅（point）"）、hjust（横向对齐）、vjust（竖向对齐）、angle（角度，单位是"角度"而不是"弧度"）、lineheight（行高，与 fontcase 的比例）。可查阅 vignette("ggplot2-specs") 获得更多的参数细节。设定字型特别有挑战性。

```
base_t <- base +
  labs(title = "This is a ggplot") + xlab(NULL) + ylab(NULL)
base_t + theme(plot.title = element_text(size = 16))
base_t + theme(plot.title =
  element_text(face = "bold", colour = "red"))
base_t + theme(plot.title = element_text(hjust = 1))
```

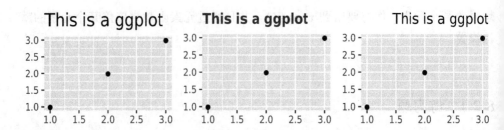

margin 参数和 margin() 函数可用于控制字体周围的边距。margin() 有四个参数：文字上边（top）、右边（right）、下边（bottom）、左边（left）的空白大小（多少磅）。没有设置的元素默认值为 0。

```
# 这里的边距看起来不对称，这是因为图像本身也有边距。
base_t + theme(plot.title = element_text(margin = margin()))
base_t + theme(
  plot.title = element_text(margin = margin(t = 10, b = 10)))
base_t + theme(
  axis.title.y = element_text(margin = margin(r = 10)))
```

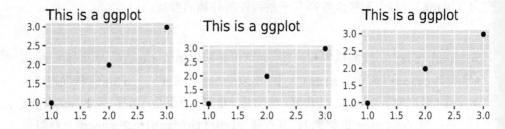

- element_line() 绘制线条，线条的参数有 colour（颜色）、size（大小）和 linetype（线条类型）。

```
base + theme(
  panel.grid.major = element_line(colour = "black"))
base + theme(panel.grid.major = element_line(size = 2))
base + theme(
  panel.grid.major = element_line(linetype = "dotted"))
```

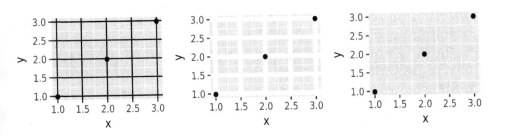

- element_rect() 绘制矩形。这主要用于绘制背景，参数有 fill（填充）的颜色、边缘的 colour（颜色）、size（大小）、linetype（线条类型）。

```
base + theme(
    plot.background = element_rect(
        fill = "grey80", colour = NA))
base + theme(
    plot.background = element_rect(
        colour = "red", size = 2))
base + theme(panel.background =
        element_rect(fill = "linen"))
```

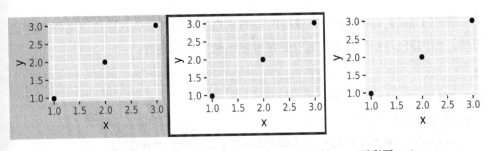

图 8.4: 使用 element_rect() 绘制矩形（参见第 306 页彩图 55）

- element_blank() 不绘制任何东西。如果你不想绘制任何东西，而且没有分配给那个元素的空间的话，你可以使用此函数。以下例子使用 element_blank() 来逐步消除我们不感兴趣的元素。请留意图像是如何自动回收这些元素之前所用的空间的；如果不想要这种效果（或许是因为它们需要对齐页面的其他图像），可用 colour = NA, fill = NA 来创建不可见元素来占用那些空间。

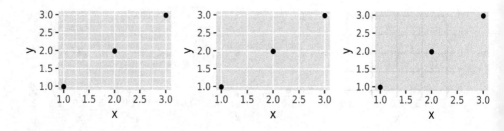

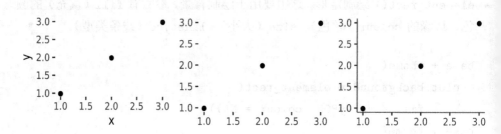

- 一些其他的参数用于设定网格单位。例如 unit(1, "cm") 或 unit(0.25, "in")。

使用 theme_update() 来修改所有的未来生成的图像。它输出之前的主题设置值,因此你可以在完成工作后很容易地恢复原来的参数。

```
old_theme <- theme_update(
  plot.background = 
    element_rect(fill = "lightblue3", colour = NA),
  panel.background = 
    element_rect(fill = "lightblue", colour = NA),
  axis.text = element_text(colour = "linen"),
  axis.title = element_text(colour = "linen"))
base
theme_set(old_theme)
base
```

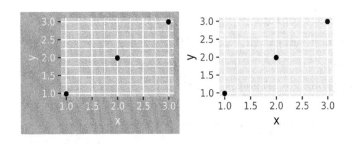

8.4 主题元素

大约有 40 多个不同的元素控制着图像的外观。它们大致可以分为五类：图像、坐标轴、图例、面板、分面。下面详细介绍了每一类的内容。

8.4.1 图像元素

一些元素影响着图像的总体效果：

元素	制定者	描述
plot.background	element_rect()	图像背景
plot.title	element_text()	图像标题
plot.margin	margin()	图像边距

`plot.background` 绘制图像中最底那一层的矩形。ggplot2 默认设置中使用白色背景，从而确保无论图像的最终效果是怎样的它都是可用的（比如说，即使你保存成 png，然后把图片放到一个黑色背景幻灯片上）。当你在导出图像到其他地方的时候，你也许想把背景设置成透明的，这时候你可以用 `fill = NA`。类似地，如果你把图像嵌入到一个已经有边距的地方，你也许想减少内置的边距。但是请注意，如果你想画一个边框的话，还是需要保留一个微小的边距的。

```
base + theme(
  plot.background =
    element_rect(colour = "grey50", size = 2))
base + theme(
  plot.background =
```

```
  element_rect(colour = "grey50", size = 2),
 plot.margin = margin(2, 2, 2, 2))
base + theme(
 plot.background = element_rect(fill = "lightblue"))
```

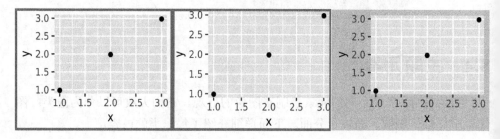

图 8.5: 绘制最底层矩形 (参见第 306 页彩图 56)

8.4.2 坐标轴元素

坐标轴元素控制着坐标轴的外观:

元素	制定者	描述
axis.line	element_line()	平行于坐标轴的线条 (默认主题中这是隐藏的)
axis.text	element_text()	坐标轴标签
axis.text.x	element_text()	x 轴标签
axis.text.y	element_text()	y 轴标签
axis.title	element_text()	坐标轴标题
axis.title.x	element_text()	x 轴标题
axis.title.y	element_text()	y 轴标题
axis.ticks	element_line()	轴须标签
axis.ticks.length	unit()	轴须标签的长度

请注意，axis.text (和 axis.title) 有三种形式: axis.text、axis.text.x、axis.text.y。如果你想一次性同时修改两个坐标轴，请使用第一种形式: 所有没有在 axis.text.x 和 axis.text.y 显式设置的属性，都会从 axis.text 中继承。

```
df <- data.frame(x = 1:3, y = 1:3)
base <- ggplot(df, aes(x, y)) + geom_point()

# 加重轴线
base + theme(axis.line =
    element_line(colour = "grey50", size = 1))
# x 轴和 y 轴的样式
base + theme(axis.text =
    element_text(color = "blue", size = 12))
# 对于长标签来说很有用
base + theme(axis.text.x =
    element_text(angle = -90, vjust = 0.5))
```

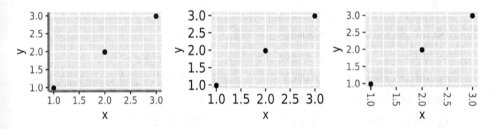

最常见的修正是通过旋转 x 轴标签来避免长标签之间的重叠。负角度和设置 hjust = 0, vjust = 1 可以修正这个问题：

```
df <- data.frame(x = c("label", "a long label",
    "an even longer label"), y = 1:3)
base <- ggplot(df, aes(x, y)) + geom_point()
base
base + theme(axis.text.x =
    element_text(angle = -30, vjust = 1, hjust = 0)) +
    xlab(NULL) + ylab(NULL)
```

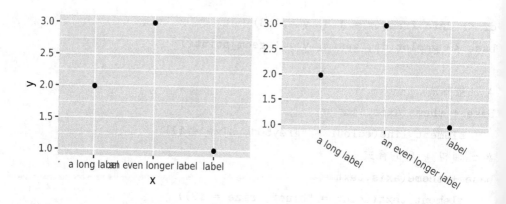

8.4.3 图例元素

图例元素控制着所有图例的外观。guide_legend() 或 guide_colourbar() 等函数也可以用来修改某元素的图例。

元素	制定者	描述
legend.background	element_rect()	图例背景
legend.key	element_rect()	图例符号背景
legend.key.size	unit()	图例符号大小
legend.key.height	unit()	图例符号高度
legend.key.width	unit()	图例符号宽度
legend.margin	unit()	图例边距
legend.text	element_text()	图例标签
legend.text.align	0–1	图例标签对齐（0 = 右，1 = 左）
legend.title	element_text()	图例名
legend.title.align	0–1	图例标签对齐（0 = 右，1 = 左）

下面例子展示了这些选项的效果：

```
df <- data.frame(x = 1:4, y = 1:4, z = rep(c("a", "b"), each = 2))
base <- ggplot(df, aes(x, y, colour = z)) + geom_point()
base + theme( legend.background = element_rect(
  fill = "lemonchiffon", colour = "grey50", size = 1))
```

```
base + theme( legend.key = element_rect(color = "grey50"),
  legend.key.width = unit(0.9, "cm"),
  legend.key.height = unit(0.75, "cm"))
base + theme( legend.text = element_text(size = 15),
  legend.title = element_text(size = 15, face = "bold"))
```

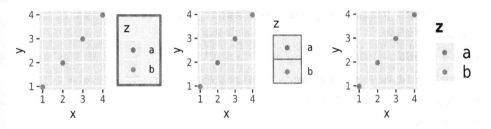

图 8.6: 图例元素主题示例（参见第 306 页彩图 57）

此外，还有四种属性可以控制图例在图像中的布局（`legend.position`、`legend.direction`、`legend.justification`、`legend.box`）。6.4.2 节图例布局详细地讨论了它们。

8.4.4 面板元素

面板元素控制图像面板的外观：

元素	制定者	描述
panel.background	element_rect()	面板背景（数据下面）
panel.border	element_rect()	面板边界（数据上面）
panel.grid.major	element_line()	主网格线
panel.grid.major.x	element_line()	竖直主网格线
panel.grid.major.y	element_line()	水平主网格线
panel.grid.minor	element_line()	次网格线
panel.grid.minor.x	element_line()	竖直次网格线
panel.grid.minor.y	element_line()	水平次网格线
aspect.ratio	数值	图像宽高比

`panel.background` 和 `panel.border` 的主要不同点在于，背景（前者）绘制在数据的下面一层，边界（后者）绘制在数据的上面一层。因此，在覆盖 `panel.border` 的时候你总是需要设定 `fill = NA`。

```
base <- ggplot(df, aes(x, y)) + geom_point()
# 修改背景
base + theme(panel.background = element_rect(fill = "lightblue"))
# 微调主网格线
base + theme(
  panel.grid.major = element_line(color = "gray60", size = 0.8))
# 只关注一个方向的网格线
base + theme(
  panel.grid.major.x = element_line(color = "gray60", size = 0.8))
```

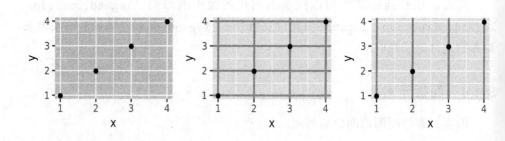

注意，宽高比控制的是面板的宽高比，而不是整个图像的：

```
base2 <- base +
  theme(plot.background = element_rect(colour = "grey50"))
# 宽的
base2 + theme(aspect.ratio = 9 / 16)
# 长瘦型的
base2 + theme(aspect.ratio = 2 / 1)
# 正方形的
base2 + theme(aspect.ratio = 1)
```

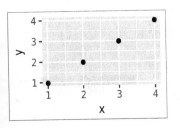
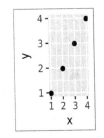
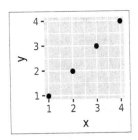

8.4.5 分面元素

以下主题元素和分面有关[1]：

元素	制定者	描述
strip.background	element_rect()	分面标签背景
strip.text	element_text()	条状文本
strip.text.x	element_text()	水平条状文本
strip.text.y	element_text()	竖直条状文本
panel.spacing	unit()	分面间边距
panel.spacing.x	unit()	竖直分面间边距
panel.spacing.y	unit()	水平分面间边距

元素 strip.text.x 会影响到 facet_wrap() 或 facet_grid()；而 strip.text.y 只会影响到 facet_grid()。

```
df <- data.frame(x = 1:4, y = 1:4, z = c("a", "a", "b", "b"))
base_f <- ggplot(df, aes(x, y)) +
    geom_point() + facet_wrap(~z)

base_f
base_f +
    theme(panel.spacing = unit(0.5, "in"))
base_f +
    theme( strip.background =
```

---

[1] 原文里被废弃的 panel.margin 此处修改为新用法 panel.spacing，下同。——译者注

```
    element_rect(fill = "grey20", color = "grey80", size = 1),
    strip.text = element_text(colour = "white"))
```

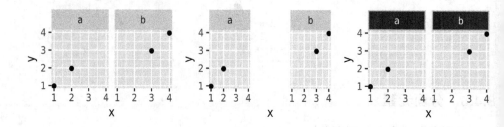

8.4.6 练习题

1. 创建尽可能丑的图像！（这一题由来自 University of Tennessee - Knoxville 的 Andrew D. Steen 所贡献）。
2. `theme_dark()` 使得图像内部变成灰暗色，但不是外部。把图像背景改为黑色，然后更新文字的设置使得你仍可以阅读到标签。
3. 创建一个优雅的主题，使用亚麻布色（linen）作为背景颜色，使用衬线字体来显示文字。
4. 当你有多行标题的时候，系统地探究 `hjust` 的效果变化。为什么 `vjust` 在这里没有效果？

8.5 存储输出

若要保存图像到另外一个程序中使用，有两种基本的输出类型可供选择：光栅图形或矢量图形：

- 矢量图形用一系列过程来描述图像：画一条线，起点是 (x_1, y_1)，终点是 (x_2, y_2)，画一个圆圈，圆心在 (x_3, x_4)，半径是 r。这意味着它们可以被"无限地"放大，不会丢失细节。最有用的矢量图形格式是 pdf 和 svg。
- 光栅图形以像素阵列形式存储，具有固定的最优观测大小。最有用的光栅图形格式是 png。

图 8.7 通过一个简单的圆圈阐释了两者的不同。更多细节描述可参考 http://tinyurl.com/rstrvctr。

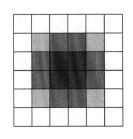 

图 8.7: 图解光栅图（左）和矢量图（右）的不同

除非有一个确切的理由，一般来说会使用矢量图形：它们大部分情况下有着更好的效果。使用光栅图形有以下两大原因：

- 图像（例如，散点图）有成千上万个图形对象（例如，点）。矢量版本会很大，而且它的渲染速度会很慢。
- 在微软 Office 里嵌入图形。微软对矢量图形的支持比较差（除了它们自己的 DrawingXML 格式，而现阶段 R 很难生成这种格式），因而光栅图形比较适合这种情况。

有两种方法来保存 ggplot2 的输出。你可以用 R 的标准做法：打开一个图形设备，生成图像，然后关闭设备：

```
pdf("output.pdf", width = 6, height = 6)
ggplot(mpg, aes(displ, cty)) + geom_point()
dev.off()
```

以上方法适用于所有软件包，不过比较繁琐。ggplot2 提供了一个方便的 ggsave()：

```
ggplot(mpg, aes(displ, cty)) + geom_point()
ggsave("output.pdf")
```

ggsave() 是为了图像交互而优化过的函数，你可以在绘制图像之后使用它。它有以下重要参数：

- 第一个参数 path 指定了图片的存储路径。它会根据文件扩展名自动选择正确的图形设备。ggsave() 支持这些类型：.eps、.pdf、.svg、.wmf、.png、.jpg、.bmp、.tiff。

- `width` 和 `height` 控制输出大小，单位是英寸。如果不设定它们，它们会使用当前屏幕图形设备的尺寸。
- 对于光栅图形（如 `.png` 和 `.jpg` 等），`dpi` 参数控制图像的分辨率，默认值为 300，适合大部分打印设备，但是你可以修改为 600，用于高分辨率输出，或者修改为 72，用于屏幕（如网页）的展示。

运行 `?ggsave` 可查阅更多的细节。

8.6 参考文献

[1] Brewer CA (1994) Color use guidelines for mapping and visualization. MacEachren AM, Taylor DRF(ed) Visualization in modern cartography. Elsevier Science, Burlington, 123–147.

[2] Carr D (1994) Using gray in plots. ASA Stat Comput Graph Newsl 2(5):11–14. http://www.galaxy.gmu.edu/~dcarr/lib/v5n2.pdf.

[3] Carr D (2002) Graphical displays. El-Shaarawi AH, Piegorsch WW(ed) Encyclopedia of environmetrics, 2:933-960. Wiley, New York. http://www.galaxy.gmu.edu/~dcarr/lib/EnvironmentalGraphics.pdf.

[4] Carr D, Ru S (1999) Using layering and perceptual grouping in statistical graphics. ASA Stat Comput Graph Newsl 10(1):25–31.

[5] Cleveland W (1993) A model for studying display methods of statistical graphics. J Comput Graph Stat 2:323–364. http://stat.bell-labs.com/doc/93.4.ps.

[6] Tufte ER (2006) Beautiful evidence. Graphice Press, Cheshire.

第三部分

数据分析

第 9 章 数据整理

9.1 简 介

到目前为止，本书中所有例子都是从一个相当整洁且易于绘图的数据集出发的。这对于学习可视化自然是极好的（你肯定也不希望在这过程中还要面对麻烦的数据处理）。但在实际中，数据集几乎不可能是干净整洁的，因此在应用 ggplot2 前，你仍需要学习一些数据整理的方法。我认为可视化其实往往是数据分析中最简单的一步：一旦你得到了用恰当的方法整合恰当的数据，恰当的可视化方法也就显而易见了。

接下来本书将向你展示 ggplot2 是如何与其他数据分析工具进行协作的：

- 本章将告诉你数据整理的几大原则 (Wickham,2014)。遵循这些原则对数据进行整理将使其更便于利用 ggplot2 进行可视化，或利用 dplyr 进行操作，以及利用许多建模的包来进行建模。整理数据的工具主要由 **tidyr** 包支持，它可以帮助你清洗凌乱的数据集。
- 不少的可视化操作都需要先转换数据的格式，如从已有变量中建立新的变量或是进行简单聚合以便看到整片"森林"。第 10 章数据变换将向你展示如何利用 **dplyr** 包来实现这些操作。
- 如果你正在使用 R，想必你一定已经领教过 R 强大的建模能力了。然而鉴于几乎每一个模型都对应一个 R 包，模型结果往往难以进行可视化展示。在第 11 章为可视化建模中，你将看到如何利用 David Robinson 开发的 **broom** 包来转化模型的结果，从而可用 ggplot2 绘图。

整洁的数据是进行数据操作和模型可视化的基础，接下来将介绍数据清洗的定义及所需工具。本章的最后有两个案例，将向你展现真实数据处理过程中对这些工具的实际运用。

9.2 数据整理

整理数据的原则很简单：让你的数据变得更好用。数据整理是一个从数据框的统计结构（变量与观测）到形式结构（列与行）的映射。它主要遵循两个准则：

1. 每一列代表一个变量。
2. 每一行代表一个观测。

数据整理对 ggplot2 至关重要，因为 ggplot2 的任务就是将变量映射到视觉属性上：如果你的数据不够整洁，那可视化的难度就很大了。

有的时候你会发现你完全不知道如何对一个数据集画图，这往往就是因为这个数据不够整洁。举个例子，下面的数据框包含了美国劳工市场的月度数据：

```
library("lubridate")
ec2 <- ggplot2::economics %>% tbl_df() %>%
  transmute(year = year(date),
  month = month(date), rate = uempmed) %>%
 filter(year > 2005) %>% spread(year, rate)
ec2
#> # A tibble: 12 x 11
#>   month  `2006` `2007` `2008` `2009` `2010` `2011` `2012` `2013`
#>    <dbl>  <dbl>  <dbl>  <dbl>  <dbl>  <dbl>  <dbl>  <dbl>  <dbl>
#> 1     1    8.6    8.3     9   10.7    20   21.6    21   16.2
#> 2     2    9.1    8.5   8.7   11.7  19.9  21.1  19.8   17.5
#> 3     3    8.7    9.1   8.7   12.3  20.4  21.5  19.2   17.7
#> 4     4    8.4    8.6   9.4   13.1  22.1  20.9  19.1   17.1
#> 5     5    8.5    8.2   7.9   14.2  22.3  21.6  19.9   17
#> 6     6    7.3    7.7     9   17.2  25.2  22.3  20.1   16.6
#> # ... with 6 more rows, and 2 more variables: `2014` <dbl>,
#> #   `2015` <dbl>
```

（你也许觉得这个数据框很眼熟，这是因为它来自于 economics 数据集，我们在之前曾用到过。）

假定你想要绘制一个时间序列图以展示过去十年的失业情况的变化，需要用什么 ggplot2 命令呢？要是你更关注失业率随季节的变化呢？你也许会将月份作

为 x 轴,对每一年的情况画一条折线。你会发现这十分困难,因为这个数据有些凌乱:这里有三个变量:月、年和失业率,而它们却以各不相同的方式存储:

- month(月)存储在一列中。
- year(年)分散在各列名中。
- rate(失业率)是每个单元的值。

为了让这个数据便于绘图我们首先要对其进行整理,有两对重要的工具:

- spread 和 gather;
- separate 和 unite。

9.3　spread 和 gather

请看下面两个表格:

x	y	z
a	A	1
b	D	5
c	A	4
c	B	10
d	C	9

x	A	B	C	D
a	1	NA	NA	NA
b	NA	NA	NA	5
c	4	10	NA	NA
d	NA	NA	9	NA

细看两表,不难发现它们其实是相同的数据,只是形式不同。我将第一种形式称为**长数据**(indexed data,指标型数据),你要通过指标来找到对应需要的数值(变量 x 和变量 y 的值)。而第二种,我称之为**宽数据**(Cartesian data,笛卡

尔型数据），你要通过看行和列的交叉点来找到对应的值。我们不能简单地说哪一个更优，因为两种形式都有可能是整洁的，这取决于值 "A"、"B"、"C"、"D" 的含义。

（注意到上面的缺失值：在一个形式下明确存在的缺失值可能在另一种形式下不存在。NA 确实代表了一种缺失情况，但有时数值缺失单纯是因为那里没有值。）

数据整理常常需要化宽为长，称为聚集 gathering，但偶尔也会需要化长为宽，称为扩散 spreading。tidyr 包分别提供了 gather() 函数和 spread() 函数来实现以上操作。

你还可以考虑扩展到更高维的情况，但是由于数据总是用二维存储的（行和列），所以想想这些扩展是挺有趣的但并不实用。我关于这方面的想法都记录在 Wickham(2007) 的文献中。

9.3.1 gather

gather() 函数有四个主要参数：

- data：需要调用的数据集；
- key：存放原来各列名的新变量的变量名；
- value：存放原来各单元格中的值的新变量的变量名；
- ...：指定的要聚集的变量。你可以通过枚举进行指定：A, B, C, D，或者通过范围进行指定：A:D，你还可以通过用 - 号指定不需要聚集的列：-E, -F。

接下来我们整理上述 economics 数据集。首先，你需要观察 year、month 和 rate 三个变量。month 变量已经排成一列了，而 year 和 rate 是宽数据形式，我们需要运用 gather() 函数把它们转换为长数据形式。在这个例子里，指定 key 为 year，value 为 unemp，我们选取 2006 到 2015 年的所有列：

```
gather(ec2, key = year, value = unemp, `2006`:`2015`)
#> # A tibble: 120 x 3
#>    month year  unemp
#>    <dbl> <chr> <dbl>
#> 1      1 2006    8.6
#> 2      2 2006    9.1
```

```
#> 3        3 2006      8.7
#> 4        4 2006      8.4
#> 5        5 2006      8.5
#> 6        6 2006      7.3
#> # ... with 114 more rows
```

注意到这些列名并不是 R 中标准的列名（不以字母开头），这意味着我们需要加反引号来指代它们，如 `2006`。

另外，我们也可以通过应用排除 month 列的方法得到我们需要的形式：

```
gather(ec2, key = year, value = unemp, -month)
#> # A tibble: 120 x 3
#>   month year  unemp
#>   <dbl> <chr> <dbl>
#> 1     1 2006    8.6
#> 2     2 2006    9.1
#> 3     3 2006    8.7
#> 4     4 2006    8.4
#> 5     5 2006    8.5
#> 6     6 2006    7.3
#> # ... with 114 more rows
```

为了让数据更好用，我们还可以增加两个另外的参数：

```
economics_2 <- gather(ec2, year, rate, `2006`:`2015`,
  convert = TRUE, na.rm = TRUE)
economics_2
#> # A tibble: 112 x 3
#>   month year  rate
#> * <dbl> <int> <dbl>
#> 1     1  2006   8.6
#> 2     2  2006   9.1
#> 3     3  2006   8.7
#> 4     4  2006   8.4
```

```
#> 5      5  2006   8.5
#> 6      6  2006   7.3
#> # ... with 106 more rows
```

convert = TRUE 将 year 变量从字符串型转换为数值型，na.rm = TRUE 则可以自动移除没有值的月份。（其实这个缺失并不是数据的丢失，而只是因为那个时间还没有到而已。）

以上数据整理好之后，就很容易对此进行各种可视化操作了。如我们可以关注长期趋势，或是查看季节性变化：

```
ggplot(economics_2, aes(year + (month - 1) / 12, rate)) +
  geom_line()

ggplot(economics_2, aes(month, rate, group = year)) +
  geom_line(aes(colour = year), size = 1)
```

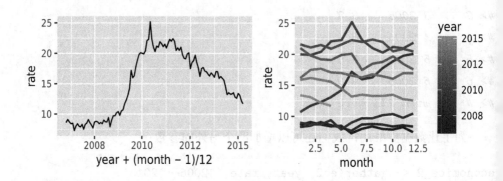

9.3.2 spread

spread() 函数是 gather() 的逆运算，你可以将数据化长为宽。如下数据集中有三个变量（day、rain 和 temp），但是 rain 和 temp 数据是长数据形式。

```
weather <- dplyr::data_frame(
  day = rep(1:3, 2),
  obs = rep(c("temp", "rain"), each = 3),
  val = c(c(23, 22, 20), c(0, 0, 5)))
```

```
weather
#> # A tibble: 6 x 3
#>     day obs     val
#>   <int> <chr> <dbl>
#> 1     1 temp     23
#> 2     2 temp     22
#> 3     3 temp     20
#> 4     1 rain      0
#> 5     2 rain      0
#> 6     3 rain      5
```

  spread() 函数帮助你将凌乱的长数据转换为整齐的宽数据。它同样有 gather() 函数的几个参数。你需要指定需要转换的 data，以及 key 和 value 对应的列名。在这个例子中，我们指定 key = obs, value = val：

```
spread(weather, key = obs, value = val)
#> # A tibble: 3 x 3
#>     day  rain  temp
#>   <int> <dbl> <dbl>
#> 1     1     0    23
#> 2     2     0    22
#> 3     3     5    20
```

9.3.3 练习题

1. 如何将最初的例子中的每个数据集转换为其他的形式？
2. 如何在 economics 和 economics_long 数据集之间来回转换？
3. 从 https://github.com/rstudio/EDAWR 下载 EDAWR 包并整理以下数据集：storms、population 和 tb。

9.4 separate 和 unite

spread 和 gather 函数可以帮你解决数据中的变量放错了位置的问题。而 separate（分离）和 unite（合并）则是为了解决以下问题：多个变量挤在了同一列中，或是一个变量分散到了不同的列中。

举个例子，以下数据集记录了某种药物治疗的响应数据。它包含三个变量（时间、治疗状态和响应值），但是时间和治疗状态的数据被记在了一起，变成了一个变量：

```
trt <- dplyr::data_frame( var = paste0( rep(c("beg", "end"),
       each = 3), "_", rep(c("a", "b", "c"))),
       val = c(1, 4, 2, 10, 5, 11))
trt
#> # A tibble: 6 x 2
#>   var   val
#>   <chr> <dbl>
#> 1 beg_a    1
#> 2 beg_b    4
#> 3 beg_c    2
#> 4 end_a   10
#> 5 end_b    5
#> 6 end_c   11
```

separate() 函数可以轻而易举地将这一混杂的列拆分成多个变量，它包含以下四个主要参数：

- data：需要调整的数据框；
- col：需要进行拆分的列的列名；
- into：拆分后新生成变量的列名，格式为字符型向量；
- sep：对如何拆分原变量的描述，其可以是正则表达式，如 _ 表示通过下划线拆分，或 [^a-z] 表示通过任意非字母字符拆分，或一个指定位置的整数。

在这个例子里，我们用 _ 字符进行拆分：

```
separate(trt, var, c("time", "treatment"), "_")
#> # A tibble: 6 x 3
#>   time  treatment   val
#>   <chr> <chr>     <dbl>
#> 1 beg   a             1
#> 2 beg   b             4
#> 3 beg   c             2
#> 4 end   a            10
#> 5 end   b             5
#> 6 end   c            11
```

（如果变量被一种更复杂的形式混合在了一起，试试 extract() 函数。另外，你有时可能需要单独建立一列经由某种运算生成的变量，mutate() 函数是一种方法，我们会在下一章中提到。）

unite() 函数是 separate() 的逆运算——它可以将多列合并为一列。尽管不常用，但知道其是 separate() 的逆函数还是很有必要的。

9.4.1 练习题

1. 从 https://github.com/rstudio/EDAWR 下载 EDAWR 包并了解整理 who 数据集。
2. 完整操作一遍 tidyr 包中包含的例子（demo(package = "tidyr")）。

9.5 案例学习

对于大部分真实数据，你需要运用的整理命令不止一个。虽然有很多路径可走，但是只要每一步都让你的数据集更整洁一些，最终你总会得到一个令人满意的整洁数据集。这意味着，你通常会以相同的顺序使用这些函数：gather()、separate() 和 spread()（虽然你并不一定每个都使用到）。

9.5.1 血 压

数据整理的第一步：确定数据集里的变量。看下面这个模拟医疗数据的数据集，其中有 7 个变量：姓名、年龄、开始日期、星期、收缩压和舒张压。它是以什么形式存储的？

```
# 从 Barry Rowlingson 的例子修改而来
# http://barryrowlingson.github.io/hadleyverse/
bpd <- readr::read_table(
"name age    start      week1  week2  week3
Anne  35  2014-03-27  100/80 100/75 120/90
 Ben  41  2014-03-09  110/65 100/65 135/70
Carl  33  2014-04-02  125/80  <NA>   <NA>
", na = "<NA>")
```

首先，化宽为长：

```
bpd_1 <- gather(bpd, week, bp, week1:week3)
bpd_1
#> # A tibble: 9 x 5
#>   name   age start       week   bp
#>   <chr> <int> <date>     <chr>  <chr>
#> 1 Anne    35 2014-03-27  week1  100/80
#> 2 Ben     41 2014-03-09  week1  110/65
#> 3 Carl    33 2014-04-02  week1  125/80
#> 4 Anne    35 2014-03-27  week2  100/75
#> 5 Ben     41 2014-03-09  week2  100/65
#> 6 Carl    33 2014-04-02  week2  <NA>
#> # ... with 3 more rows
```

数据看起来更整洁了，但是有两个变量（收缩压与舒张压）被一起记录在 bp 变量下。尽管我们经常这么记录血压，但是把它们分开才更易于分析。separate 就可以做到：

```
bpd_2 <- separate(bpd_1, bp, c("sys", "dia"), "/")
bpd_2
```

```
#> # A tibble: 9 x 6
#>   name  age   start      week  sys   dia
#>   <chr> <int> <date>     <chr> <chr> <chr>
#> 1 Anne  35    2014-03-27 week1 100   80
#> 2 Ben   41    2014-03-09 week1 110   65
#> 3 Carl  33    2014-04-02 week1 125   80
#> 4 Anne  35    2014-03-27 week2 100   75
#> 5 Ben   41    2014-03-09 week2 100   65
#> 6 Carl  33    2014-04-02 week2 <NA>  <NA>
#> # ... with 3 more rows
```

这个数据集现在已经很整洁了，但我们还可以再进一步让它变得更好用。下面的代码中运用了 extract() 函数，将 week 列中的数字单独取出来作为该列的值（此处正则表达式已经超出了本书的范围，\\d 表示任何数字）。我还利用 arrange() 函数（你将在下章中了解到）对行进行了排列以使每个人的记录都聚在一起。

```
bpd_3 <- extract(bpd_2, week, "week", "(\\d)", convert = TRUE)
bpd_4 <- dplyr::arrange(bpd_3, name, week)
bpd_4
#> # A tibble: 9 x 6
#>   name  age   start      week  sys   dia
#>   <chr> <int> <date>     <int> <chr> <chr>
#> 1 Anne  35    2014-03-27 1     100   80
#> 2 Anne  35    2014-03-27 2     100   75
#> 3 Anne  35    2014-03-27 3     120   90
#> 4 Ben   41    2014-03-09 1     110   65
#> 5 Ben   41    2014-03-09 2     100   65
#> 6 Ben   41    2014-03-09 3     135   70
#> # ... with 3 more rows
```

你可能注意到这个数据集存在一定的重复：如果知道了姓名，你自然就知道了年龄与开始时间。这反映了整洁的第三个条件（在这里我不具体展开）：每个数据框应该有且仅有一个数据集。而这里事实上包含了两个数据集：不随时间改变的个人信息，和他们每周的血压测量值。在本章最后提到的资源中，你将对该种凌乱的情况有更多了解。

9.5.2 考试成绩

假定你好奇干预对成绩的影响，你已经收集了如下数据，有哪些变量[1]？

```
# 修改自 https://stackoverflow.com/questions/29775461
set.seed(127)
scores <- dplyr::data_frame(
  person = rep(c("Greg", "Sally", "Sue"), each = 2),
  time   = rep(c("pre", "post"), 3),
  test1  = round(rnorm(6, mean = 80, sd = 4), 0),
  test2  = round(jitter(test1, 15), 0)
)
scores
#> # A tibble: 6 x 4
#>   person time  test1 test2
#>   <chr>  <chr> <dbl> <dbl>
#> 1 Greg   pre      78    80
#> 2 Greg   post     77    75
#> 3 Sally  pre      78    78
#> 4 Sally  post     80    79
#> 5 Sue    pre      83    84
#> 6 Sue    post     84    82
```

我认为变量包括人、考试、干预前成绩、干预后成绩。像之前那样，我们先将宽数据（test1 和 test2）转换为长数据形式（test 和 score）：

```
scores_1 <- gather(scores, test, score, test1:test2)
scores_1
#> # A tibble: 12 x 4
#>    person time  test  score
```

---

[1] 为了保证结果可复现，我们增加了随机种子。——译者注

```
#>   <chr>  <chr> <chr>  <dbl>
#> 1 Greg   pre   test1     78
#> 2 Greg   post  test1     77
#> 3 Sally  pre   test1     78
#> 4 Sally  post  test1     80
#> 5 Sue    pre   test1     83
#> 6 Sue    post  test1     84
#> # ... with 6 more rows
```

接下来我们需要做一件相反的事：pre（前）和 post（后）应当是两个变量而非值，所以我们要展开 time 和 score 变量：

```
scores_2 <- spread(scores_1, time, score)
scores_2
#> # A tibble: 6 x 4
#>   person test   post   pre
#>   <chr>  <chr> <dbl> <dbl>
#> 1 Greg   test1    77    78
#> 2 Greg   test2    75    80
#> 3 Sally  test1    80    78
#> 4 Sally  test2    79    78
#> 5 Sue    test1    84    83
#> 6 Sue    test2    82    84
```

我们将数据集整理好的一个重要证据是，它现在很容易计算出我们想要的统计量，即干预前后的成绩差值：

```
scores_3 <- mutate(scores_2, diff = post - pre)
scores_3
#> # A tibble: 6 x 5
#>   person test   post   pre  diff
#>   <chr>  <chr> <dbl> <dbl> <dbl>
#> 1 Greg   test1    77    78    -1
#> 2 Greg   test2    75    80    -5
```

```
#> 3 Sally   test1    80    78     2
#> 4 Sally   test2    79    78     1
#> 5 Sue     test1    84    83     1
#> 6 Sue     test2    82    84    -2
```

接下来作图就很容易了：

```
ggplot(scores_3, aes(person, diff, color = test)) +
  geom_hline(size = 2, colour = "white", yintercept = 0) +
  geom_point() +
  geom_path(aes(group = person), colour = "grey50",
    arrow = arrow(length = unit(0.25, "cm")))
```

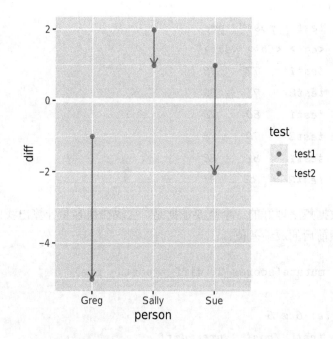

图 9.1: 考试成绩可视化结果（参见第 307 页彩图 58）

（再次说明，你将在下一章中看到 mutate() 函数的介绍。）

9.6 了解更多

数据整理是一个很大的话题，本章只触及其表面。关于其更深层次的讨论，我推荐以下这些参考文献：

- tidyr 包的文档。我在上文中解释了最重要的几个参数，但是大多数函数拥有更多的参数设置以应对不那么常见的情形。如果你遇到了问题，请务必查询文档，看看是否有一些参数可以帮助你解决问题。
- *Tidy data*（http://www.jstatsoft.org/v59/i10/），发表在 *Journal of Statistical Software* 上。它描述了更深入的数据整理的思想，并展示了其他类型的杂乱数据。遗憾的是，这篇文章写于发明 tidyr 包之前，所以要想知道如何利用 tidyr 包的操作替代 reshape2 包，还要参阅 *tidyr vignette*（https://cran.r-project.org/web/packages/tidyr/vignettes/tidy-data.html）。
- RStudio 的 *data wrangling cheatsheet*（http://rstudio.com/cheatsheets），其中包括 tidyr 中最常用的一些语句，可以帮助你迅速回忆。

9.7 参考文献

[1] Wickham H (2007) Reshaping data with the reshape package. J Stat Soft 21(12). http://www.jstatsoft.org/v21/i12/paper.

[2] Wickham H (2014) Tidy data. J Stat Softw 59. http://www.jstatsoft.org/v59/i10/.

第 10 章 数据变换

10.1 简 介

数据整理的确十分重要，但它绝非数据调整的终点。通常，你得到的变量并非 100% 合适，或是有时你还需要先对它们做一些聚合才能对其可视化。这一章将向你展示如何利用 **dplyr** 包来解决这个（以及更多）问题。

dplyr 提供了一系列数据操作的动词（函数），它们可以满足常见的 95% 的操作需求。dplyr 和 ggplot2 很相似，区别仅仅在于一个提供图形的语法，而另一个提供数据操作的语法。和 ggplot2 一样，dplyr 不仅仅提供了现成的函数，它还让你深入思考何谓数据操作。特别地，dplyr 通过限制的方法来帮助你：与其在成千上万个函数中苦苦挣扎，不知道该用什么，不如从一小撮特意设计的却最有可能有用的函数中进行挑选。在本章中，你将会学到 dplyr 中最重要的四个函数：

- `filter()`
- `mutate()`
- `group_by()` 和 `summarise()`

这些函数非常容易掌握，因为它们的使用方式是一样的：将一个数据框作为第一个参数，并返回调整后的数据框。其他的参数则控制格式变换的细节。我也将用同样的方法介绍每一个函数：以 `diamonds` 数据为例，深入介绍函数的细节并以练习作为结束，从而让你可以充分实践你的新技能。

之后你还将了解到如何利用 `%>%` 进行数据变换的管道操作。`%>%` 和 ggplot2 中的 `+` 充当着类似的角色：它能将复杂难懂的问题分成多个简单易懂的小部分。

本章只触及 dplyr 能力的表面，但这也足以帮你解决可视化的问题。通过参阅本章最后讨论的资源，你可以了解到更多内容。

10.2 筛选观测

一个常见的情况是，你只需要探索数据集的一部分。数据分析的一个优秀策略就是首先从一个观测单元开始（一个人、一个城市等），先理解它的情况，之后再将结论推广到其他情况。当你对分析不知所措时，这个方法行之有效：先筛选出一个小子集，充分掌握它，然后再考虑全部，将结论推用于整个数据集。

筛选也是一个提取异常值的有效方法。通常，你并不想简单粗暴地删去它们，因为它们也可能包含非常重要的信息。但是考虑将数据划分为寻常和异常则非常有用：你可以通过总结寻常的点来看大的趋势，你也可以通过单独检查异常值来看看究竟发生了什么事。

下面这张图展示了钻石 x 和 y 维度的相关情况：

```
ggplot(diamonds, aes(x, y)) + geom_bin2d()
```

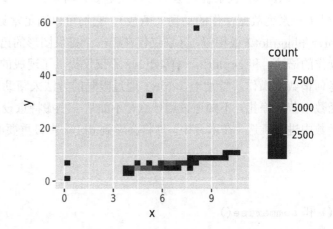

数据集中大约有五万个点：大部分点都在对角线附近，但存在异常值。一部分明显有问题的值是维度为 0 的钻石，我们可以用 `filter()` 函数将其筛选出来。

```
filter(diamonds, x == 0 | y == 0)
#> Warning: package 'bindrcpp' was built under R version 3.4.4
#> # A tibble: 8 x 10
#>   carat   cut  color clarity depth table price     x     y     z
#>   <dbl> <ord>  <ord>   <ord> <dbl> <dbl> <int> <dbl> <dbl> <dbl>
```

第 10 章 数据变换

```
#> 1  1.07 Ideal  F  SI2   61.6  56  4954   0  6.62  0
#> 2  1    Very~  H  VS2   63.3  53  5139   0  0     0
#> 3  1.14 Fair   G  VS1   57.5  67  6381   0  0     0
#> 4  1.56 Ideal  G  VS2   62.2  54  12800  0  0     0
#> 5  1.2  Prem~  D  VVS1  62.1  59  15686  0  0     0
#> 6  2.25 Prem~  H  SI2   62.8  59  18034  0  0     0
#> # ... with 2 more rows
```

这个过程等价于原始 R 代码 `diamonds[diamonds$x == 0 | diamonds$y == 0,]`,但是表达更为简洁,因为 `filter()` 函数知道要针对行来进行筛选。

如果你之前用过 `subset()` 函数,会发现这是个十分类似的操作,最大的区别在于 `subset()` 既可以选择观测也可以选择变量,而在 dplyr 中,`filter()` 仅能选择观测而 `select()` 仅能选择变量。另外还有一些细小的不同,但利用 `filter()` 的优势在于它和 dplyr 中其他的函数各司其职,从而运算速度稍快于 `subset()`。

在实际的分析中,你需要仔细检查这些异常值,以试图找到造成这个数据质量问题的根源。但在本例中,我们将直接删去它们并集中注意力在那些留下的点上。为了少打一些字,我们对 `filter()` 函数输入一些参数,来把它们组合起来。

```
diamonds_ok <- filter(diamonds, x > 0, y > 0, y < 20)
ggplot(diamonds_ok, aes(x, y)) + geom_bin2d() +
  geom_abline(slope = 1, colour = "white", size = 1, alpha = 0.5)
```

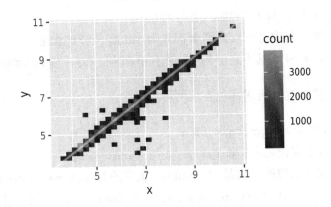

这个图看起来更有意义，我们可以看到 x 和 y 之间的强相关性。我在图上增加了参考线，可以很清楚地看到，对于绝大多数钻石来说，x 和 y 是十分相近的。然而，这个图仍然存在一些问题：

- 这个图几乎是空白的，因为绝大多数点都位于对角线上。
- 图上仍有一些明显的二元异常值，但是很难再用一个简单的筛选将他们选出来。

我们将在下一节中，通过增加一个由 x 和 y 构造的新变量来解决这两个问题。但在此之前，我们更深入地看看 `filter()` 函数。

10.2.1 有用的工具

`filter()` 的第一个参数是数据框。第二个及之后的参数都必须是逻辑向量：`filter()` 函数将选出每一个分量的逻辑表达都为 TRUE 的行。逻辑向量必须和数据框等宽，否则将会报错。通常你可以通过比较运算符建立逻辑向量：

- `x == y`：x 和 y 相等；
- `x != y`：x 和 y 不等；
- `x %in% c("a", "b", "c")`：x 属于右侧；
- `x > y`、`x >= y`、`x < y`、`x <= y`：大于、大于等于、小于、小于等于。

然后用逻辑运算符将它们组合起来：

- `!x`（读作"非 x"）：翻转 TRUE 和 FALSE，所以其将保留所有 x 为 FALSE 的值；
- `x & y`：若 x 和 y 都为 TRUE，则为 TRUE；
- `x | y`：x 和 y 其中之一（或两者都）为 TRUE，则为 TRUE；
- `xor(x, y)`：x 和 y 其中之一为 TRUE 且不都为 TRUE，则为 TRUE（异或）。

大部分真实情况的需求都包含这两种的组合：

- 价格小于 500 美元：`price < 500`；
- 大小在 1 到 2 克拉之间：`carat >= 1 & carat < 2`；
- 切工是 Ideal（理想的）或是 Premium（优秀的）：`cut == "Premium" | cut == "Ideal"` 或 `cut %in% c("Premium", "Ideal")`（注意 R 对大小写敏感）；

- 颜色、切工和净度都最差：cut == "Fair" & color == "J" & clarity == "SI2"。

你也可以在筛选条件中使用函数：

- 大小在 1 到 2 克拉之间：floor(carat) == 1；
- 平均维度大于 3：(x + y + z) / 3 > 3。

尽管直接用简单的表达式很实用，但当情况变得复杂时，你最好还是先建立一个新变量，从而你可以确保你在取子集之前的那些计算都是正确的。下一节中将会告诉你如何做。

NA 的规则相对复杂，我们接下来进行解释。

10.2.2 缺失值

NA 在 R 中用来表示缺失值，它有时候可以让人十分泄气。R 的底层逻辑迫使你去承认你存在缺失值，并需要你专门想办法来处理它们：缺失值永远不会自己消失。这是件痛苦的事，因为大部分时候你真的只是想让它们消失，不过这种逻辑也可以迫使你去思考正确的选择。

关于缺失值，最需要明白的是，它们是会传染的：除了极少数例外情况，一个包含缺失值的操作的结果也将是一个缺失值。这是因为 NA 代表一个未知的值，几乎没有什么操作可以把它变成已知。

```
x <- c(1, NA, 2)
x == 1
#> [1] TRUE    NA FALSE
x > 2
#> [1] FALSE   NA FALSE
x + 10
#> [1] 11 NA 12
```

如果你刚学 R，你可能会尝试用 == 找缺失值：

```
x == NA
#> [1] NA NA NA
```

```
x != NA
#> [1] NA NA NA
```

但它不管用！稍加思索不难得出原因：没有理由证明两个未知值是一样的。因此，需要用 is.na(X) 来判断一个值是否是缺失值：

```
is.na(x)
#> [1] FALSE TRUE FALSE
```

filter() 仅包括了那些所有逻辑值都为 TRUE 的观测，所以 NA 都被自动删掉了。如果你希望包括那些缺失值，只需要具体地指定下: x > 10 | is.na(x). 有时候你需要将缺失值转换为 FALSE，你可以用 x > 10 & !is.na(x) 实现。

10.2.3 练习题

1. 练习筛选技巧：

   - 找出所有 x 和 y 维度相等的钻石；
   - 深度（depth）介于 55 到 70 之间；
   - 克拉数（carat）低于克拉数的中位数；
   - 每克拉价格超过 $10000；
   - 质量为 good 或更好的。

2. 填出下表中问号处的内容：

表达式	TRUE	FALSE	NA
x	x		
?		x	
is.na(x)			x
!is.na(x)	?	?	?
?		x	x
?		x	x

3. 用变量 z 重复以上异常值的分析并与 x 和 y 之间的分析作比较,你会如何评价 x 和 z、y 和 z 之间的相关性?

4. 下载 ggplot2movies 包并观察存在预算(budget)缺失的电影。这些电影和那些不存在缺失的电影有什么区别?(提示:试试用频率多边形以及 colour = is.na(budget)。)

5. NA & FALSE 和 NA | TRUE 分别是什么?为什么 NA * 0 不等于 0?什么数乘以 0 不等于 0?你认为 NA ^ 0 是多少?为什么?

10.3 建立新变量

为了更好地探索 x 和 y 的关系,"旋转"一下这个图可能有用,让数据散点图变成平的而非现在的对角线。通过建立两个新变量达到这个目的:一个表示 x 和 y 的差值(在这个例子中代表了钻石的对称性),另一个表示它的大小(对角线的长度)。

用 mutate() 函数可以建立新的变量。和 filter() 函数相同,它也将数据框作为第一个参数并返回调整后的数据框。之后的参数则是生成新变量的表达式和变量名。同 filter() 一样,可以直接指定变量名而无需再重复输入数据框名。

```
diamonds_ok2 <- mutate(diamonds_ok, sym = x - y,
  size = sqrt(x ^ 2 + y ^ 2))
diamonds_ok2
#> # A tibble: 53,930 x 12
#>   carat    cut  color clarity depth table price     x     y     z
#>   <dbl>  <ord>  <ord>   <ord> <dbl> <dbl> <int> <dbl> <dbl> <dbl>
#> 1  0.23  Ideal      E     SI2  61.5    55   326  3.95  3.98  2.43
#> 2  0.21  Prem~      E     SI1  59.8    61   326  3.89  3.84  2.31
#> 3  0.23   Good      E     VS1  56.9    65   327  4.05  4.07  2.31
#> 4 0.290  Prem~      I     VS2  62.4    58   334   4.2  4.23  2.63
#> 5  0.31   Good      J     SI2  63.3    58   335  4.34  4.35  2.75
#> 6  0.24  Very~      J    VVS2  62.8    57   336  3.94  3.96  2.48
#> # ... with 5.392e+04 more rows, and 2 more variables:
#> #   sym <dbl>, size <dbl>
```

```
ggplot(diamonds_ok2, aes(size, sym)) +
  stat_bin2d()
```

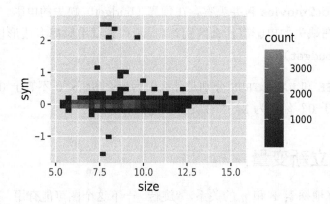

该图有两个好处：更清楚地展现了大多数钻石的情况，更容易从中选出异常值。在这里异常值的正（x 比 y 大）负（y 比 x 大）应该并不重要，所以我们可以取这个对称变量的绝对值，然后筛选出这些异常值。基于此图并做了一些尝试后，我取 0.20 作为临界值并通过直方图对结果进行检查。

```
ggplot(diamonds_ok2, aes(abs(sym))) + geom_histogram(binwidth = 0.1
diamonds_ok3 <- filter(diamonds_ok2, abs(sym) < 0.20)
ggplot(diamonds_ok3, aes(abs(sym))) + geom_histogram(binwidth = 0.0
```

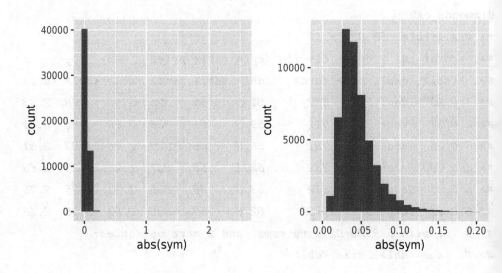

这个直方图很有意思！尽管大多数钻石都接近对称，但只有极少数是真正完全对称的（也就是 x == y）。

10.3.1 有用的工具

一般而言，你的领域知识可以给你一些数据操作的建议。但你同样也会发现，有一些数据操作的方法可以适用于绝大多数情形。

- 对数变换。它可以将变量间的乘法关系转换为加法关系；可以压缩变量在量纲上的区别；可以将指数关系转换为线性关系。详情可以参阅 https://stats.stackexchange.com/questions/27951 上的例子。
- 相对差异。如果你关注两个变量的相对差异，用 `log(x / y)` 比用 `x / y` 更好。因为它是对称的：如果 x < y，x / y 取值为 [0,1)，而如果 x > y，x / y 取值为 (1, Inf)。更多讨论详见 Törnqvist 等人 (1985) 的文献。
- 积分或差分。如果数据中包含距离和时间，速度或加速度是否会更有用？（或相反）。（要注意的是，积分会使数据更平滑，而差分则会使之不平滑。）
- 将一个数字分为数值和方向。利用 `abs(x)` 和 `sign(x)` 可以做到。

还有一些针对多个变量的常用变换方法：

- 如上所述，积分和差分是有效的。
- 如果你可以看到一个明显的趋势，可以利用模型将其分为趋势项和残差项。具体内容在下一章中会有所讨论。
- 有时候可以将位置坐标转为极坐标（或反过来）：距离（`sqrt(x^2 + y^2)`）和角度（`atan2(y, x)`）。

10.3.2 练习题

1. 练习构造新变量的技巧：

   - 估算钻石的体积（利用 x、y 和 z 变量）；
   - 估算钻石的密度；
   - 每克拉价格；
   - 对克拉数和价格作对数变换。

2. 如何提高图 ggplot(diamonds, aes(x, z)) + stat_bin2d() 中的数据密度？什么样的操作可以更容易筛选出异常值？
3. 深度变量就是钻石的宽度（x 和 y 的平均）除以其高度（z）并乘以 100 后四舍五入取整。计算深度变量并与已有的深度变量（depth）作比较。用图来展示你的结果。
4. 比较两种情况下钻石对称性的分布：$x > y$ 和 $x < y$。

10.4　分组汇总

很多有启发性的可视化需要你将完整数据集简化为一个有意义的汇总。ggplot2 提供了许多几何对象可以为你完成这个工作。但通常自己手动做汇总更有必要：你可以更灵活地完成这个工作，并且可以方便地将汇总用于其他目的。

dplyr 分两步完成汇总：

1. 用 group_by() 函数定义分组变量；
2. 用一行 summarise() 代码描述如何对每组汇总。

举个例子，要想看不同净度的钻石的平均价格，我们首先将数据按净度分组，然后进行汇总：

```
by_clarity <- group_by(diamonds, clarity)
sum_clarity <- summarise(by_clarity, price = mean(price))
sum_clarity
#> # A tibble: 8 x 2
#>   clarity price
#>   <ord>   <dbl>
#> 1 I1      3924.
#> 2 SI2     5063.
#> 3 SI1     3996.
#> 4 VS2     3925.
#> 5 VS1     3839.
#> 6 VVS2    3284.
#> # ... with 2 more rows
```

```
ggplot(sum_clarity, aes(clarity, price)) +
  geom_line(aes(group = 1), colour = "grey80") +
  geom_point(size = 2)
```

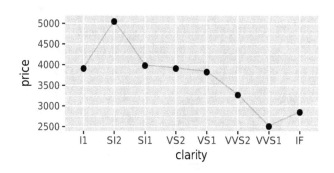

你可能会觉得这个结论很费解：为什么钻石的净度更高时价格却变低了？我们将会在之后的 11.2 节移除趋势一节中给出这个问题的解释和解决办法。

如果要利用多个变量来分组，则将额外的变量加到 group_by() 中。接下来的例子就展现了如何（手动）计算一个展现切工和深度关系的频率多边形。汇总函数中 n() 的作用是数出每组内观测的个数。

```
cut_depth <- summarise(group_by(diamonds, cut, depth), n = n())
cut_depth <- filter(cut_depth, depth > 55, depth < 70)
cut_depth
#> # A tibble: 455 x 3
#> # Groups:   cut [5]
#>   cut    depth     n
#>   <ord>  <dbl> <int>
#> 1 Fair    55.1     3
#> 2 Fair    55.2     6
#> 3 Fair    55.3     5
#> 4 Fair    55.4     2
#> 5 Fair    55.5     3
#> 6 Fair    55.6     4
```

```
#> # ... with 449 more rows
```

```
ggplot(cut_depth, aes(depth, n, colour = cut)) +
  geom_line()
```

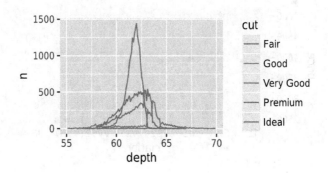

图 10.1: 手动计算切工和深度之间的关系（参见第 307 页彩图 59）

我们用分组的 `mutate()` 函数将计数转换为比例，这样更方便在各个切工中作比较。`summarise()` 函数去掉了分组的一个水平，因此 `cut_depth` 将依切工分组。

```
cut_depth <- mutate(cut_depth, prop = n / sum(n))
ggplot(cut_depth, aes(depth, prop, colour = cut)) +
  geom_line()
```

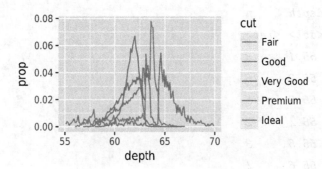

10.4.1 有用的工具

summarise() 有时需要和别的函数一起协作，这类函数可以对 n 个值的向量进行运算并返回一个单值，比如：

- 计数：n()、n_distinct(x);
- 中间值：mean(x)、median(x);
- 离散程度：sd(x)、mad(x)、IQR(x);
- 极端值：quartile(x)、min(x)、max(x);
- 位置：first(x)、last(x)、nth(x, 2)。

另一个十分有用的方法是对逻辑向量使用 sum() 或 mean()。当逻辑向量作为数值处理时，TRUE 计为 1，FALSE 计为 0，所以 sum() 表示 TRUE 的数量而 mean() 则可表示 TRUE 的比例。比如下面的代码就计算了克拉数大于等于 4 的钻石个数和 $1000 以下钻石所占的比例。

```
summarise(diamonds,
  n_big = sum(carat >= 4),
  prop_cheap = mean(price < 1000))
#> # A tibble: 1 x 2
#>   n_big prop_cheap
#>   <int>      <dbl>
#> 1     6      0.269
```

大多汇总函数都包含 na.rm 的参数，na.rm = TRUE 意味着在汇总前删去缺失值。这是个很好用的小窍门，你不必再手动删除缺失值后再汇总，而可以一步到位。

10.4.2 统计上的考虑

当你利用均值或中位数进行汇总时，顺手计一下数并衡量一下离散程度，往往可以帮助你做结论——如果不计算它们，你可能会低估数据的波动性，从而有可能得出极不可靠的结论。

下面我们对刚才的分净度平均价格的汇总做一个补充：增加每组的计数和上下四分位点。这显示出均值对这个数据的汇总效果并不好——价格的分布是严重偏态的：在某些组内，均值甚至比上四分位点还高！

```
by_clarity <- diamonds %>%
  group_by(clarity) %>%
  summarise(
    n = n(), mean = mean(price),
    lq = quantile(price, 0.25), uq = quantile(price, 0.75))
by_clarity
#> # A tibble: 8 x 5
#>   clarity     n  mean    lq    uq
#>   <ord>   <int> <dbl> <dbl> <dbl>
#> 1 I1        741 3924. 2080  5161
#> 2 SI2      9194 5063. 2264  5777.
#> 3 SI1     13065 3996. 1089  5250
#> 4 VS2     12258 3925.  900  6024.
#> 5 VS1      8171 3839.  876  6023
#> 6 VVS2     5066 3284.  794. 3638.
#> # ... with 2 more rows
ggplot(by_clarity, aes(clarity, mean)) +
  geom_linerange(aes(ymin = lq, ymax = uq)) +
  geom_line(aes(group = 1), colour = "grey50") +
  geom_point(aes(size = n))
```

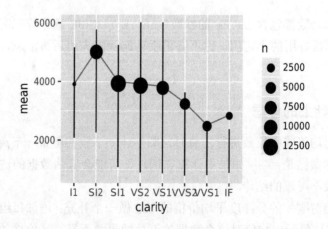

下面的例子来自棒球比赛，我们看看 Lahman 包中 MLB 的击球数据。我们

计算一下安打率：安打（击球上垒）的次数除以在棒数。在这个标准下，谁是最好的击球手？

```
data(Batting, package = "Lahman")
batters <- filter(Batting, AB > 0)
per_player <- group_by(batters, playerID)
ba <- summarise(per_player,
  ba = sum(H, na.rm = TRUE) / sum(AB, na.rm = TRUE))
ggplot(ba, aes(ba)) +
  geom_histogram(binwidth = 0.01)
```

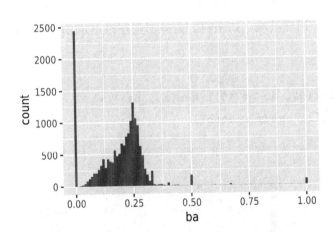

哇！有些球员几乎次次命中！你是不是想让他们加入你的棒球队呢？我们通过计算一下在棒数，再仔细确认一遍他们是否真的那么好：

```
ba <- summarise(per_player,
  ba = sum(H, na.rm = TRUE) / sum(AB, na.rm = TRUE),
  ab = sum(AB, na.rm = TRUE))
ggplot(ba, aes(ab, ba)) +
  geom_bin2d(bins = 100) +
  geom_smooth()
```

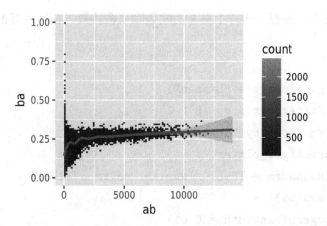

安打率最高的球员就是那些在棒最少的球员——如果你仅有一两次击球机会,每次都命中当然不难。如果我们去掉那些在棒不足 10 次的球员,可以看到更清晰的规律。

```
ggplot(filter(ba, ab >= 10), aes(ab, ba)) +
  geom_bin2d() + geom_smooth()
```

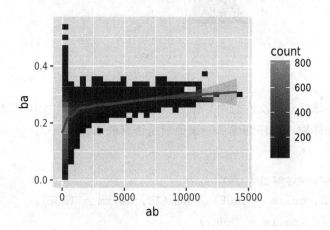

当你比较观测数对平均值的图时,你总是会发现类似这样的情况。所以请一定要谨慎!

10.4.3 练习题

1. 计算 `ggplot2movies::movies` 数据中每年存在预算缺失情况的电影的百分比,并可视化你的结果。
2. 随着时间推移,电影的平均时长如何变化?用图来展示你的结果,包括对不确定性的展示。
3. 对于每种钻石品质的组合(如切工、颜色和净度),计算钻石的数量、平均价格和平均大小,并画图展示出来。
4. "手动"计算克拉数的直方图(带宽为 0.1),并用 `geom_bar(stat = "identity")` 展示你的结果。(提示:你需要先建立一个新的变量。)
5. 在棒球的例子中,安打率似乎随着在棒数的升高而升高,为什么?

10.5 管道操作

多数实际分析中,你需要用一连串的 `mutate()`、`filter()`、`group_by()` 和 `summarise()`。比如之前我们就组合了全部四个函数来手动创造出了频率多边形:

```
# 通过中介变量
cut_depth <- group_by(diamonds, cut, depth)
cut_depth <- summarise(cut_depth, n = n())
cut_depth <- filter(cut_depth, depth > 55, depth < 70)
cut_depth <- mutate(cut_depth, prop = n / sum(n))
```

这一系列操作略显繁琐,因为我们需要多次重复数据框的名称,一个替代方案是用函数调用序列来完成它:

```
# 通过"组合"函数
mutate( filter(summarise(group_by(diamonds, cut, depth),
    n = n()), depth > 55, depth < 70), prop = n / sum(n))
```

但是这个方法会增加代码阅读的难度,因为操作顺序是由内而外的,且各个函数的参数设置可能相去甚远。dplyr 提供了另一种替代方案:利用**管道函数**,`%>%`。通过这种方法我们可以将上述一系列操作写为:

```
cut_depth <- diamonds %>%
  group_by(cut, depth) %>%
  summarise(n = n()) %>%
  filter(depth > 55, depth < 70) %>%
  mutate(prop = n / sum(n))
```

现在要理解做了什么事就很容易了,就和读一个句子一样:首先分组,再汇总,然后筛选,最后建立新的变量。事实上,读代码序列时,%>% 符号最好的读法就是 "然后"。%>% 来自 Stefan Milton Bache 的 magrittr 包,它还提供了许多 dplyr 默认情况下不显示的其他工具,所以我强烈推荐你参阅 magrittr 的官方网站。

%>% 的运作原理是将其左边 (left hand side, LHS) 的内容作为其右边 (right hand side, RHS) 函数的第一个参数。以下的表达是等价的:

```
f(x, y)
# 等价于
x %>% f(y)


g(f(x, y), z)
# 等价于
x %>% f(y) %>% g(z)
```

10.5.1 练习题

1. 将本章中所有的例子都转译成管道操作的形式。

2. 下面的操作是什么意思?

```
library(magrittr)
x <- runif(100)
x %>%
  subtract(mean(.)) %>%
  raise_to_power(2) %>%
  mean() %>%
  sqrt()
```

3. 在 Batting 数据集里，哪位运动员在其职业生涯中有最始终如一的良好表现？

10.6 了解更多

  dplyr 包提供了许多其他的函数，它们虽然在可视化中不如之前几个常用，但也十分重要：

- `arrange()` 函数可以将观测依据某（些）变量排序。当你从控制台（console）看数据时，这个函数是最有用的。在绘图时，它还可以帮助你控制哪些点绘制在最上面。
- `select()` 函数可以基于变量名选择变量，当你希望从大量变量中只选取几个作分析时尤其有用。
- `rename()` 函数可以更改变量名。
- 分组建立变量和分组筛选也是有用的，并且更为高级。详情见 `vignette("window-functions", package = "dplyr")`。
- 还有一些用于同时处理两套数据的函数。它们包含了 SQL 接口（如 R 自带的 `merge()` 函数）和集合操作。详情见 `vignette("two-table", package = "dplyr")`。
- dplyr 可以直接对数据库中的数据进行操作——你用和本地操作时一样的 R 代码，然后 dplyr 能处理成 SQL 语言并发送至数据库。详情见 `vignette("databases", package = "dplyr")`。

  最后，RStudio 还提供了一个便捷的 dplyr 备忘录，可以帮助你迅速回忆。你可以在 http://rstudio.com/cheatsheets 上获取。

10.7 参考文献

[1] Törnqvist L, Pentti V, Yrjö OV(1985) How should relative changes be measured? Am Stat 39(1):43-46.

第 11 章 为可视化建模

11.1 简　介

建模是可视化的必备的工具。这一章，我想探索以下两个建模和可视化之间的紧密联系：

- 将模型当成工具，用于去除图像中的明显模式。这种方法很有用，因为明显的模式会掩盖掉微小的效应。通常来说，最强的效应都是已知和可预计的，所以移除这些明显效应有助于观察数据不同寻常的部分。
- 其余情形下，你的数据太多，不能用顺手的图像来展示它们。模型有助于汇总数据，从而获得更高层次的观察。

这一章，我会着重于使用线性模型来达成以上目标。线性模型是基础但强大的统计工具，我建议每一位有志于可视化的用户都至少学习一些使用相关模型的知识。这里，我强烈推荐 Julian J. Faraway 的两本书：

- 《利用 R 处理线性模型》（*Linear Models with R*），http://amzn.com/1439887330。
- 《利用 R 扩展线性模型》（*Extending the Linear Model with R*），http://amzn.com/158488424X。

这两本书涵盖了线性模型的一些理论，但是更注重实用性，以及在 R 中使用线性模型（和它们的扩展）的方法。

除了线性模型，还有很多其余的建模工具，但是这里不做介绍。一旦明白了如何使用线性模型来优化可视化成果，你就应该知道如何把基本的思想转化到其他模型族上面。这一章只是简单地介绍了可以做什么。但是，希望这一章能揭示出可视化是怎样使用建模技术来帮助你创造强大的数据分析工具的。Wickham、Cook、和 Hofmann (2015) 的文献提供了更多细节。

这一章只是简单地展现了可视化和建模之间的交叉知识点。我认为，掌握好可视化和建模这一组合是成为高效率数据科学家的关键之处。不幸的是，大部分书籍（包括这一本！）只侧重于可视化或只侧重于建模，而不是侧重于两者的结合。很多有趣的工作有待完成。

11.2 移除趋势

到现在为止，对于钻石数据集的分析都受限于大小和价格之间的强相关性。这使得观察切工、颜色和净度的影响更加困难，因为更优质的钻石往往更小，因而更便宜。这种问题通常被称为"干扰（confounding）"。我们可以用线性模型来移除钻石大小对价格的影响。我们可以关注相对价格，而不是真正的绝对价格：这一钻石在相同大小的钻石之中的相对价值。

为了上手，我们只关注两克拉或以下的钻石的数据（数据集的 96%）。这样处理的话可以避免一些奇怪的问题，你如果感兴趣的话可以在练习题中继续探索。我们会创建两个新的变量：价格取对数后的值和克拉数取对数后的值。这两个变量很有用，因为它们的图像显示出强线性趋势。

```
diamonds2 <- diamonds %>%
  filter(carat <= 2) %>%
  mutate(lcarat = log2(carat), lprice = log2(price))
diamonds2
#> # A tibble: 52,051 x 12
#>   carat cut    color clarity depth table price     x     y     z
#>   <dbl> <ord>  <ord> <ord>   <dbl> <dbl> <int> <dbl> <dbl> <dbl>
#> 1  0.23 Ideal  E     SI2      61.5    55   326  3.95  3.98  2.43
#> 2  0.21 Prem~  E     SI1      59.8    61   326  3.89  3.84  2.31
#> 3  0.23 Good   E     VS1      56.9    65   327  4.05  4.07  2.31
#> 4  0.290 Prem~ I     VS2      62.4    58   334  4.2   4.23  2.63
#> 5  0.31 Good   J     SI2      63.3    58   335  4.34  4.35  2.75
#> 6  0.24 Very~  J     VVS2     62.8    57   336  3.94  3.96  2.48
#> # ... with 5.204e+04 more rows, and 2 more variables:
```

```
#> #   lcarat <dbl>, lprice <dbl>
```

```
ggplot(diamonds2, aes(lcarat, lprice)) +
  geom_bin2d() + geom_smooth(method = "lm", se = FALSE,
    size = 2, colour = "yellow")
```

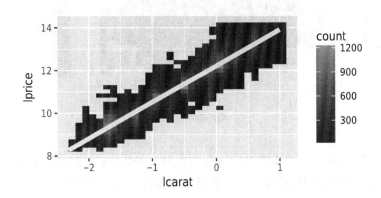

图 11.1: 取对数后绘图（参见第 308 页彩图 60）

图形里面我们使用 `geom_smooth()` 把拟合得最好的线覆盖在数据上面。重复地，我们可以在 ggplot2 外部使用 `lm()` 来拟合线性模型。这有助于我们获取直线的斜率和截距：

```
mod <- lm(lprice ~ lcarat, data = diamonds2)
coef(summary(mod))
#>              Estimate Std. Error t value Pr(>|t|)
#> (Intercept)     12.2    0.00211    5789      0
#> lcarat           1.7    0.00208     816      0
```

如果比较熟悉线性模型，你也许会这样解读以上系数：$\log_2(price) = 12.2 + 1.7 \cdot \log_2(carat)$，等价地，有 $price = 4900 \cdot carat^{1.7}$。当然，能够解读那些系数是很有用的，但是，即使你不理解它们，这个模型依然是有用的。我们可以使用模型里的残差来移除趋势：每一粒钻石的价格减去它的预测价格，从而变得只依赖于重量。从几何意义上来说，残差是每一数据点到拟合线之间的垂直距离。对于每粒钻石，残差告诉了我们它和相同大小的"平均"钻石的相对价格。

```
diamonds2 <- diamonds2 %>% mutate(rel_price = resid(mod))
ggplot(diamonds2, aes(carat, rel_price)) + geom_bin2d()
```

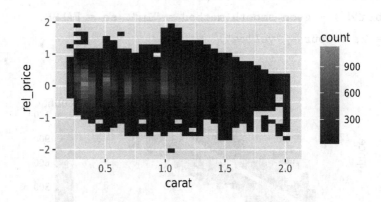

值为零的相对价格意味着对应钻石的售价是平均值；正数值意味着钻石比意料中的要贵（对它的大小来说），负数值则意味着它比意料中的要便宜。

这里，精确地解读值的含义是有些刁钻的，因为这里的价格是 log 变换后的。残差提供的是绝对差值（$x - expected$），但是我们这里的式子是 $\log_2(price) - \log_2(expected price)$，或等价地 $\log_2(price/expected price)$。如果我们"反变换"回原来的标度（$2^x$），我们会有 $price/expected price$。这样的话，数值的含义变得更加清晰，代价是丧失了 log 变换后数据的良好对称性（例如，相对便宜和相对昂贵的钻石数据有相同的区间）。我们可以创建以下表格来帮助解读那些数值：

```
xgrid <- seq(-2, 1, by = 1/3)
data.frame(logx = xgrid, x = round(2 ^ xgrid, 2))
#>      logx     x
#> 1  -2.000  0.25
#> 2  -1.667  0.31
#> 3  -1.333  0.40
#> 4  -1.000  0.50
#> 5  -0.667  0.63
#> 6  -0.333  0.79
#> 7   0.000  1.00
#> 8   0.333  1.26
```

```
#>  9   0.667  1.59
#> 10   1.000  2.00
```

这个表格展示了我们使用 log2() 而不是 log() 的理由：对数变换后数据变化 1 个单位对应着原有数据变化 2 倍。比如，rel_price 的值减去 1，意味着预测价格变成一半；而前者的值加上 1 则意味着后者的值变成两倍。

接下来，我们通过使用价格和相对价格来观察颜色和切工是如何影响钻石的价值的。我们对每一个颜色和切工的组合来计算平均价格和平均相对价格：

```
color_cut <- diamonds2 %>% group_by(color, cut) %>%
  summarise(price = mean(price), rel_price = mean(rel_price))
color_cut
#> # A tibble: 35 x 4
#> # Groups:   color [?]
#>   color cut       price rel_price
#>   <ord> <ord>     <dbl>     <dbl>
#> 1 D     Fair      3939.   -0.0755
#> 2 D     Good      3309.   -0.0472
#> 3 D     Very Good 3368.    0.104
#> 4 D     Premium   3513.    0.109
#> 5 D     Ideal     2595.    0.217
#> 6 E     Fair      3516.   -0.172
#> # ... with 29 more rows
```

若只看价格，则很难搞清楚钻石品质是如何影响价格的。最低品质的钻石（颜色为 J，切工为 fair）有着最高的平均价值！这是因为这些钻石也倾向于更大：大小和品质互相干扰了。

```
ggplot(color_cut, aes(color, price)) +
  geom_line(aes(group = cut), colour = "grey80") +
  geom_point(aes(colour = cut))
```

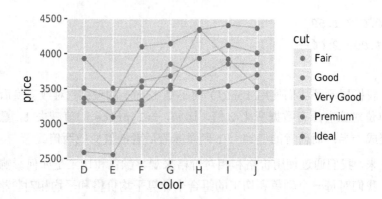

图 11.2: 大小和品质互相干扰（参见第 308 页彩图 61）

然而，如果我们绘制出相对价格，你会见到你所预测的模式：钻石品质降低的时候，相对价格也会降低。最差品质钻石的价格是"平均"钻石价格的 0.61 倍 ($2^{-0.7}$)。

```
ggplot(color_cut, aes(color, rel_price)) +
  geom_line(aes(group = cut), colour = "grey80") +
  geom_point(aes(colour = cut))
```

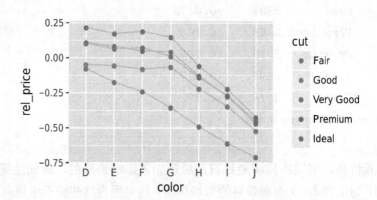

图 11.3: 只绘制相对价格（参见第 309 页彩图 62）

这一技术适用于广泛的情形。每当可以显式地对图像中的明显模式进行建模，就值得使用一个移除了那个模式的模型，从而可以更清晰地观察到剩下来还有什么有趣的趋势。

11.2.1 练习题

1. 如果你对所有的钻石数据重复以上分析，会发生什么事情？（不仅仅是两克拉或以下的钻石。）表示 log(carat) 和相对价格之间关系的奇怪图像意味着什么？没有任何点的对角线意味着什么？
2. 我提出了一个未经证实的断言：低品质的钻石往往更大。用图像来支持我的说法。
3. 你能否创建这样一个图像：它同时展示出颜色、切工和净度对相对价格的影响？如果一幅图像上的信息太多，思考一下如何创建一系列图像来传递相同的信息。
4. 深度与钻面宽度和相对价格之间有何联系？

11.3 Texas 房屋数据

接下来我们使用 txhousing 数据集来继续探索建模和可视化之间的联系：

```
txhousing
#> # A tibble: 8,034 x 9
#>     city    year month sales    volume median listings inventory
#>     <chr>  <int> <int> <dbl>     <dbl>  <dbl>    <dbl>     <dbl>
#> 1 Abilene  2000     1    72   5380000  71400      701       6.3
#> 2 Abilene  2000     2    98   6505000  58700      746       6.6
#> 3 Abilene  2000     3   130   9285000  58100      784       6.8
#> 4 Abilene  2000     4    98   9730000  68600      785       6.9
#> 5 Abilene  2000     5   141  10590000  67300      794       6.8
#> 6 Abilene  2000     6   156  13910000  66900      780       6.6
#> # ... with 8,028 more rows, and 1 more variable: date <dbl>
```

这个数据由德州农工大学（Texas A & M University）的房地产研究中心（Real Estate Center）所收集，网址是 http://recenter.tamu.edu/Data/hs/。这个数据集包含了 46 个 Texas 城市的数据，记录了房屋销售数量（sales）、总销售额（volume）、售价平均值（average）、售价中位数（median）、待售房屋数量（listings）、库存月份长短（inventory）[1]。数据时间跨度是 2000 年 1 月到 2015 年 4 月，每个月记录一次，每个城市有 187 条记录。

我们准备探究每一个城市随着时间变化销售数量的变化，因为这个分析展示出一些有趣的趋势，提出了一些有趣的挑战。让我们从概况开始，由每个城市的销售数量组成的时间序列如下：

```
ggplot(txhousing, aes(date, sales)) +
  geom_line(aes(group = city), alpha = 1/2)
```

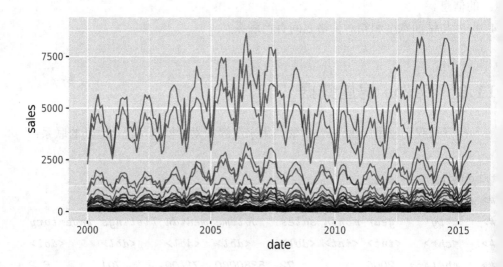

观察图像的长期趋势有两个困难：

1. 销售数量的范围覆盖了多个量纲。最大的城市 Houston 平均每个月售出约 4000 间房屋；而最小的城市 San Marcos 平均每个月只售出约 20 间。
2. 有强大的季节趋势：夏季的销售量比冬季的要高得多。

我们可以画出对数变换后的数据来解决第一个问题：

```
ggplot(txhousing, aes(date, log(sales))) +
  geom_line(aes(group = city), alpha = 1/2)
```

---

[1] 实际上，最新版 ggplot2 自带的 txhousing 数据集并没有平均值这一列，疑似作者笔误。——译者注

第 11 章 为可视化建模

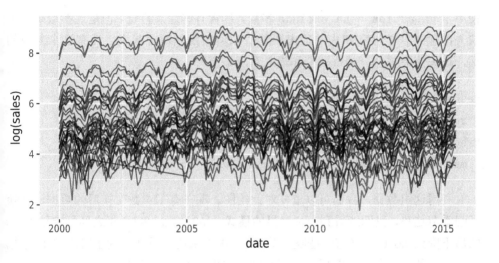

我们可以使用移除钻石数据趋势的相同技术来解决这里的第二个问题:拟合线性模型然后观察残差值。这次我们使用分类自变量来移除月份的影响。首先,我们对单个城市采用此技术,从而验证其有效性。从简单情形出发总是一个好主意,这样的话发生某些错误的时候你可以更加容易地查明问题所在。

```
abilene <- txhousing %>% filter(city == "Abilene")
ggplot(abilene, aes(date, log(sales))) + geom_line()
mod <- lm(log(sales) ~ factor(month), data = abilene)
abilene$rel_sales <- resid(mod)
ggplot(abilene, aes(date, rel_sales)) + geom_line()
```

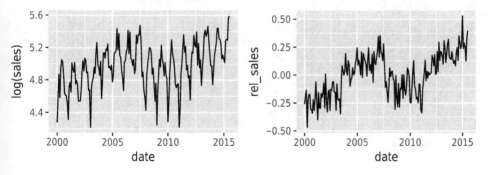

我们可用 group_by() 和 mutate() 对每个城市都作出这些变换。注意,lm()

使用了 `na.action = na.exclude` 参数。尽管有些违反直觉,但是这参数确保了缺失的输入值能够和缺失的输出预测值和输出残差对应起来。没有这个参数的话,缺失值会被舍弃掉,残差和输入对应不上。

```
deseas <- function(x, month) {
  resid(lm(x ~ factor(month), na.action = na.exclude))}
txhousing <- txhousing %>% group_by(city) %>%
  mutate(rel_sales = deseas(log(sales), month))
```

利用这组数据,我们可以重复对此绘图。现在有了对数变换后的数据,移除了强季节趋势,我们能看到一个明显的模式:2000 年到 2007 年之间稳定地上升,然后下降到 2010 年(有一些噪声数据),接下来逐步反弹。为了突出这个模式,我加了一条汇总曲线,它展示了所有城市的平均相对销售量。

```
ggplot(txhousing, aes(date, rel_sales)) +
  geom_line(aes(group = city), alpha = 1/5) +
  geom_line(stat = "summary", fun.y = "mean", colour = "red")
```

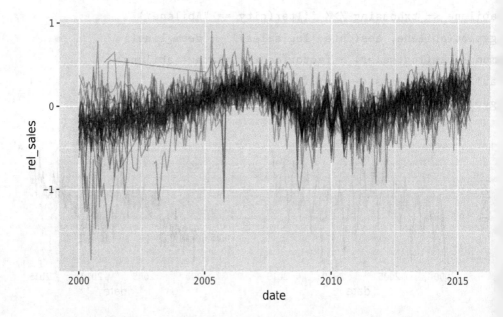

图 11.4: 对数变换,移除季节趋势,加上汇总曲线(参见第 309 页彩图 63)

（注意，移除季节效应的同时也移除了截距——图中每个城市的趋势是相对于它的平均销售数量所说的。）

11.3.1 练习题

1. 最后一幅图像展示了长期趋势内的很多短期噪音。应该如何使曲线平滑，使之集中展现长期变化？
2. 如果你把长期趋势放近来看（例如，+ xlim(2008, 2012)），你会发现 2009 年到 2011 年之间的奇怪模式。看起来 2010 年有一个大幅度振荡。这个振荡是"真"的吗？（比如说，原图像能否观测到这个振荡？）
3. Texas 房屋数据还有什么变量有着强季节趋势？上文技术有助于移除它们吗？
4. 这个数据集中，并不是所有的城市都有完整的时间序列。使用 dplyr 技能来得出每个城市缺失了多少个数据。使用可视化技术展示出分析的结果。
5. 复制出 dplyr 的 `stat_summary()` 所作的计算，从而你可以"手动"绘制数据图像。

11.4 对模型可视化

前一个例子只是把线性模型当作移除趋势的工具：我们拟合出模型，接着立刻丢掉它。我们并不关心模型本身，只关心它能为我们干什么。但是模型本身其实涵盖了有用的数据，如果我们保留着它们的话，我们可以解决很多新的问题：

- 我们会对模型拟合效果不好的城市感兴趣：一个拟合效果差的模型意味着没有很明显的季节模式，这违背了我们隐含的设定：每个城市有着类似的模式。
- 系数也可能是有趣的。这个案例里，系数揭示了城市之间季节模式的差异。
- 我们也许想深入研究模型本身的细节，然后关注它对每个观测值所揭示的信息。对于这个数据集，它也许能帮助我们找到某些反映了数据录入错误的可疑数据点。

为了有效利用这个数据，我们要保存拟合出来的模型。新的 dplyr 动词 `do()` 可用于这一任务。它帮助我们把任意的计算结果存储在一列里面。这里我们使用它来存储线性模型结果：

```
models <- txhousing %>% group_by(city) %>% do(mod = lm(log2(sales) ~
    factor(month), data = ., na.action = na.exclude))
```

```
models
#> Source: local data frame [46 x 2]
#> Groups: <by row>
#>
#> # A tibble: 46 x 2
#>    city       mod
#> * <chr>      <list>
#> 1 Abilene    <S3: lm>
#> 2 Amarillo   <S3: lm>
#> 3 Arlington  <S3: lm>
#> 4 Austin     <S3: lm>
#> 5 Bay Area   <S3: lm>
#> 6 Beaumont   <S3: lm>
#> # ... with 40 more rows
```

这段代码有两个重点：

- `do()` 创建了一列数据，列名 mod。这一列有着特殊的类型：它并不是像平常一样的存储着基本类型（逻辑值、整数值、数值或字符值）的向量，而是一个列表。列表是 R 里面最灵活的数据结构，可存储任意东西，包括线性模型。
- `.` 是 `do()` 使用到的特殊标记，起代词作用。它用于指代"当前的"数据框。这个例子中，`do()` 拟合了 46 次模型，每次运算时把 `.` 换成当前城市的数据。

如果你对建模比较有经验，你也许会好奇为何我没有同时对所有城市拟合单个模型。这是接下来的一大步骤，但简单的起步总是有用的。一旦我们有了对每个城市都效果良好的模型，你就可以搞清楚如何同时扩展到所有的城市上面了。

为了可视化这些模型，我们会把它们转化成整齐的数据框。我们这里用到 David Robinson 的 **broom** 软件包。

```
library(broom)
```

Broom 提供了三个主要动词，每一个对应着上文所述的挑战之一：

- `glance()` 提取**模型**层次的汇总信息，每行数据对应着每个模型。它包含了 R^2 和自由度之类的汇总统计量。

- `tidy()` 提取**系数**层次的汇总信息，每行数据对应着每个模型的每个参数。它包含了拟合值和标准误之类的每个系数的信息。
- `augment()` 提取**观测**层次的汇总信息，每行数据对应着每个模型的每个观测信息。它包含了残差和有助于评估离群值的影响指标之类的变量。

下面三节我们会一一学习这些函数。

11.5 模型层次的汇总信息

我们从 `glance()` 开始，观察每个城市的模型拟合效果：

```
model_sum <- models %>% glance(mod)
model_sum
#> # A tibble: 46 x 12
#> # Groups:   city [46]
#>   city     r.squared adj.r.squared sigma statistic  p.value    df
#>   <chr>        <dbl>         <dbl> <dbl>     <dbl>    <dbl> <int>
#> 1 Abile~       0.530         0.500 0.282      17.9 1.50e-23    12
#> 2 Amari~       0.449         0.415 0.302      13.0 7.41e-18    12
#> 3 Arlin~       0.513         0.483 0.267      16.8 2.75e-22    12
#> 4 Austin       0.487         0.455 0.310      15.1 2.04e-20    12
#> 5 Bay A~       0.555         0.527 0.265      19.9 1.45e-25    12
#> 6 Beaum~       0.430         0.395 0.275      12.0 1.18e-16    12
#> # ... with 40 more rows, and 5 more variables: logLik <dbl>,
#> #   AIC <dbl>, BIC <dbl>, deviance <dbl>, df.residual <int>
```

这个函数创建了一个变量，每一行代表每个城市的信息，每一行的变量或者是复杂度的汇总（例如 `df`），或者是拟合结果的汇总（例如 `r.squared`、`p.value`、`AIC`）。因为我们所拟合的所有模型都有相同的复杂度（都有 12 项，每一项是一个月份），我们会着重考察拟合结果的汇总。R^2 是合理的出发点，因为它广为人知。我们可以使用点图来观察城市之间的差异：

```
ggplot(model_sum, aes(r.squared, reorder(city, r.squared))) +
  geom_point()
```

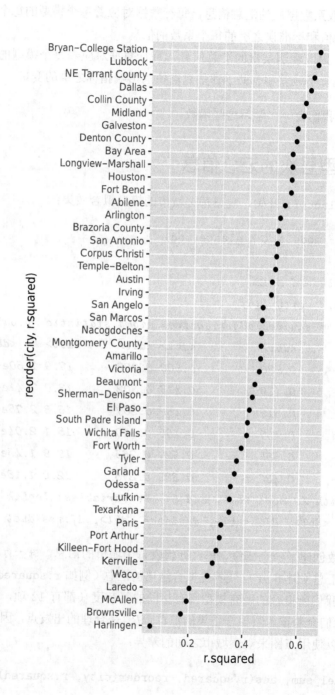

那些 R^2 值的意义很难从上图中得到深刻理解,所以抽取一些典型的数据有助于分析。以下代码提取了有最高最低 R^2 值的各三个城市的数据,然后绘图:

```
top3 <- c("Bryan-College Station", "Lubbock", "NE Tarrant County")
bottom3 <- c("McAllen", "Brownsville", "Harlingen")
extreme <- txhousing %>% ungroup() %>%
  filter(city %in% c(top3, bottom3), !is.na(sales)) %>%
  mutate(city = factor(city, c(top3, bottom3)))

ggplot(extreme, aes(month, log(sales))) +
  geom_line(aes(group = year)) + facet_wrap(~city)
```

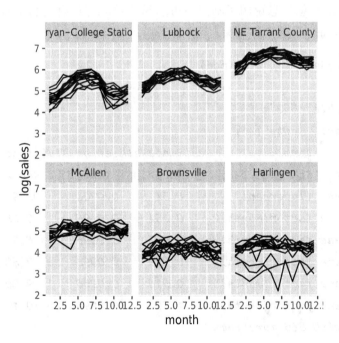

低 R^2 的城市的季节模式更加弱,年份之间的变化更加大。Harlingen 的数据看起来特别不规则。

11.5.1 练习题

1. 使用拟合结果的不同指标，如 AIC 或 deviance 统计量[2]，会使你的结论如何变化？为什么？
2. 一个可能的假设能解释 McAllen、Harlingen 和 Brownsville 有更低 R^2 的原因是小的城镇，销售量更低，数据噪音更大。请证实或反驳这一个假设。
3. 与 Bryan-College Station、Lubbock 和 NE Tarrant County 相比，McAllen、Harling en 和 Brownsville 的年份间变化似乎更大。如果想把年份间趋势添加到模型里面，会发生什么变化？（例如，`log(sales) ~ factor(month) + year`。）
4. 创建分面图像展示所有城市的季节模式。按照城市的 R^2 值进行分面并排列。

11.6 系数层次的汇总信息

拟合数据汇总信息说明了不同城市的季节效应有着明显的差异。让我们用 `tidy()` 提取每个系数来深入探索这些差异：

```
coefs <- models %>% tidy(mod)
coefs
#> # A tibble: 552 x 6
#> # Groups:   city [46]
#>    city    term           estimate std.error statistic  p.value
#>    <chr>   <chr>             <dbl>     <dbl>     <dbl>    <dbl>
#> 1 Abilene (Intercept)        6.54    0.0704      92.9  7.90e-151
#> 2 Abilene factor(month)2     0.354   0.0996       3.55 4.91e-  4
#> 3 Abilene factor(month)3     0.675   0.0996       6.77 1.83e- 10
#> 4 Abilene factor(month)4     0.749   0.0996       7.52 2.76e- 12
#> 5 Abilene factor(month)5     0.916   0.0996       9.20 1.06e- 16
#> 6 Abilene factor(month)6     1.00    0.0996      10.1  4.37e- 19
#> # ... with 546 more rows
```

我们对月份效应更感兴趣，所以继续整理数据，只关注月份的系数，然后把月份值变成数值型：

---
[2] 有些中文文献翻译为"偏差"统计量。——译者注

```
months <- coefs %>% filter(grepl("factor", term)) %>%
  tidyr::extract(term, "month", "(\\d+)", convert = TRUE)
months
#> # A tibble: 506 x 6
#> # Groups:   city [46]
#>   city    month estimate std.error statistic  p.value
#>   <chr>   <int>    <dbl>     <dbl>     <dbl>    <dbl>
#> 1 Abilene     2    0.354    0.0996      3.55 4.91e- 4
#> 2 Abilene     3    0.675    0.0996      6.77 1.83e-10
#> 3 Abilene     4    0.749    0.0996      7.52 2.76e-12
#> 4 Abilene     5    0.916    0.0996      9.20 1.06e-16
#> 5 Abilene     6    1.00     0.0996     10.1  4.37e-19
#> 6 Abilene     7    0.954    0.0996      9.58 9.81e-18
#> # ... with 500 more rows
```

这是常见的模式。分析的很多地方你都需要用到整理数据的技能。一旦你有了正确的整理好的数据集，通常来说绘图就变得轻而易举了。这里，月份放到 x 轴，估计值放到 y 轴，然后每个城市画出一条线。我会反转换回来使得系数更易理解：现在系数的意义是和一月份相比的销售量比例。

```
ggplot(months, aes(month, 2 ^ estimate)) +
  geom_line(aes(group = city))
```

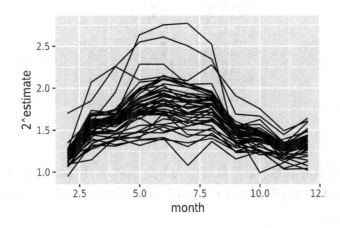

似乎所有城市之间的模式都比较类似。主要差异在于季节效应的强弱。让我们把它提取出来然后对之绘图：

```
coef_sum <- months %>% group_by(city) %>%
  summarise(max = max(estimate))
ggplot(coef_sum, aes(2 ^ max, reorder(city, max))) + geom_point()
```

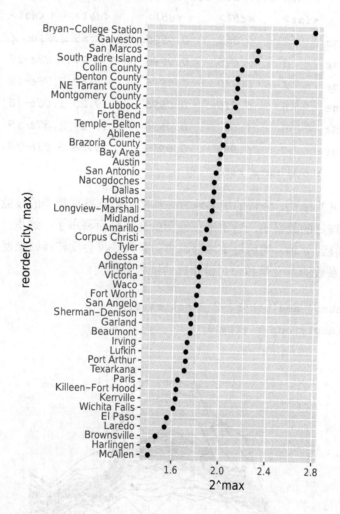

以下城市有着最强的季节效应：College Station 和 San Marcos（都是大学城），以及 Galveston 和 South Padre Island（都是沿海城市）。它们有很强的季节效应是说的通的。

11.6.1 练习题

1. 抽出有着最高和最低季节效应的三个城市。画出它们的系数。

2. 季节效应相对于 R^2 有什么模型上的优点？使用图像来回答此问题。

3. 如果你的结果符合你之前的预测，你应该特别谨慎。你能够如何证实或反驳我关于强季节模式的假设？

4. 将钻石数据按切工、净度和颜色分组。拟合线性模型 `log(price) ~ log(carat)`。截距告诉了你什么？斜率告诉了你什么？组别之间的斜率和截距有何差别？使用图像来回答此问题。

11.7 观测数据

观测层次的数据，包括残差诊断，在传统模型拟合范畴是最有用的，因为它有助于寻找 "high-leverage" 的数据点，这些点对最终模型有着重大影响。观察层次数据和可视化结合在一起也很有用，尤其是因为它提供了另一种评估残差结果的方法。

`augment()` 负责提取观测层次数据的任务。生成的变量中每行代表一个观测数据。它包含了原始模型使用到的变量、残差，和一些常见的影响分析统计量（查看 `?augment.lm` 获取更多细节）：

```
obs_sum <- models %>% augment(mod)
obs_sum
#> # A tibble: 8,034 x 10
#> # Groups:   city [46]
#>   city  log2.sales. factor.month. .fitted .se.fit .resid   .hat
#>   <chr>       <dbl> <fct>           <dbl>   <dbl>  <dbl>  <dbl>
#> 1 Abil~        6.17 1                6.54  0.0704 -0.372 0.0625
#> 2 Abil~        6.61 2                6.90  0.0704 -0.281 0.0625
#> 3 Abil~        7.02 3                7.22  0.0704 -0.194 0.0625
#> 4 Abil~        6.61 4                7.29  0.0704 -0.676 0.0625
#> 5 Abil~        7.14 5                7.46  0.0704 -0.319 0.0625
#> 6 Abil~        7.29 6                7.54  0.0704 -0.259 0.0625
```

```
#> # ... with 8,028 more rows, and 3 more variables: .sigma <dbl>,
#> #   .cooksd <dbl>, .std.resid <dbl>
```

比如说，考察标准化残差的分布也许是有趣的。（每个标准化残差是对对应模型的方差实行标准化之后的残差，因此它们之间可用作比较。）我们寻找异常值，它们也许需要更深层次的探索：

```
ggplot(obs_sum, aes(.std.resid)) +
  geom_histogram(binwidth = 0.1)
ggplot(obs_sum, aes(abs(.std.resid))) +
  geom_histogram(binwidth = 0.1)
```

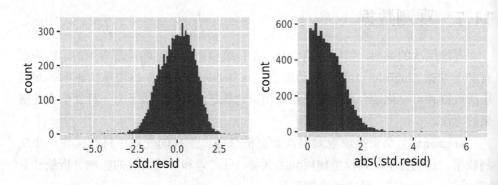

探索各个城市的数据，2 似乎是一个合理的阈值：

```
obs_sum %>%
  filter(abs(.std.resid) > 2) %>%
  group_by(city) %>%
  summarise(n = n(), avg = mean(abs(.std.resid))) %>%
  arrange(desc(n))
#> # A tibble: 43 x 3
#>   city            n   avg
#>   <chr>       <int> <dbl>
#> 1 Texarkana      12  2.43
#> 2 Harlingen      11  2.73
#> 3 Waco           11  2.96
```

```
#> 4 Victoria           10   2.49
#> 5 Brazoria County     9   2.31
#> 6 Brownsville         9   2.48
#> # ... with 37 more rows
```

在真实的分析过程中，需要深入研究这些城市的细节。

11.7.1 练习题

1. 拟合值（.fitted）vs. 残差（.resid）是一种常见的回归诊断图像。你能在这图像发现什么模式？如果你把城市或月份放到同一图像内，又能发现什么模式？
2. 对每个城市，创建销售量对数变换后的时间序列。标记出标准化残差大于 2 的城市。

11.8 参考文献

[1] Wickham H, Dianne C, Heike H (2015) Visualizing statistical models: removing the blindfold. Stat Anal Data Min: ASA Data Sci J 8(4):203–225.

第 12 章 用 ggplot2 编程

12.1 简　介

好的数据分析都应该具有灵活性这一优点。如果数据发生变化，或者出现一些很不利于基本假设的信息时，这时候我们应该能够快速、便捷地更改之前的图形。重复的代码是灵活性的主要障碍。如果你的代码中很多都是重复、冗余的，那么当发生变化时就需要一处一处地去修改。这些繁杂的修改工作往往是很令人抓狂、沮丧的。通过展示如何用 ggplot2 编程，这一章会教你如何解决这些问题。

为了让代码更具灵活性，你需要通过编写函数来减少重复的代码。当你发现自己在不断地做同样事情的时候，就需要归纳相同的功能，把它写成一个函数。如果不是很熟悉 R 里面函数的运作方式，你也许可以阅读 http://adv-r.had.co.nz/Functions.html 来拓展你的知识。

这一章我会展示如何编写能创建以下对象的函数的方法：

- 单个 ggplot2 组件。
- 多个 ggplot2 组件。
- 一幅完整的图像。

之后，我会用简短的一节来结束本章，那一节会介绍如何向 ggplot2 对象运用函数式编程技术。

你或许会发现 cowplot（https://github.com/wilkelab/cowplot）和 ggthemes（https://github.com/jrnold/ggthemes）软件包也很有用。除了直接使用它们所提供的可复用的组件，你也可以通过阅读它们的源代码来学习其中的运行原理。

12.2 单个组件

每一个 ggplot 图像的组件都是一个对象。通常，创建完一个组件之后就会直接把它添加到图像里面，但是这并不是必要要求。相反，可以（通过命名）把任意组件保存成一个变量，然后把它添加到不同的图像当中：

```
bestfit <- geom_smooth(
  method = "lm",
  se = FALSE,
  colour = alpha("steelblue", 0.5),
  size = 2)
ggplot(mpg, aes(cty, hwy)) + geom_point() + bestfit
ggplot(mpg, aes(displ, hwy)) + geom_point() + bestfit
```

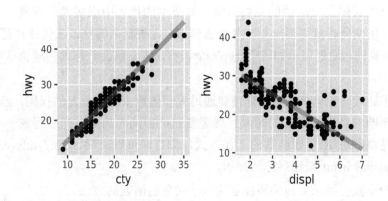

这是一种很好的减少简单的代码重复的方法（比"复制粘贴"要好多了！），但是这种方法要求每次被添加的组件都完全一样。如要更加灵活，你也可以把可复用的代码片段封装成一个函数。比如，我们可以把 bestfit 对象扩展成一个更普适的函数，新函数用于向图像添加拟合度最好的线条。以下代码创建了 geom_lm() 函数，这个函数有三个参数：模型 formula、线条颜色 colour 和线条粗细 size：

```
geom_lm <- function(formula = y ~ x,
    colour = alpha("steelblue", 0.5),size = 2, ...) {
  geom_smooth(formula = formula, se = FALSE,
```

```
  method = "lm", colour = colour, size = size, ...)}
ggplot(mpg, aes(displ, 1 / hwy)) + geom_point() + geom_lm()
ggplot(mpg, aes(displ, 1 / hwy)) + geom_point() +
  geom_lm(y ~ poly(x, 2), size = 1, colour = "red")
```

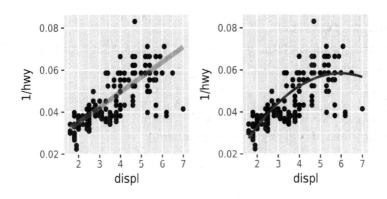

图 12.1: 封装可复用片段成 geom_lm（参见第 309 页彩图 64）

请注意 "..." 参数。函数定义里面的 "..." 参数意味着这个函数可以接收不定数目的附加参数。在函数内部，你可以使用 "..." 把那些不确定的附加参数传递到另外的函数里面。我们这里把 "..." 传到 geom_smooth() 里面，那么用户就依然可以修改没有显式覆盖到的参数。编写自己组件函数的时候，推荐这样使用 "..."。

最后，请注意，只可以向图像添加组件，而不可以修改或者移除已有的对象。

12.2.1 练习题

1. 创建一个对象，用于表示一个粉红色的有 100 个方块的柱状图。
2. 创建一个对象，用于表示一个使用 Blues ColorBrewer 调色板的填充颜色的标度。
3. 阅读 theme_grey() 的源代码。它有什么参数？它们的运行原理是什么？
4. 创建函数 scale_colour_wesanderson()。它应有一个参数，用于从 wesanderson 包里选取调色板，然后函数可以创建一个连续或离散的标度。

12.3 多个组件

单个组件不一定总是足够的。幸运的是，ggplot2 能够使用列表来方便地向图像一次性添加多个组件。以下函数会添加两个图层：一个用于展示平均值，另一个用于展示标准误：

```
geom_mean <- function() {
  list( stat_summary(fun.y = "mean", geom = "bar", fill = "grey70"),
    stat_summary(fun.data = "mean_cl_normal",
      geom = "errorbar", width = 0.4))}
ggplot(mpg, aes(class, cty)) + geom_mean()
ggplot(mpg, aes(drv, cty)) + geom_mean()
```

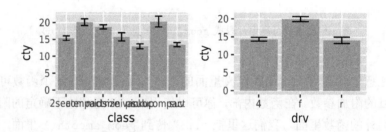

如果列表里面有 `NULL` 元素，它们会被忽略。这样的设计使得按条件添加组件更加方便：

```
geom_mean <- function(se = TRUE) {
  list(
    stat_summary(fun.y = "mean", geom = "bar", fill = "grey70"),
    if (se)
      stat_summary(fun.data = "mean_cl_normal",
        geom = "errorbar", width = 0.4))}
ggplot(mpg, aes(drv, cty)) + geom_mean()
ggplot(mpg, aes(drv, cty)) + geom_mean(se = FALSE)
```

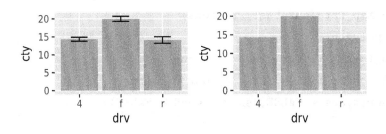

12.3.1 绘图组件

以上方法不仅仅可以用来添加图层,你也可以在列表中添加以下任意类型的对象:

- 一个数据框,它用于覆盖图像原有的数据集。(如果只添加数据框,需要用到 %+%,但是当数据框在列表里面的时候,就不需要这个特别的运算符了。)
- 一个 aes() 对象,它会和已有的默认图形属性结合起来。
- 标度,它会覆盖已有的标度,如果用户已经设置了标度,添加新标度对象的时候会有警告。
- 坐标系和分面设置,它们会覆盖已有的设置。
- 主题组件,它会覆盖已有的相关组件。

12.3.2 注 解

向图像添加标准注解通常是有好处的。这里,你的函数也会在图层函数里面设定数据,而不是从图像中继承过来。这时,你还需要设置另外两个选项,它们保证了图层是独立的:

- inherit.aes = FALSE 阻止了图层从原图像中继承图形属性。这个设置保证了无论图像中还有什么东西注解都能正常工作。
- show.legend = FALSE 保证了注解不会出现在图例区域里。

ggplot2 内置的 borders() 函数运用了这些技术。它用于向 maps 包里面的数据集添加地图边界:

```
borders <- function(database = "world", regions = ".", fill = NA,
                    colour = "grey50", ...) {
```

```
  df <- map_data(database, regions)
  geom_polygon(
    aes_(~lat, ~long, group = ~group),
    data = df, fill = fill, colour = colour, ...,
    inherit.aes = FALSE, show.legend = FALSE)}
```

12.3.3 附加参数

使用 ... 向函数内部组件传递附加参数并不是一个好的选择:它不能把不同的参数传递到不同的组件当中。相反,你需要思考函数应该如何工作,把握好"拥有可以做所有事情的函数"和"拥有一个难以理解的复杂函数"之间的平衡。

为了帮助上手,以下方法使用了 modifyList() 和 do.call():

```
geom_mean <- function(...,
  bar.params = list(), errorbar.params = list()) {
  params <- list(...)
  bar.params <- modifyList(params, bar.params)
  errorbar.params  <- modifyList(params, errorbar.params)

  bar <- do.call("stat_summary", modifyList(
    list(fun.y = "mean", geom = "bar", fill = "grey70"),
    bar.params))
  errorbar <- do.call("stat_summary", modifyList(
    list(fun.data = "mean_cl_normal",
      geom = "errorbar", width = 0.4),
    errorbar.params))
  list(bar, errorbar)}

ggplot(mpg, aes(class, cty)) +
  geom_mean(colour = "steelblue",
    errorbar.params = list(width = 0.5, size = 1))
#> Warning: Computation failed in `stat_summary()`:
#> Hmisc package required for this function
```

```
ggplot(mpg, aes(class, cty)) +
  geom_mean( bar.params = list(fill = "steelblue"),
    errorbar.params = list(colour = "blue"))
#> Warning: Computation failed in `stat_summary()`:
#> Hmisc package required for this function
```

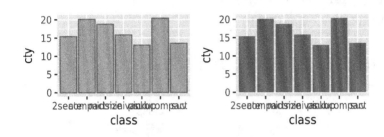

如果需要更复杂的行为，创建自定义的几何对象或统计变换或许更加容易。ggplot2 包内置的说明 *Extending ggplot2* 介绍了对应的技术。可以通过运行 `vignette("extending-ggplot2")` 来阅读它。

12.3.4 练习题

1. 为了让空白处物尽其用，这本书的很多例子都隐藏了坐标轴标签和图例。尽管我只是"复制粘贴"了同样的代码到不同的地方，但是创建一个可复用函数会更加地合理。这个函数应该是怎样的？
2. 扩展 `borders()` 函数，使之添加 `coord_quickmap()` 到图像当中。
3. 通读你的代码。你经常用到了哪些几何对象或者统计变换？你该怎样把这些模式合并成一个可复用函数？

12.4 绘图函数

创建小型的可复用组件非常符合 ggplot2 的精神：灵活重组组件来绘制任意图像。但是某些时候只需要重复地创建相同的图像，而不需要那些灵活的性质。这样的话，你也许不想编写组件，而是想编写一个接受数据和参数且返回一个完整图像的函数。

比如说,可以把所有的相关代码都放到一个函数里面,这个函数用来绘制一幅饼图:

```
piechart <- function(data, mapping) {
  ggplot(data, mapping) +
    geom_bar(width = 1) +
    coord_polar(theta = "y") +
    xlab(NULL) + ylab(NULL)
}
piechart(mpg, aes(factor(1), fill = class))
```

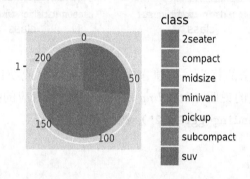

图 12.2: 封装饼图绘制函数(参见第 310 页彩图 65)

和组合组件的方法相比,以上方法丧失了不少灵活性,但是相应地,它获得了简洁性。注意,我小心地返回了绘图对象,而不是直接在函数里面把图像画出来。这样的话可以向这个对象添加其他的 ggplot2 组件。

类似的方法可用于绘制平行坐标图(parallel coordinates plot,缩写 PCP)。平行坐标图要求对数据进行变换,因此我建议编写两个函数:一个用于数据变换,另一个用于创建图像。如果想在不同的可视化任务中采取同样的变换方式,把这两个功能切分成两个函数能够大大地简化以后的工作量。

```
pcp_data <- function(df) {
  is_numeric <- vapply(df, is.numeric, logical(1))

  # 每一列的数值调整到相同的范围
```

```
rescale01 <- function(x) {
  rng <- range(x, na.rm = TRUE)
  (x - rng[1]) / (rng[2] - rng[1])}
df[is_numeric] <- lapply(df[is_numeric], rescale01)

# 行名作为行识别信息
df$.row <- rownames(df)
# 把数值变量变成 value（即所测量到的）变量
# gather_ 是 gather 函数的标准求值（standard-evaluation）版本，
# 一般来说更加容易使用
tidyr::gather_(df, "variable", "value", names(df)[is_numeric])}
pcp <- function(df, ...) {
  df <- pcp_data(df)
  ggplot(df, aes(variable, value, group = .row)) + geom_line(...)}
pcp(mpg)
pcp(mpg, aes(colour = drv))
```

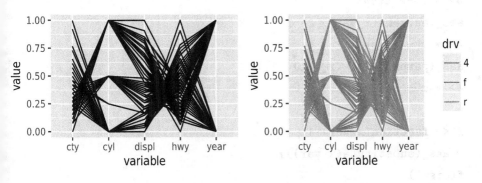

图 12.3: 平行坐标图的效果（参见第 310 页彩图 66）

qplot() 完整地探索了这个思想，它对最常见的 ggplot() 选项提供了相对深入的封装。我建议，你可以通过学习 qplot() 的源代码，来观察这些基本的技术能够提供怎样深入的用途。

12.4.1 间接地引用变量

上述的 `piechart()` 函数有一点不好：它要求用户明确地知道如何使用 `aes()` 函数来创建饼图。如果只要用户指定所需的变量名，就可以把图像绘制出来的话，这就更加方便了。因而你需要学习一些有关 `aes()` 如何运作的知识。

`aes()` 使用了非标准求值（non-standard evaluation）：它关注参数的表达式，而不是参数的值。这就使得编程更加困难，因为没有办法存储对象里的变量名，接着在之后的代码引用它：

```
x_var <- "displ"
aes(x_var)
#> * x -> x_var
```

相反，我们下面使用 `aes_()`：它使用常规的求值方式。用 `aes_()` 创建一个映射规则有两种基本方法：

- 使用 `quote()`、`substitute()`、`as.name()` 或 `parse()` 所创建的被引用调用 (*quoted call*)。

  ```
  aes_(quote(displ))
  #> * x -> displ
  aes_(as.name(x_var))
  #> * x -> displ
  aes_(parse(text = x_var)[[1]])
  #> * x -> displ

  f <- function(x_var) {
    aes_(substitute(x_var))}
  f(displ)
  #> * x -> displ
  ```

  `as.name()` 和 `parse()` 有很细微的差异。如果 `x_var` 是 "a + b" 的话，`as.name()` 会把它变成一个名为 `` `a + b` `` 的变量，而 `parse()` 会把它变成一个函数调用 a + b。（如果你对此感到很疑惑，参考 http://adv-r.had.co.nz/Expressions.html 也许会有些帮助。）

- 使用 ~ 所创建的公式。

```
aes_(~displ)
#> * x -> displ
```

对于用户提供变量的方法，`aes_()` 给了三个选项：提供字符串、提供公式、提供纯表达式。以下是三个选项的用法：

```
piechart1 <- function(data, var, ...) {
  piechart(data, aes_(~factor(1), fill = as.name(var)))}
piechart1(mpg, "class") + theme(legend.position = "none")

piechart2 <- function(data, var, ...) {
  piechart(data, aes_(~factor(1), fill = var))}
piechart2(mpg, ~class) + theme(legend.position = "none")

piechart3 <- function(data, var, ...) {
  piechart(data, aes_(~factor(1), fill = substitute(var)))}
piechart3(mpg, class) + theme(legend.position = "none")
```

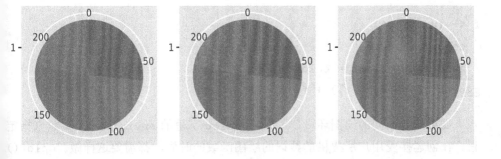

图 12.4: `aes_()` 的三个选项示例（参见第 310 页彩图 67）

如果你在一个软件包中编写与 ggplot2 图像相关的函数，`aes_()` 相对于 `aes()` 还有一个优点：使用 `aes_(~x, ~y)` 取代 `aes(x, y)` 后能够避免 R CMD check 里出现的 NOTE 全局变量[1]的事项。

---
[1] 此变量保存了注意事项。——译者注

12.4.2 绘图环境

随着创建越来越复杂的绘图函数，你将要理解更多的 ggplot2 的作用域 (scoping) 规则。在还没有完全理解非标准求值的复杂之处之前，我就开始创造 ggplot2 了，因此 ggplot2 有一个非常简单的作用域系统。如果在 `data` 里面找不到某个变量，就在所对应的 那个绘图环境里面寻找它。一个图像只有一个环境（而不是一个图层有一个环境），就是调用 ggplot() 函数的那个环境（比如说，`parent.frame()`）。

这意味着以下函数不能运行，因为 n 没有被存储在运算 aes() 的环境当中。

```
f <- function() {
  n <- 10
  geom_line(aes(x / n))}
df <- data.frame(x = 1:3, y = 1:3)
ggplot(df, aes(x, y)) + f()
#> Error in x/n: 二进列运算符中有非数值参数
```

注意，这个问题只出现在与 mapping 参数有关的代码当中。所有其他的参数都会立刻被求值，所以它们的值（而不是指向名字的引用）会被存储在绘图对象内部。这意味着以下代码是可以工作的：

```
f <- function() {
  colour <- "blue"
  geom_line(colour = colour)}
ggplot(df, aes(x, y)) + f()
```

如果需要不同的绘图环境，可以用 ggplot() 里的 environment 参数来指定它。在创建接受用户所提供的数据的绘图函数的时候，都需要这样做。qplot() 函数可以作为一个例子。

12.4.3 练习题

1. 编写对连续分布可视化进行了优化的 distribution() 函数。这个函数要允许用户提供一个数据集和变量名来实行可视化，还要允许用户选择柱状图、频率多边形、密度图。除此之外，你认为还有什么附加参数需要添加的？

2. pcp() 还有什么额外的参数需要添加的？现在的代码使用了 ...，这个设计有什么缺点？

3. 高级题：以下代码为什么不能运行？应该如何修正？

```
f <- function() {
  levs <- c("2seater", "compact", "midsize",
    "minivan", "pickup", "subcompact", "suv")
  piechart3(mpg, factor(class, levels = levs))}
f()
#> Error in factor(class, levels = levs):
#>   object 'levs' not found
```

12.5 函数式编程

因为 ggplot2 对象只是普通的 R 对象，所以可以把它们放到列表当中。这意味着可以使用 R 里面所有的好用的函数式编程工具。比如说，如果想向同一个基础图像添加不同的几何对象，你可以把这些几何对象放到列表当中，然后使用 lapply()。

```
geoms <- list(
  geom_point(),
  geom_boxplot(aes(group = cut_width(displ, 1))),
  list(geom_point(), geom_smooth()))

p <- ggplot(mpg, aes(displ, hwy))
lapply(geoms, function(g) p + g)
#> [[1]]
#>
#> [[2]]
#>
#> [[3]]
```

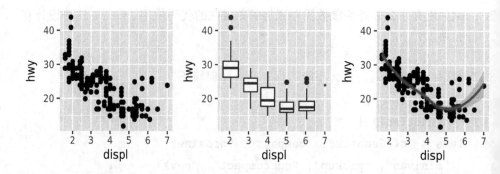

如果你不是很熟悉函数式编程，可以阅读 http://adv-r.had.co.nz/Functional-programming.html，然后思考一下如何使用函数式编程技术来优化重复的图像代码。

12.5.1 练习题

1. 如何分别向以下列表的每个元素添加图层 `geom_point()`？

```
plots <- list(
  ggplot(mpg, aes(displ, hwy)),
  ggplot(diamonds, aes(carat, price)),
  ggplot(faithfuld, aes(waiting, eruptions, size = density)))
```

2. 以下函数做了什么事情？它更贴切的名字应该是什么？

```
mystery <- function(...) {
  Reduce(`+`, list(...), accumulate = TRUE)}

mystery(
  ggplot(mpg, aes(displ, hwy)) + geom_point(),
  geom_smooth(),xlab(NULL),ylab(NULL))
```

主题索引

3d 三维, 57

Aesthetics 图形属性, 16
    mapping 映射, 84, 101
    matching to geoms 映射到几何对象, 53
    plot vs. layer 图像与图层, 102
    setting 设置, 17, 103
Alpha blending alpha 值修正, 76
Annotation 注解, 45
    functions 函数, 269
Area plot 面积图, 37
Aspect ratio 宽高比, 177, 199
Axis 坐标轴, 122
    breaks 中断, 124
    expansion 释放空间, 139
    labels 标签, 124
    limits 限度, 138
    styling 样式, 196
    ticks 刻度线, 124
    title 标题, 122

Background 背景, 193
Barchart 条形图, 26, 37

Base graphics 基础图形系统, 6
Boxplot 箱线图, 23, 73
broom, 254

Choropleth 分级统计图, 64
Colour bar 颜色条, 136
Colour 颜色, 145
    blindness 失明, 146
    Brewer, 152
    discrete scales 离散标度, 151
    gradients 梯度, 147
    greys 灰度, 153
    palettes 调色板, 149
    spaces 颜色空间, 146
    transparency 透明度, 76
    wheel 色轮, 87
Conditional density plot 条件密度图, 71
Contour plot 等高线图, 57
Coordinate systems 坐标系, 174
    Cartesian 笛卡尔坐标系, 175
    equal 相同, 177
    flipped 翻转, 176

map projections 地图投影, 182
non-linear 非线性坐标系, 177
polar 极坐标系, 181
transformation 变换, 178
transformed 变换坐标系, 180

Data 数据
creating new variables 创建新变量, 229
diamonds, 70
economics, 27
economics_long, 166
longitudinal 纵向, 29, 49, 157, 250
manipulating 操作, 223
mpg, 13
Oxboys, 48
spatial 空间数据, 58
txhousing, 250

Data 日期
date/time 日期/时间, 143
Date/times 日期/时间, 143
Density plot 密度图, 73
directlabels, 44
Distributions 分布, 71
Dodging 避开, 114
Dot plot 点图, 75
dplyr, 223

Environments 环境, 276
Error bars 误差条, 66
Exporting 导出, 202

Facetting 分面, 19, 161
adding annotations 添加注解, 171
by continuous variables 对连续型变量进行分面, 172
controlling scales 标度控制, 165
grid 网格分面, 163
interaction with scales 与标度交互, 165
missing data 缺失值, 169
styling 样式, 201
vs. grouping 分面与分组, 170
wrapped 封装分面, 162

Font 字体
face 风格, 40
family 字体族, 40
justification 对齐, 41
size 大小, 41

Frequency polygon 频数多边图, 71
Functional programming 函数式编程, 277

Geoms 几何对象
collective 集合, 48
parameterisation 参数, 108, 178

ggmap, 62
ggtheme, 190
ggvis, 7
Global variables 全局变量, 275
Grammar 语法
components 组件, 91
of data manipulation 数据操作, 223

theory 理论, 83
grid 网格, 6
Grouping 分组, 48
    vs. facetting 分组与分面, 170
Guides 指南, 122

hexbin, 77
Histogram 直方图, 24
    2d 二维, 77
    choosing bins 选取组距宽度, 71
    weighted 加权, 69
htmlwidgets, 7

Image plot 图片绘图, 37
Installation 安装, 8

Jittering 扰动, 23

Labels 标签, 39, 45
lattice, 6
Layers 图层
    components 组件, 96
    strategy 用途, 35
Legend 图例, 122, 128
    colour bar 颜色条, 136
    guide 指南, 134
    keys 关键词, 124
    layout 布局, 131
    merging 合并, 131
    styling 样式, 198
    title 标题, 122
Level plot 水平绘图, 37
Line plot 折线图, 37
Line type 线条类型, 156

Linear models 线性模型, 243
Log 对数
    scale 标度, 143
    ticks 刻度, 127
    transform 变换, 247
Longitudinal data 纵向数据，参阅
    Data 数据 / longitudinal
    纵向, 29

magrittr, 240
mapproj, 182
Maps 地图
    geoms 几何对象, 58
    projections 投影, 182
MASS, 23
Metadata 元数据, 45
mgcv, 22
Minor breaks 微小断行, 127
Missing values 缺失值, 227
    changing colour 改颜色, 151
Model data 模型数据, 254
Modelling 建模, 243
Munching 分割再组合, 179

Named plots 图像命名, 86
nlme, 48

Overplotting 遮盖绘制, 75

Parallel coordinate plots 平行坐标图, 272
Plot functions 绘图函数, 271
Polar coordinates 极坐标系, 181
Position adjustments, 114

Positioning 定位, 161
    facetting 分面, 161
    scales 标度, 142
Programming 编程, 265

Raster data 光栅图, 62
Removing trend 移除趋势, 244
Rotating 旋转, 176

Saving output 存储输出, 202
Scales 标度, 119
    colour 颜色, 145, 147
    date/time 日期/时间, 143
    defaults 默认标度, 120
    identity 同一型标度, 158
    interaction with facetting 与分面交互, 165
    introduction 简介, 87
    limits 限度, 138
    position 位置, 142
Scatterplot 散点图, 15
    principles of 原理, 84
Shape 形状, 156
Side-by-side 并排, 参阅 Dodging 避开, 114
Size 大小, 156
Smoothing 平滑, 20
Stacking 堆叠, 114
Standard errors 标准误, 67
Stats 统计变换

creating new variables 生成变量, 112
    summary 摘要, 78
Surface plots 曲面图, 57

Text 文字, 39
Themes 主题, 185
    axis 坐标轴, 196
    background 背景, 193
    built-in 内置, 188
    elements 元素, 195
    facets 分面, 201
    labels 标签, 191
    legend 图例, 131, 198
    lines 线条, 192
    panel 面板, 199
    plot 图像, 195
    updating 更新, 194
Tidy models 整洁模型, 254
Time 时间, 143
Transformation 变换
    coordinate system 变换坐标系, 177, 180
    scales 标度, 142
Transparency 透明度, 76

Violin plot 小提琴图, 23, 74

Weighting 权重, 67
wesanderson, 153

Zooming 放大, 140, 175

R 代码索引

+, 120
., 254
.., 112
..., 267, 270
$, 101
%>%, 239
~, 162, 275

aes(), 16, 101
aes_(), 274
alpha, 76
annotate(), 47
as.name(), 274
augment(), 261

borders(), 269

check_overlap, 42
coef(), 245
coord_cartesian(), 175
coord_equal(), 177
coord_flip(), 176
coord_map(), 182
coord_polar(), 181

coord_quickmap(), 182
coord_trans(), 180
cut_interval(), 172
cut_number(), 172
cut_width(), 73, 172

do(), 253
do.call(), 270

element_blank(), 193
element_line(), 192
element_text(), 191

facet_grid(), 163
facet_null(), 162
facet_wrap(), 19, 162
filter(), 224

gather(), 210
geom_abline(), 45
geom_area(), 37
geom_bar(), 26, 37
geom_bin2d(), 77
geom_boxplot(), 23, 51, 73

geom_contour(), 57
geom_crossbar(), 66
geom_density(), 73
geom_dotplot(), 75
geom_errorbar(), 66
geom_freqpoly(), 71
geom_hex(), 77
geom_hexagon(), 77
geom_histogram(), 24, 71
geom_hline(), 45
geom_jitter(), 23
geom_label(), 43
geom_line(), 27, 37, 45, 49, 55
geom_linerange(), 66
geom_path(), 27, 37, 55
geom_point(), 37, 75
geom_pointrange(), 66
geom_polygon(), 37, 55, 59
geom_raster(), 37
geom_rect(), 37, 45, 108
geom_ribbon(), 66
geom_smooth(), 20, 50, 66
geom_text(), 39, 45
geom_tile(), 37, 108
geom_violin(), 23
geom_violion(), 74
geom_vline(), 45
ggplot(), 15
ggsave(), 203
glance(), 255
group, 48
group_by(), 232

I(), 34
Inf, 46
inherit.aes, 269
interaction(), 50
is.na(), 228

lapply(), 277
layer(), 96
lm(), 245
log(), 231

map_data(), 58
modifyList(), 270
mutate(), 229

NA, 227
na.value, 151

override.aes(), 130

parent.frame(), 276
parse(), 274
pdf(), 203
position_dodge(), 114
position_fill(), 72, 114
position_jitter(), 116
position_jitterdodge(), 116
position_nudge(), 116
position_stack(), 114
print(), 31

qplot(), 33, 273
quote(), 274

readRDS(), 33
resid(), 245

saveRDS(), 33
scale_colour_brewer(), 152
scale_colour_gradient(), 148
scale_colour_gradient2(), 148
scale_colour_gradientn(), 149
scale_colour_grey(), 153
scale_colour_hue(), 152
scale_colour_manual(), 153, 156
scale_fill_gradient(), 148
scale_fill_gradient2(), 148
scale_fill_gradientn(), 149
scale_identity(), 158
scale_linetype_manual(), 156
scale_shape_manual(), 156
scale_x_continuous(), 142
scale_x_datetime(), 143
scale_x_log10(), 143
separate(), 214
show.legend, 269
spread(), 212
stat_bin(), 72, 112
stat_summary_2d(), 78
stat_summary_bin(), 78

substitute(), 274
summarise(), 232
summary(), 32

theme(), 191
theme_bw(), 189
theme_classic(), 189
theme_dark(), 189
theme_grey(), 188
theme_light(), 189
theme_linedraw(), 189
theme_minimal(), 189
theme_rect(), 193
theme_set(), 190, 194
theme_void(), 189
tidy(), 258

unite(), 214

xlab(), 29
xlim(), 30, 138

ylab(), 29
ylim(), 30, 138

彩色插图

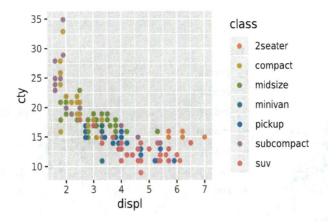

彩图 1: 重绘自第 17 页, 图 2.1

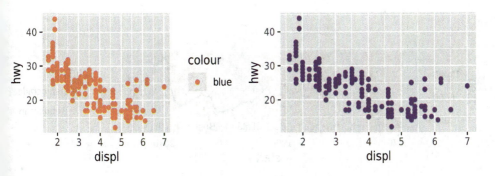

彩图 2: 重绘自第 18 页, 图 2.2

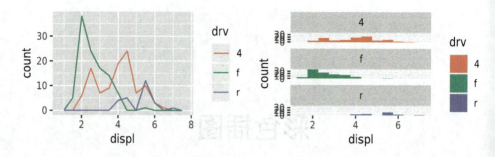

彩图 3: 重绘自第 26 页，图 2.3

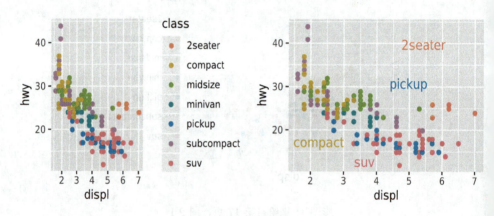

彩图 4: 重绘自第 44 页，图 3.1

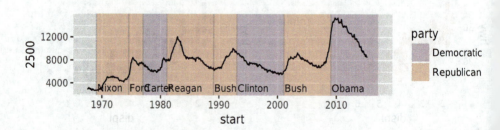

彩图 5: 重绘自：第 46 页，图 3.2

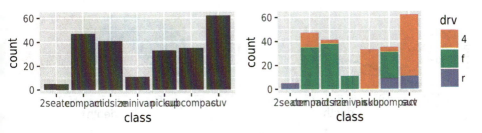

彩图 6：重绘自：第 55 页，图 3.4

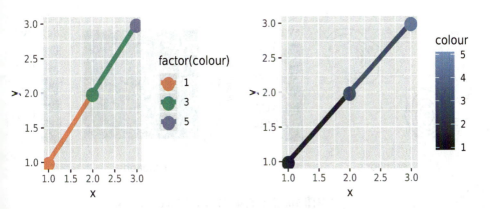

彩图 7：重绘自第 54 页，图 3.3

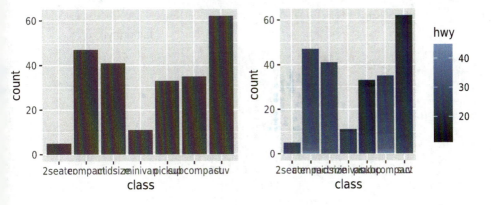

彩图 8：重绘自第 56 页，图 3.5

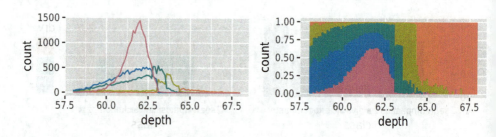

彩图 9: 重绘自：第 72 页，图 3.8

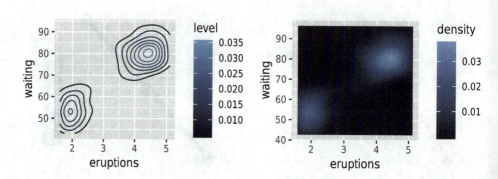

彩图 10: 重绘自第 57 页，图 3.6

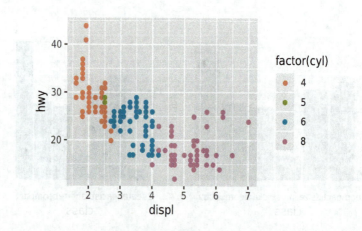

彩图 11: 重绘自第 84 页，图 4.1

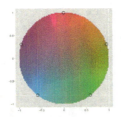

彩图 12: 重绘自第 87 页，图 4.2

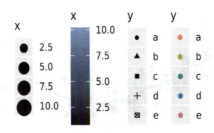

彩图 13: 重绘自第 92 页，图 4.4

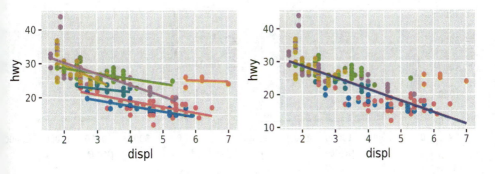

彩图 14: 重绘自第 103 页，图 5.1

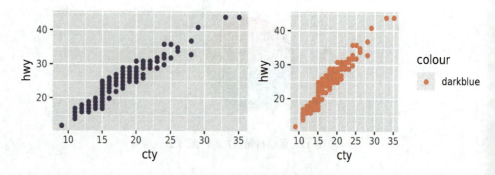

彩图 15：重绘自第 104 页，图 5.2

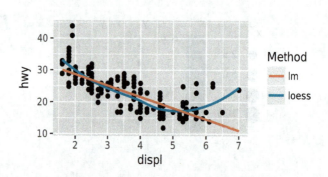

彩图 16：重绘自：第 105 页，图 5.3

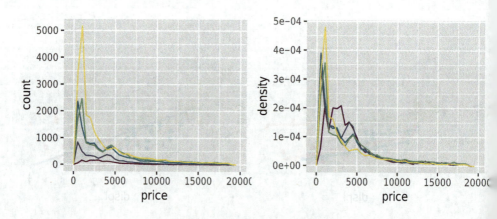

彩图 17：重绘自第 113 页，图 5.4

彩色插图　　　　　　　　　　　　　　　293

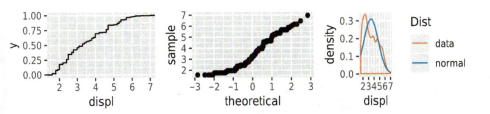

彩图 18: 重绘自第 114 页，图 5.5

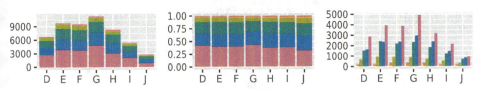

彩图 19: 重绘自：第 115 页，图 5.6

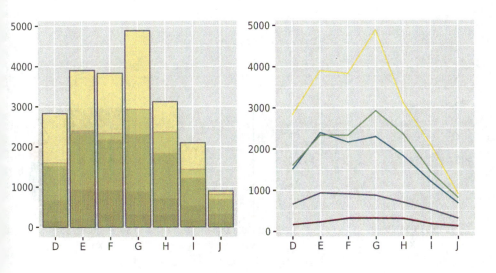

彩图 20: 重绘自第 115 页，图 5.7

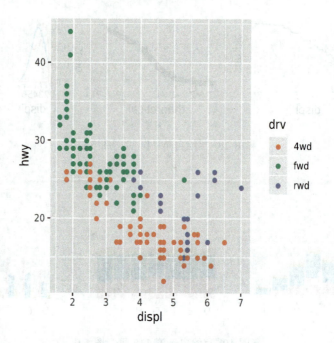

彩图 21: 重绘自第 128 页，图 6.2

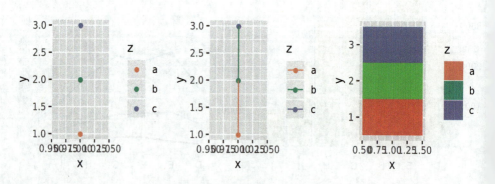

彩图 22: 重绘自第 129 页，图 6.3

彩色插图

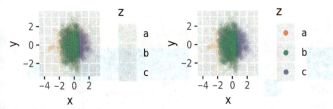

彩图 23: 重绘自第 130 页，图 6.4

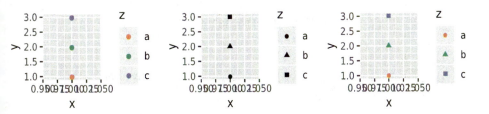

彩图 24: 重绘自第 131 页，图 6.5

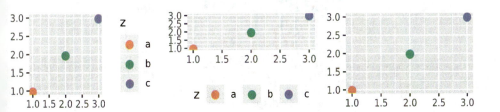

彩图 25: 重绘自第 132 页，图 6.6

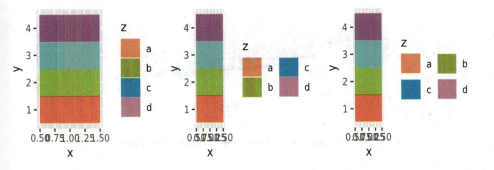

彩图 26: 重绘自第 135 页，图 6.7

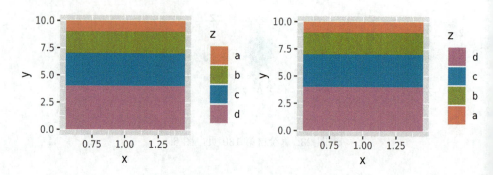

彩图 27: 重绘自第 135 页，图 6.8

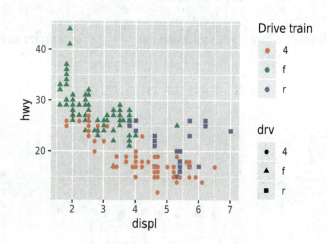

彩图 28: 重绘自第 137 页，图 6.9

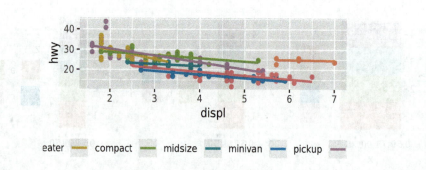

彩图 29: 重绘自第 137 页，图 6.10

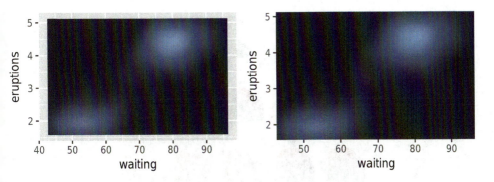

彩图 30: 重绘自：第 140 页，图 6.11

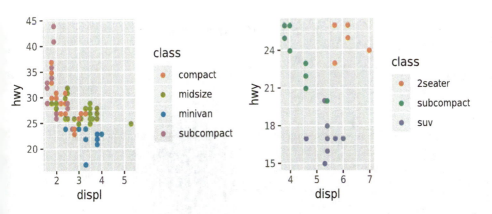

彩图 31: 重绘自第 141 页，图 6.12

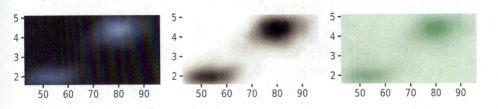

彩图 33: 重绘自第 148 页，图 6.14

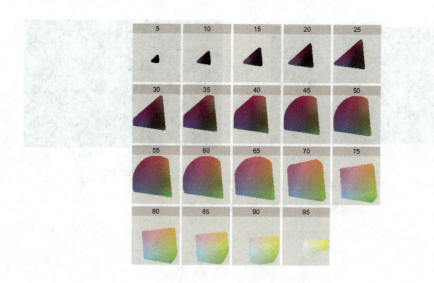

彩图 32: 重绘自第 147 页，图 6.13

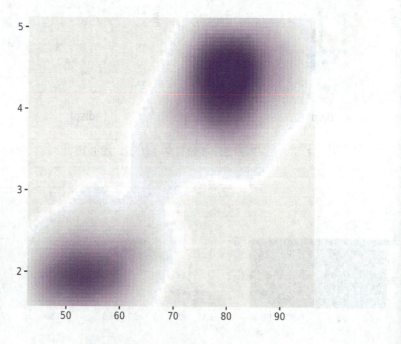

彩图 34: 重绘自第 149 页，图 6.15

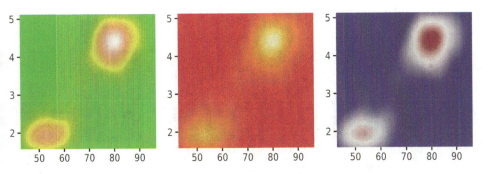

彩图 35: 重绘自第 150 页，图 6.16

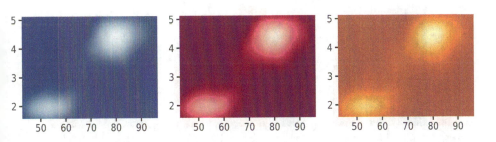

彩图 36: 重绘自第 150 页，图 6.17

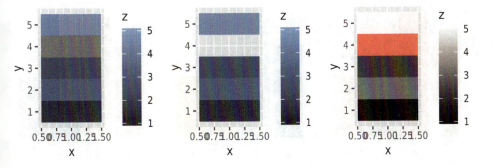

彩图 37: 重绘自第 151 页，图 6.18

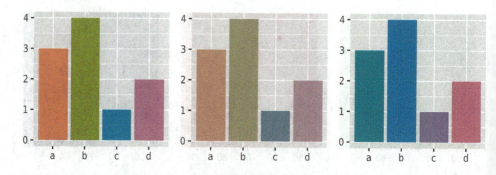

彩图 38: 重绘自第 152 页，图 6.19

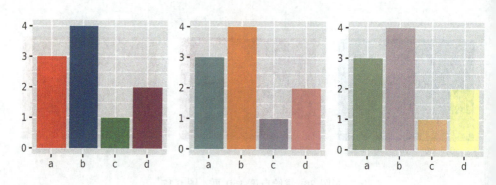

彩图 39: 重绘自第 153 页，图 6.20

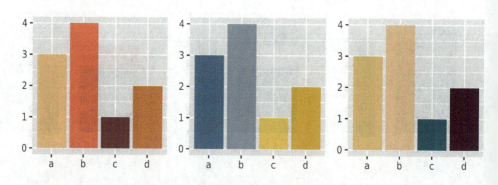

彩图 40: 重绘自：第 154 页，图 6.21

彩色插图

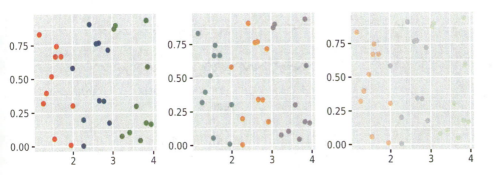

彩图 41: 重绘自: 第 155 页, 图 6.22

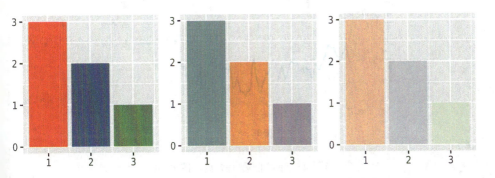

彩图 42: 重绘自: 第 155 页, 图 6.23

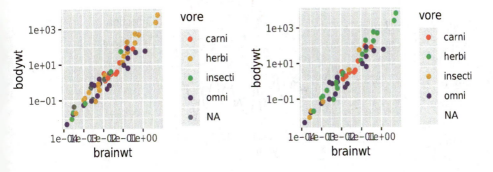

彩图 43: 重绘自第 156 页, 图 6.24

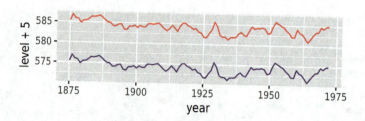

彩图 44: 重绘自：第 157 页，图 6.25

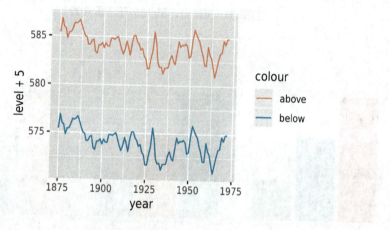

彩图 45: 重绘自第 157 页，图 6.26

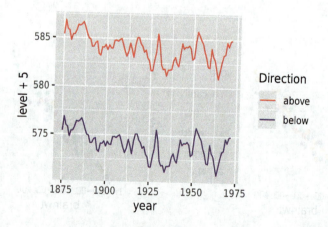

彩图 46: 重绘自第 158 页，图 6.27

彩色插图 303

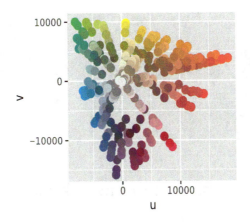

彩图 47: 重绘自第 159 页, 图 6.28

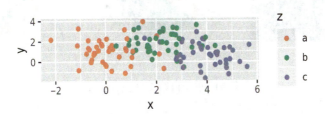

彩图 48: 重绘自第 170 页, 图 7.2

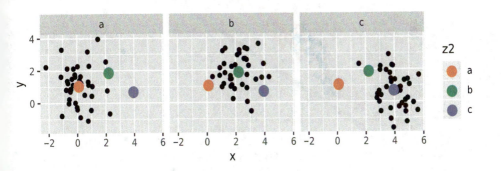

彩图 49: 重绘自第 171 页, 图 7.3

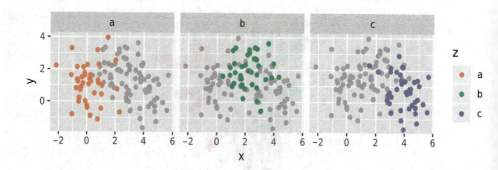

彩图 50: 重绘自第 172 页，图 7.4

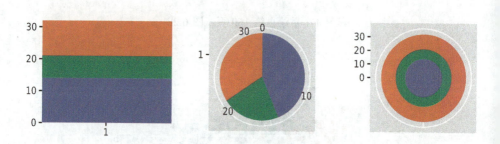

彩图 51: 重绘自第 182 页，图 7.5

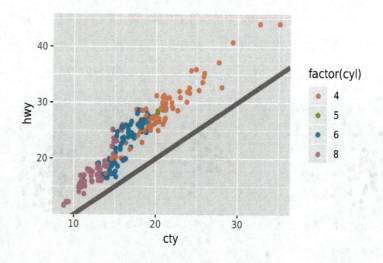

彩图 52: 重绘自第 186 页，图 8.1

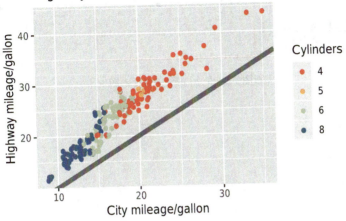

彩图 53: 重绘自第 187 页，图 8.2

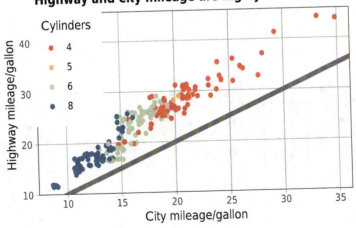

彩图 54: 重绘自第 188 页，图 8.3

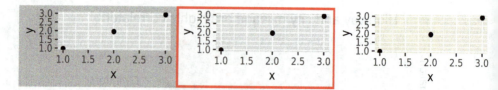

彩图 55: 重绘自第 193 页，图 8.4

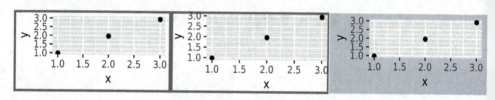

彩图 56: 重绘自第 196 页，图 8.5

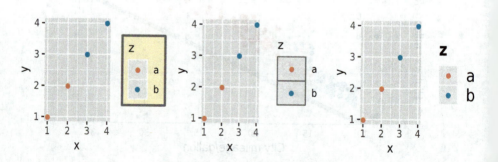

彩图 57: 重绘自第 199 页，图 8.6

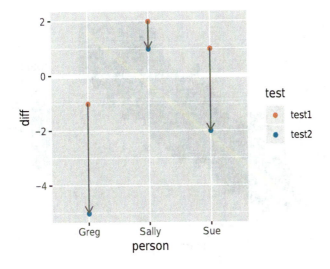

彩图 58: 重绘自第 220 页，图 9.1

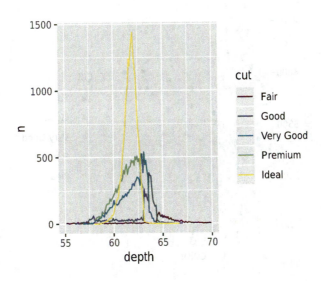

彩图 59: 重绘自第 234 页，图 10.1

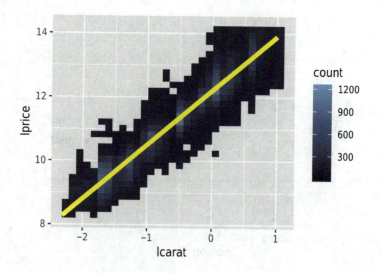

彩图 60: 重绘自第 245 页，图 11.1

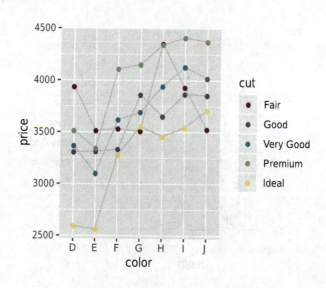

彩图 61: 重绘自第 248 页，图 11.2

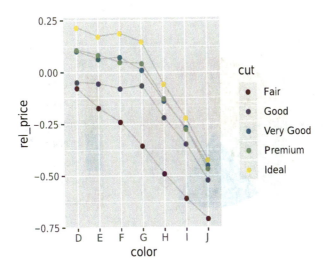

彩图 62: 重绘自第 248 页，图 11.3

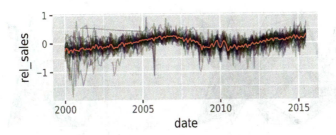

彩图 63: 重绘自：第 252 页，图 11.4

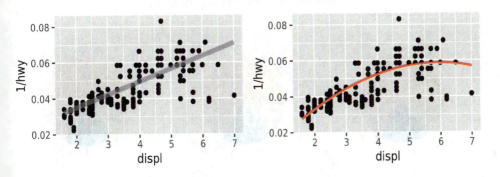

彩图 64: 重绘自第 267 页，图 12.1

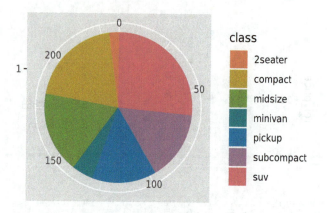

彩图 65: 重绘自第 272 页, 图 12.2

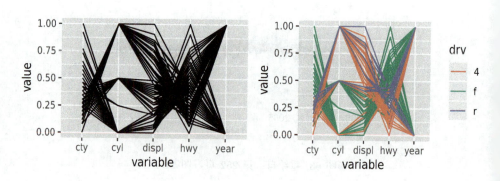

彩图 66: 重绘自第 273 页, 图 12.3

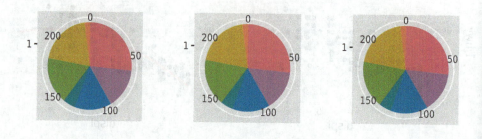

彩图 67: 重绘自第 275 页, 图 12.4